飞龙在天管理学

『内圣外王』管理之道

张继宏　谢佩洪　郃向民◎著

郑州升达经贸管理学院第九批河南省重点学科（企业管理）资助成果
上海对外经贸大学上海市高峰高原学科建设阶段性成果

经济管理出版社
ECONOMY & MANAGEMENT PUBLISHING HOUSE

图书在版编目（CIP）数据

“飞龙在天”管理学：“内圣外王”管理之道／张继宏，谢佩洪，郤向民著．—北京：经济管理出版社，2019.11
ISBN 978-7-5096-6858-0

Ⅰ.①飞… Ⅱ.①张… ②谢… ③郤… Ⅲ.①企业管理 Ⅳ.①F272

中国版本图书馆 CIP 数据核字（2019）第 171699 号

组稿编辑：王格格
责任编辑：王格格
责任印制：黄章平
责任校对：陈晓霞

出版发行：经济管理出版社
（北京市海淀区北蜂窝 8 号中雅大厦 A 座 11 层　100038）
网　　址：www.E-mp.com.cn
电　　话：（010）51915602
印　　刷：北京晨旭印刷厂
经　　销：新华书店
开　　本：710mm×1000mm/16
印　　张：13.75
字　　数：247 千字
版　　次：2019 年 12 月第 1 版　　2019 年 12 月第 1 次印刷
书　　号：ISBN 978-7-5096-6858-0
定　　价：68.00 元

序

“加快培育具有全球竞争力的世界一流企业”，是党的十九大报告中明确提出的一项重要方针。作为世界一流企业，不仅要具有世界一流的硬实力，还要具有世界一流的企业管理软实力。在建构中国特色管理学时，不少学者遵照“立足中国、借鉴国外、挖掘历史、把握当代、关怀人类、面向未来的思路”进行了积极探索，尝试将诸子百家之某一家与西方管理学融合，取得了一系列研究成果。但是，诸子百家皆是中国传统文化的枝叶，易学才是根干。立足于易，方能纲举而目张。

司马迁在《史记·太史公自序》中说：“余闻之先人曰：‘伏羲至纯厚，作《易》八卦。’”上古时期，达到了“至纯厚”境界的伏羲氏，以身合天、以心合天、以道合天、以德合天，彻悟了“无形无相，无声无息，无作无为，如如不动”的天地之道。为了将自己感悟到的“天地之始，万物之母”告知当世的哲人，便“作《易》八卦”。

《汉书·艺文志》说：“易道深，人更三圣，世历三古。”班固认为，易经的学问艰深，不是一般人能够认知的，是由三位圣人将之完善的。上古之世，伏羲所作八卦是天道的形象展示，只有图像而没有文字，普通人看到伏羲八卦，如坠云雾，不知所云。中古之世，西伯侯姬昌被纣王囚禁在羑里（今河南汤阴县）之时，为了让后人能够看懂《易经》，用之于治国理政，便将伏羲八卦之三爻变为六爻，演变成六十四卦，并作卦辞和爻辞，加入了文字，在天道中加入了治国之道。下古之世，晚年达到“成性存存”“七十而从心所欲”境界的孔子及其门人，为了让世人读懂《周易》，便作“《彖》《象》《系辞》《文言》”等10篇传文诠释《周易》。如此一来，普通人也可以研习《周易》了，史称“十翼”。“人更三圣，世历三古”之后，作为“群经之首，大道之源”的《周易》（含“十翼”）便具备了天道、人道与治国之道。

笔者以《周易》64卦的“父母卦”乾、坤二卦的六爻及上九爻、上六爻的爻辞、孔子及其门人所作“十翼”为“体”，以《论语》《大学》《孟子》《中庸》《礼记》《春秋》《道德经》《庄子》《孙子兵法》《太公兵法》《管子》《战国策》《吕氏春秋》《长短经》《周易参同契》等中国传统文化经典为“用”，并将西方经典管理工具融入其中，建构了工商管理者“内圣为王”的成长之道。这对于培养德才兼备的工商管理人才具有一定实用价值、对于酿成王霸互用的本土管理体系具有一定的促进作用、对于形成中国企业管理自信具有一定的积极意义。

将中国优秀传统文化与西方企业管理制度糅合在一起，实现企业管理的本土化，这条路还很长。“大抵事机之转，其始赖一、二人者，默运于深渊微莫之中，而其后人亦为之和，天亦为之应。”① 只要找到路，就不怕路远。时值中国改革开放 41 周年之际，企业作为中国特色社会主义市场经济的重要组成部分，形成“呼吸相顾，痛痒相关，赴火同行，蹈汤同往，胜则举杯酒以让功，败则出死力以相救”的管理团队，使企业全体成员具有使命感、获得感、幸福感和安全感，使中国企业成为社会中最具活力和能力的组织，将对今后整个社会进程产生积极影响。愿此作抛砖引玉，启发同仁对建构中国本土管理体系的思考，在管理学的学术体系、学科体系、话语体系上体现中国特色、中国风格、中国气派，为中国企业参与世界竞合，提供经世致用的中国智慧，使中国一流企业为世界提供一流技术、一流产品、一流服务的同时，提供一流的管理之道、管理思想、管理经验。

纪德尚

2019 年 4 月 1 日

① 《曾文正公全集·复陆立夫书》。

前言

自1916年中华书局出版穆湘玥[①]的《工厂适用学理的管理法》以来，尤其是1984年中国社会科学出版社出版《国外经济管理名著丛书》之后，西方各类管理学名著纷至沓来，让我们目不暇接，而且有关本土化管理的著作也已开始崭露头角。

既然管理类书籍早已浩若烟海，我们为什么还要写这本书呢？这也是我们一再反思的问题。我们一再反问自己：除非能写出有创见的东西、除非对管理者有实际的帮助、除非能解决西方管理理论水土不服的问题，否则就不必浪费我们的时间，也不必浪费读者的精力，更不必浪费人类有限的纸张资源。

根据我们有限的视野，我们观察到不少企业家对现有的管理学著作是不满意的。比如，房地产界的思想家冯仑就调侃道："目前关于管理的书籍汗牛充栋，但是我们很遗憾地看到一个现象：企业管理越来越接近于爱情的游戏规则，即到处都是爱情的教材，却到处都是不幸的情史；满街都是企业管理的书籍，可到处都有破产企业。""我见到过加拿大教授亨利·明茨伯格，他也是管理学大师，可他认为完全没有读MBA的必要。"[②]

不仅企业家对流行的管理学著作的经世致用性提出了疑问，不少有责任感的管理学者也进行了反思。比如，武汉工程大学管理学院吕力教授指出："在管理学作为一个学科、管理学院作为大学中的一个专业学院取得其合法性的同时，管理科学理论对于管理实践者的吸引力却越来越弱。主流管理学虽然获得'学科'的合法性，却丧失了'实践'的合法性。"[③]

平心而论，已经出版的管理学著作对我国企业管理的贡献是毋庸置疑的，

---

① 穆湘玥（1876~1943），近代民族资本家，著名爱国人士。先生早年曾为上海棉花厂学徒、上海江海关职员、上海龙门师范学监兼英文教师、江苏铁路公司警务长。后入美国威斯康星大学、伊立诺斯大学学习，获硕士学位。回国后先后创办了建德大纱厂、上海厚生纱厂、郑州豫丰纱厂、上海华商纱布交易所、中华劝工银行等。后任南京国民党政府工商部常务次长、国民党政府经济部农本局总经理。先生的阅历极为丰富，是中国引进泰罗科学管理思想的第一人。

② 冯仑：《野蛮生长》，广东人民出版社2013年版，第85页。

③ 吕力：《管理学合法化运动的历史、危机与前瞻》，《管理学报》2011年第10期，第1419页。

但存在的问题也是应该正视的。有鉴于此，我们决定把自己的想法贡献给管理学界与实践界，以供参考，并期待引起更多的讨论，以期逐步形成中国管理学派，建立中国管理学自信。

目前，已经面世的管理学著作有一个非常突出的问题，那就是不能为管理者①提供有针对性的、具有普遍意义的著作，每个层级管理者管理水平的提升基本上处于自我摸索状态，成功之日，也是遍体鳞伤之时。更可怕的是，更多的管理者永远也没有成功之日，还没有到达最高层级就在自己的管理岗位上捉襟见肘、疲于应付，劣质管理羁绊了企业的进一步发展。这一问题，并非中国特有的现象。早在 1969 年，美国管理学家劳伦斯 · J. 彼得与加拿大记者雷蒙德 · 赫尔就出版了《彼得原理》一书，他们发现：“在层级组织中，每一个员工都有可能晋升到不胜任阶层，这个‘不胜任阶层’，就是他事业之路的终点，而只要时间足够长，层级足够多，每一个职位最终都会由对工作不胜任的员工把持。”② 因此，在每一个组织中，都存在着大量的不称职管理者，企业管理存在的诸多问题主要不是由员工造成的，而在于管理者！

为了使管理者能够胜任其本职工作，早在《彼得原理》面世之前的 1955 年，美国管理学者罗伯特 · 卡茨就在哈佛商业评论发表了《高效管理者的三大技能》一文，他将管理者划分为基层、中层和高层三个层次，每个层次所需要的技术技能、人际技能、概念技能的权重是不同的。卡茨关于管理者三个层次的划分，对于小微企业是适用的，但对于大中型企业而言，三个层次的划分过于简单，对于培育管理者成为高效管理者缺乏针对性。为了解决这一问题，拉姆 · 查兰、斯蒂芬 · 德罗特和詹姆斯 · 诺埃尔共同推出了《领导梯队——全面打造领导力驱动型公司》（以下简称《领导梯队》），他们认为作为职业生涯初期的个人贡献者，其自我管理的核心是职业意识、专业技能和高绩效表现，而一线经理、部门总监、事业部副总经理、事业部总经理、集团高管和首席执行官这五个层次管理者的任务目标有三个维度：领导技能、时间管理和工作理念。拉姆 · 查兰被誉为世界排名第一的管理咨询大师，其他两位作者也拥有骄人的企业实践与学术经历，斯蒂芬 · 德罗特曾为花旗集团、固特异等 40 多家企业开发了首席执行官继任计划，詹姆斯 · 诺埃尔为许

① 这里所言的“各级管理者”，有两层含义，一是在大同企业管理模式里，各级管理者均是公仆型领导者，并非传统组织里高高在上的发号施令者；二是按照一阴一阳之谓道的太极思维，在平台型组织里，依然有管理层级，“管”指的是自我身心的管理，“理”指的是顺其自然的“治理”而非传统的控制。

② ［美］劳伦斯 · J. 彼得、雷蒙德 · 赫尔：《彼得原理》，闾佳、司茹译，机械工业出版社 2013 年版，第 9 页。

多企业的领导团队选举、评价和培训提供了很多支持。这本著作的推荐者阵容十分强大，包括管理实践学派的“花姐”陈春花教授；北京智学明德教育科技有限公司首席顾问徐中博士；澳大利亚最大的铁路货运公司——昆士兰州铁路货运公司董事长约翰·普雷斯科特；Applied Insight Consulting，Inc. 首席执行官汤姆·弗拉纳根；全球最大的黄金开采公司之一——纽蒙特矿业公司人才管理副总裁阿比·克诺查韦斯等。该著作出版之后在中国企业界激起了阵阵涟漪。但是，《领导梯队》的作者在“再版序”中坦言：“一位跨国公司的中国区总经理，到底需要什么样的领导技能、工作态度、工作理念和知识结构呢？他的助理又需要哪些相应的人才标准呢？”[①] 换言之，《领导梯队》的作者认为，他们开发的“与之匹配的招聘、发展和测评项目”并不适合中国企业。作者提出了问题，但是没有给出答案。《领导梯队》的作者提出的这一问题，事实上已经横亘在中国企业家也包括大大小小老板心中多时。

根据上述思考，我们自认为撰写此书有如下三个创新点，或者说是我们写作的目的是打算解决三个问题，借此表达一下我们的个人看法和观点：

（1）无论是罗伯特·卡茨的《高效管理者的三大技能》，还是拉姆·查兰等的《领导梯队》，都是以能力训练为主，他们提供了培育管理者的结构化的技术技能，这是我们的文化所不具备的，所带来的管理价值是不言而喻的。但是，按照我们德才兼备的用人标准，如果完全以此为标准培养领导梯队，能力越强，其后果也越发严重。关于这一点，还初道人洪应明早有名言在先：“德者才之主，才者德之奴。有才无德，如家无主奴用事矣，几何不魍魉猖狂。”[②]

反观我们的管理学教育，除了 EMBA 有心性修炼的内容之外，无论是工商管理本科还是研究生教育，皆以西方主要是美国的职业能力训练为蓝本，这恐怕是造成我国商业世风日下的原因之一。而且，西方管理学体系建构的背后是以基督新教伦理为商业伦理支撑的，我们的唯物主义传统，注定了我们的“拿来主义”只是拿来了西方管理学的一部分，从一开始就是不健全的。再者，在马克思、尼采、霍金等一大批社会学家、哲学家、科学家的不断质疑中，新教伦理对西方商业的影响已经远远不如新教形成初期那样强大，以至于一毛不拔的弗里德曼主义甚嚣尘上。因此，才有凯特琳·穆夫等六位作者的《造福世界的管理教育——商学院变革的愿景》的问世。

---

① ［美］拉姆·查兰、斯蒂芬·德罗特、詹姆斯·诺埃尔：《领导梯队——全面打造领导力驱动型公司》，徐中、林嵩、雷静译，机械工业出版社 2011 年版，第 XIX 页。

② 洪应明：《菜根谭·概论》。

欧美商业伦理的基础是“新教伦理”①，形成于16世纪后半期，尽管近年来的影响有所下降，但仍然发挥着积极作用；日本商业伦理的基础是18世纪江户时代石田梅岩的《都鄙问答》，涩泽荣一、稻盛和夫等都是其忠实追随者。我国由于军阀混战、抗日战争等原因，工商管理界的“修己安人心法”一直不成系统。我们写作此书的目的之一就是用中国传统的“修己安人”思想弥补西方管理学的不足。“子曰：‘修己以敬。’曰：‘如斯而已乎？’曰：‘修己以安人。’”② 不仅儒家有系统的“修己安人”之道，释家和道家也各自建立了一个庞大的修正系统。将中国传统文化中的“修己安人”思想融入各个管理者的心性修炼体系，应该是时候了。

（2）在毛泽东主席“古为今用，洋为中用”思想指导下，最早提出建构中国本土管理学的应该是袁宝华先生，先生是河南省南召县人，早年参加革命。1983年，时任国家经委副主任、党组副书记、中国人民大学校长的袁宝华就提出了管理创新的“十六字方针”：“以我为主，博采众长，融合提炼，自成一家。”同年，中国社会科学院工业经济研究所所长蒋一苇在与国家经委企业管理局的领导谈到管理现代化的问题时，就倡导“要搞有中国特色的管理现代化”。但是，36年过去了，我国主流管理学界对于“十六字方针”是持怀疑态度的，管理学界的“全盘西化”一直是主流。针对我国主流管理学界实证研究渐趋失去“实践合法性”的现状，中国工程院院士、中国工程院工程管理学部原副主任、国家自然科学基金委员会管理科学部原主任、河南省科协原名誉主席郭重庆前辈忧心忡忡，于2007年发表了《中国管理学界的社会责任与历史使命》一文，指出：“如果要使中国管理学得到发展，对当今世界管理科学产生重大影响，我们必然要从‘照着说’向‘接着说’转变，现在就要看中国管理学界如何‘接着讲中国’了。至于如何‘接着讲’，可援引类似北大的汤一介先生关于中国哲学‘接着讲’的路径：接着中国传统文化讲；接着西方管理学讲；接着中国管理实践讲。”③

至于接着西方管理学讲，有过之而无不及；至于接着中国管理实践讲，早已风生水起，代表人物有齐善鸿、陈春花、武亚军、赵向阳等著名学者，成效显著；至于接着中国传统文化讲，也已成效斐然，代表人物有陈明哲、成中英、苏东水、曾仕强等诸位前辈。前辈们关于中国管理学接着传统文化讲的众多论著，一是解决了中国传统文化在构建中国管理学中“何以在”的

① 马克斯·韦伯：《新教伦理与资本主义精神》。

② 《论语·宪问》。

③ 郭重庆：《中国管理学界的社会责任与历史使命》，《管理学报》2008年第3期，第320页。

问题；二是已经在高层管理者中产生了深远影响。

那么，我们为何还要写此拙著呢？我们觉得：诸子百家的原创性著作，就其“修己安人”的修炼体系而言，都是面向全民的，就其“治国平天下”之术而言，儒家和佛家不若道家，兵家、法家、名家、墨家、纵横家、阴阳家、小说家亦均有其独到之处。如果仅就某一家建构管理者的内圣外王之道来说，其管理层次的划分均不分明，均有不足之处。《周易》作为大道之源、五经之首，六十四卦每一卦皆有六爻，代表万事万物发展、变化、成长的六个阶段，就人的成长而言，用古人所处的社会地位，可以比喻为庶民、士人、大夫、公侯、天子、太上皇（宗庙），就今天企业管理者所处层级而言，可以借用为自我管理者、部门经理、分公司经理、副总经理、总经理和董事长。周文王或周公（以下皆称周文王）所做爻辞本身就是内圣与外王融为一体的，在建构管理者的内圣外王之道时，完全可以将西方管理工具和诸子百家的学说融入其中。就我们的视野所及，还没有发现此类著作。

（3）在第一次工业革命和第三次工业革命时期，擅长线性思考的西方管理学家所建立的以控制为主要特征的管理体系，对于提高管理效率、实现大规模生产、提高经济效益起到了举足轻重的作用。但是，在第四次工业革命时代，擅长非线性思考的东方管理学者就有了用武之地。尽管西方学者关于自动自发管理理论的探索走在了我们前面，但是在落实上，中、日企业家却捷足先登。英国牛津大学丹娜·左哈儿被称为“量子管理学”的奠基人，但在西方企业界却几乎无人问津，反而在中国海尔找到了知音。日本稻盛和夫更是运用东方思维方式自创了“阿米巴”经营模式。

西方关于自组织理论的研究始于20世纪80年代，发起人是诺贝尔物理学获奖者盖尔曼和安德逊，以及诺贝尔经济学获奖者阿罗等。他们组建了一个名为“桑塔费”的研究所，专门从事这方面的研究。但是，中国香港的中原地产创始人施永青先生认为，他们的研究还处于描述阶段，而老子的研究比西方更为透彻：“我们一向主张无为而治，直到最近才知道，老子这套古老的中国哲学，原来与西方最新的系统理论不谋而合，而老子的那套则更方便实际应用。”[①] 施永青先生在自己的公司运用老子的“无为而治”进行了成功的管理。

海尔的“人单合一”组织管理模式已经产生了世界级的影响，但也经历着阵痛，也有学者通过对比格力等企业的利润，对海尔模式提出了质疑。我们冒昧地认为，若想建立起真正的自体生发组织，达到全体成员“不用扬鞭

① http：//blog. sina. com. cn/s/blog_ 48fe324c010008h5. html。

自奋蹄”的管理目标，形成“呼吸相顾，痛痒相关，赴火同行，蹈汤同往，胜则举杯酒以让功，败则出死力以相救”的管理境界，需要建立三个共同体：命运共同体、文化共同体和史官谏官共同体。

自袁宝华提出管理创新的“十六字方针”以来，尤其是华中科技大学创办《管理学报》以来，聚集了一批非主流管理学者，为形成中国管理学派鼓与呼、谋与争。在《管理学报》诸多大师大作的激励下，我们方敢鼓足勇气把自己的所思所想表达出来，以期得到方家指点。

目 录

第一章 "飞龙在天"话管理 / 001

第一节 望尽天涯路的工商管理教育 / 001

一、积重难返的西方管理学 / 001

二、缺乏自信的中国管理学 / 004

三、西方管理学家对中国同仁的期待 / 007

第二节 飞龙在天的中国管理学 / 010

一、钱穆先生的谆谆教导 / 010

二、天人合一的中国文化 / 011

三、九五之尊管理者梯队 / 020

第二章 脱颖而出的自我管理者之道 / 024

第一节 自强不息 精益求精的外王之道 / 026

一、天将降大任于斯人也 / 026

二、高薪从这里起步 / 028

三、不在其位不谋其政 / 030

第二节 推己及人 建立良好人际关系的内圣之道 / 033

一、和谐人际的双金法则 / 033

二、宽恕他人就是宽恕自己 / 034

三、礼之用，和为贵 / 036

第三章 见龙在田的部门经理之道 / 041

第一节 蛹而化蝶的外王之道 / 044

一、抓住能干与善为的平衡点 / 044

二、完成由控制到服务的革命 / 047

三、谨慎跳槽 / 050
第二节 利见大人 庸行之谨的内在修养 / 054
一、庸言之信，庸行之谨 / 054
二、吾日三省吾身 / 057
三、善世而不伐 / 060

第四章 如履薄冰的分公司总经理之道 / 063

第一节 分公司总经理商场驰骋的外王之道 / 064
一、纵横捭阖的人际技能 / 064
二、破军杀将的为将之道 / 067
三、成功出于众的信息角色 / 070
第二节 分公司总经理如履薄冰的内圣之道 / 072
一、兢兢业业 / 072
二、势高益危 / 074
三、谨慎防凶 / 077

第五章 或跃在渊的副总经理(副总裁）之道 / 080

第一节 上佐总裁的外王之道 / 082
一、上佐“天子”的角色定位 / 083
二、近者悦，远者来 / 086
三、赦小过，举贤才 / 089
第二节 放下“小我”的内圣心法 / 095
一、或跃在渊 / 095
二、行己也恭 / 098
三、囊括无咎 / 100

第六章 飞龙在天的总裁之道 / 103

第一节 总裁的治“企”平天下之道 / 105
一、陶朱事业 / 105
二、决胜千里 / 108
三、用人八策 / 116

第二节　总裁正位居体的修炼之道　/　126
一、总裁不是全裁　/　126
二、总裁的镜子　/　128
三、以孝治天下　/　130

第七章　无为而治的董事长之道　/　132

第一节　无为而无不为的董事长外王之道　/　135
一、无可无不可　/　135
二、无为而治　/　137
三、用师者王　/　139
第二节　地久天长的道德传家之道　/　144
一、积善之家　/　144
二、五福临门　/　146
三、花未全开月未圆　/　150

第八章　面向未来　塑造共同体管理体系　/　154

第一节　未来已来　将至已至　/　154
一、东方既白　开物成务　/　154
二、中华民族　紫气东来　/　161
三、管理学的未来视域　/　163
第二节　“三体”管理机制　/　166
一、命运共同体　/　166
二、文化共同体　/　170
三、史官谏官监察共同体　/　173

第九章　凤凰涅槃　红尘中的生命超越　/　176

第一节　修炼的轨迹　/　177
一、我往哪里去　/　177
二、下学而上达　/　180
三、生命科学的节律　/　181

第二节　天道远　人道弥 / 189
一、红尘炼心 / 189
二、欲而不贪 / 190
三、仁而有智 / 193
四、吾心如水 / 195

参考文献 / 197

后　记 / 201

第一章

“飞龙在天”话管理

第一节　望尽天涯路的工商管理教育

一、积重难返的西方管理学

谈起管理这个话题，我们感慨万千，不约而同想起了《古诗十九首》中的《西北有高楼》：

西北有高楼，上与浮云齐。
交疏结绮窗，阿阁三重阶。
上有弦歌声，音响一何悲！
谁能为此曲，无乃杞梁妻。
清商随风发，中曲正徘徊。
一弹再三叹，慷慨有余哀。
不惜歌者苦，但伤知音稀。
愿为双鸿鹄，奋翅起高飞。

当我国主流管理学界沉迷于美国管理学说之时，亨利·明茨伯格却发出了不同的声音：“上有弦歌声，音响一何悲！”2006年1月，明茨伯格的《管理者而非MBA》由机械工业出版社出版发行。他在“作者序”中痛何如哉：“确切地说我并没有拿到工商管理硕士学位（Master Business Administration，MBA）——那时麻省理工学院的斯隆管理学院也称作科学硕士（Master of Science）。不过我倒的确教过15年MBA课程，直到20世纪80年代中期，我忍无可忍，要求我们麦吉尔大学管理学院的院长减少我的教学任务，并相应降低我的工资。这只是因为我发现，在我认识的管理实践和我们认为意在培养管理者的课堂教学之间，存在着太多的脱节。”①

明茨伯格被称为西方管理学界的鲶鱼、叛逆者。他的第一本著作《管理工作的性质》曾被10家以上出版社拒之门外。但是，这不能阻挡他成为享誉世界的管理大师。他在《管理者而非MBA》中痛切反省MBA教育存在的问题：由错误的人采用错误的方式，造成了MBA教育的四大错误后果，即教育过程的堕落、管理实践的堕落、公司组织的堕落和社会制度的堕落。

对西方管理学教育中存在的问题进行反思并非自明茨伯格开始。

早在20世纪60年代，美国人就开始反思其工商教育中存在的问题。1959年，出现了两份对工商管理教育具有深远影响的报告。加州大学伯克利分校的罗伯特·A. 戈登和斯坦福大学的詹姆斯·E. 豪厄尔受福特基金会的委托和资助，斯沃索莫大学的弗兰克·C. 皮尔逊受卡内基公司的资助，分别对美国当时的工商管理教育进行了研究。最后形成的两份报告都尖锐地批评了美国工商教育的现状：工商管理学院甚至在定义“该教给学生什么，该怎样教”这样的基本问题上都是一片混乱。因为墨守过时的教育成规，在一个不断变化的环境中，商学院无法培养出具有能力和想象力，同时又具有灵活性的管理人员。学校过于强调职业教育，促进学生全面成长的教育严重不足②。

虽然戈登和豪厄尔的报告提到了研究管理的不同流派，但具体描述各学派特点并使用“管理理论丛林”这一概念的，是哈罗德·孔茨。1961年12月，孔茨发表了论文《管理理论丛林》，将管理理论分为六个学派。他分析了不同管理理论混淆和产生“丛林战”的原因：有的是因为对组织、管理、领导、决策等概念的含义理解不同；有的是在术语变动的情况下定义管理知识体系时出现了问题；还有一个很重要的原因是个人之见和门户之见③。孔茨希望随着时间的推移，管理丛林问题得以厘清。19年之后的1980年，当孔茨再次审视管理学科的发展时，他不仅没有看到管理学不同流派的融合，反而看到了更加复杂的情况。六大流派发生了裂变，管理过程学派分化为管理作用派和权变派，六大流派共演绎成11个流派，争论更加激烈。孔茨责怪他坐在象牙塔里的同行学者：“当我阅读资料时令我感到吃惊的是，有些人在发现我们的常识。例如这样一些东西：现实的管理取决于环境……天啊，我还以为这里面肯定有什么新玩意呢。花费了大量时间读完之后，我才发现根本没有什么内容，我还不知道现实中的管理者有谁是不根据环境进行管理的。我认

---

① ［加］亨利·明茨伯格：《管理者而非MBA》，杨斌译，机械工业出版社2006年版，第XIII页。

② ［美］丹尼尔·A. 雷恩：《管理思想的演变》，李柱流、赵睿、肖津等译，中国社会科学出版社1997年版，第453-454页。

③ ［美］哈罗德·孔茨：《管理理论丛林》，《管理学术杂志》1961年第3期，第182-186页。

为我们必须要有这样的共识，即管理理论和科学要有助于实践，否则还发展它干什么?”[①]

针对商学院教学中存在的理论与实践脱节的情况，更多学者分析了背后的原因。杰克·N. 贝尔曼等认为，商学院聘请的没有工商背景的数学家、心理学家、统计学家从事教学工作，采用了大量只有学者才读得懂的专业期刊，学者们所专注研究的都是“经不起任何应用性或重大管理问题和政策相关性的合理检验的。……而且忽视了对管理者或工商组织的用处”[②]。美国商学院大学联盟（AACSB）发起了针对实践者和学者的为期三年的调查，对工商管理教育进行了全面研究，报告的作者莱曼·波特和劳伦斯·E. 麦基宾评论道，因为许多教授缺乏相关实践经验，所受的教育也太窄，难以“理解工商活动的复杂与精妙”[③]。波特和麦基宾呼吁：“管理教育应更多地关注外部因素，要更多地强调人际和沟通的技巧，要培养既具有分析专长又对‘现实世界的工作经验具有敏锐而宽广的洞察力’的博士。”[④]作为中国人，我们以为在美国这个自由世界里，变革是一件非常容易的事，其实不然。拉里·L. 卡明斯认为，波特和麦基宾对管理教育改革的呼吁可能一无所获，至多会产生一些非常有限的影响；学者们更喜欢自己学科的稳定，抵制削弱奖励制度的企图[⑤]。

由于个人的、社会的、思维的局限性，西方管理学早已千疮百孔，明茨伯格指出：“综合是管理的真正精髓。在他们自身的环境里，管理者必须以连续的远见、一致的组织、综合的系统等形式把事物组合在一起。这就是管理如此困难和如此有趣的原因所在。并不是说管理者们并不需要分析；相反，这意味着他们需要把它作为对综合的一种预投入，而这正是困难之处。因此脱离综合来教授分析，会剥去管理的皮肉，让他变成一具骷髅。”[⑥]

什么时间才能让西方管理学这具“骷髅”具有生命力?根据路径依赖所揭示的原理，并非一朝一夕之事。中西方文明从一开始就具有明显的差异，西方受古希腊天人对立思想的影响，他们中的绝大多数人是线性的、原子的、分析的思维方式；中国人受《周易》天人合一思想的影响，我们中的绝大多

① ［美］罗纳德·C. 格林伍德：《追忆哈罗德孔茨》，1984 年。

② 杰克·N. 贝尔曼，理查德·I. 利维：《商学院完成了他们的任务吗》，《哈佛商业评论》1984 年 1~2 月，第 141 页。

③④ ［美］莱曼·波特、劳伦斯·E. 麦基宾：《管理教育与发展：随波逐流还是激流勇进地进入 21 世纪?》，麦克劳—希尔公司 1988 年版，第 132 页。

⑤ ［美］拉里·L. 卡明斯：《管理教育随波逐流进入 21 世纪》，《管理者学报》1990 年第 3 期，第 66-67 页。

⑥ ［加］亨利·明茨伯格：《管理者而非 MBA》，杨斌译，机械工业出版社 2006 年版，第 35 页。

数人是非线性的、量子的、整体的思维方式。因此，西方管理学存在的问题由来已久、根深叶茂、积习难改。

二、缺乏自信的中国管理学

西方管理学研究已经变成一具“骷髅”，明茨伯格“一弹再三叹，慷慨有余哀”，可是中国主流管理界却对之趋之若鹜。

管理学的全盘西化在中国管理学界是一个比较普遍的现象。绝大多数商学院（管理学院）的管理类专业教育，无论是课程设置还是教材选择均以美国为蓝本；海归博士和教授是商学院（管理学院）的抢夺重点。

改革开放以来，中国管理学界几乎将西方工业革命之后所有的管理理论引入了国内。如科学管理之父泰罗、组织管理之父马克斯·韦伯、管理过程理论之父亨利·法约尔、现代管理理论之父切斯特·巴纳德、管理经济学之父爱德华·拉泽尔、创新经济学之父约瑟夫·熊彼特、决策学之父赫伯特·西蒙、质量管理之父戴明博士、人本心理学之父马斯洛、双因素理论之父赫茨伯格、竞争战略之父迈克尔·E. 波特、现代营销之父菲利普·科特勒、广告之父大卫·奥格威、定位理论之父杰克·特劳特、现代管理之父彼得·德鲁克、企业再造之父迈克尔·哈默和詹姆斯·钱皮、学习型组织之父彼得·圣吉、行为决策理论之父 Edwards 教授等众多“之父”令中国商界眼花缭乱、无所适从。“究竟认谁作父，这是一个问题。”

冯仑先生有房地产界的思想家之称，他的感想是：“所有的管理书籍无外乎三个大类：目标、组织、人群行为。管理学流派也大多由这三个方面派生。从过去一百年来看，平均一年一个新学说，且很快流行全球，比如平衡记分卡、纵向一体化、核心价值、核心竞争力、愿景等。然而众多的理论也给企业经营者带来很多困惑，有的照着做不对，不照着做也不对。”①

在企业实践界，冯仑先生的话代表了许多企业家的心声。“不照着做也不对”的原因是，西方企业管理理论中有不少结构化思维的管理工具，这些管理工具在我们系统化思考范式下是难以产生的。比如，大卫·奥格威的《血：思想与啤酒》、所罗门·杜卡的《广告目标与效果测定》《麦肯锡工具》等。“有的照着做不对”的原因是，美国实践学派管理学家的管理学著作，主要是为了解决美国企业中存在的问题，而不是为了解决中国企业管理中存在的问题，我们照单抓药的结果必然是“美国企业生病，中国企业吃药”。比如，爱

① 冯仑：《野蛮生长》，广东人民出版社 2013 年版，第 85 页。

德华兹·戴明博士的全面质量管理体系共有14项要点，其中最为重要的两点被我们忽略了：一是取消对员工发出计量化的目标，即激发员工提高生产率的指标、口号、图像、海报都必须废除。很多配合的改变往往是在一般员工控制范围之外，因此这些宣传品只会导致反感。虽然无须为员工订下可计量的目标，但公司本身却要有这样的一个目标：永不间歇地改进。二是消除妨碍基层员工工作畅顺的因素，即任何导致员工失去工作尊严的因素必须消除，包括不明何为好的工作表现。日本企业为什么没有忽略这两个要点，那是因为他们有石田梅岩的“石门心学”为根基，所谓“人民有信仰，国家有希望”，总体而言，日本企业中从董事长到员工都将“心学”作为信仰。反观中国，无论是研究管理的学者还是企业中的管理者，有“心学”信仰的如凤毛麟角，因此戴明博士的质量管理理论可以在日本开花结果，在中国却有花而无果。

如果说美国实践学派的管理学著作对中国企业管理还有一定作用的话，那么在美国纯粹研究管理的学院派学者的带领下，中国追求“净土”的学院派管理学学霸和学阀的研究，完全失去了管理学研究为实践服务的本义，只不过是学者之间的窃窃私语、自娱自乐罢了，浪费了纳税人的金钱，却沾沾自喜。这些学者真的应该重温一下伟大领袖毛主席的《反对本本主义》《改造我们的学习》《实践论》等光辉篇章。

毛泽东主席在《实践论》中说：“世上最可笑的是那些‘知识里手’，有了道听途说的一知半解，便自封为‘天下第一’，适足见其不自量而已。……你要知道梨子的滋味，你就得变革梨子，亲口吃一吃。……实践、认识、再实践、再认识，这种形式，循环往复以至无穷，而实践和认识之每一循环的内容，都比较地进到了高一级的程度。这就是辩证唯物论的全部认识论，这就是辩证唯物论的知行统一观。”“对于自己的历史一点不懂，或懂得甚少，不以为耻，反以为荣。……有些人对于自己的东西既无知识，于是剩下了希腊和外国故事，也是可怜得很，从外国故纸堆中零星地捡来的。几十年来，很多留学生都犯过这种毛病。他们从欧美日本回来，只知生吞活剥地谈外国。他们起了留声机的作用，忘记了自己认识新鲜事物和创造新鲜事物的责任。这种毛病，也传染给了共产党。……有一副对子，是替这种人画像的。那对子说：墙上芦苇，头重脚轻根底浅；山间竹笋，嘴尖皮厚腹中空。对于没有科学态度的人，对于只知背诵马克思、恩格斯、列宁、斯大林著作中的若干词句的人，对于徒有虚名并无实学的人，你们看，像不像？如果有人真正想诊治自己的毛病的话，我劝他把这副对子记下来；或者再勇敢一点，把它贴在自己房子里的墙壁上。”

如果我们将毛泽东主席的这些著作作为一面镜子，照一照当今研究管理学的高级别期刊所发表的学术论文，会发现今天的“知识里手”们正在和继续重演着历史，而且有过之而无不及。对于这种情况，华中科技大学《管理学报》刊登了系列文章进行反思，敢于冒天下“纯粹管理学者”之大不韪，笔者十分敬重这些学者的责任与担当，钦佩他们的忠肝义胆。2010 年，《管理学报》一口气发表了三篇反思文章。

席酉民、韩巍认为：“有人说，中国学术处在一个十字路口，徐淑英说我们到了危险关头，或许需要一场‘范式革命’。也许‘革命’在我们的语境里是一个太过激烈的措辞，但难道我们不应该深刻地反思，长此以往，我们除了继续生产大量无关痛痒的规范论文，培养大批仅仅是长于技术的学术后进，又如何跨越理论与实践的鸿沟，揭示中国现实，帮助组织提升绩效，回报社会，对国家、民族做出应有的贡献呢？因此，中国管理学术界的当务之急，就是需要发动并推进一场深刻的变革。”①

贾旭东、谭新辉指出：“管理学研究越来越有了沦为一种数学游戏的危险。特别是近年来，包括大堆复杂的数学公式及模型，而研究结论却没有任何理论贡献的管理学研究论文屡见不鲜，李海舰称之为‘吃糖模式’：采用高深、优美的数学模型，费了九牛二虎之力，最后证明了生活中的一个‘常识性’的问题，即‘糖是甜的’。”②

齐善鸿、白长虹、陈春花等 38 位学者联名发表了《出路与展望：直面中国管理实践》，他们呼吁：“专家难道只是躲在书斋里研究学问？专家在不断谈企业社会责任的同时，是否也应该谈谈自己的社会责任？”“国家基金支持了理论研究，如果做出的理论不能指导提升实践应用，我们就很难在纳税人面前表现出一个负责任的研究者的形象！”“至今很多高校还对管理学者参与企业管理事务心存芥蒂。一些读完管理学博士的人，又到了高校去跟学生们讲他们在书本上读到的知识。当然，为了晋升职称，也要写很多文章，申请课题、写专著。”“如果以上情况不能改变，那作为研究者的职业责任、使命和职业道德就将受到怀疑。如果以上情况不能改变，我们就是在浪费自己的生命、浪费纳税人的心血、浪费社会对我们的信任和期望！”“我们相信，在中国这块充满生机的土地上，也将诞生世界级的管理思想，正如 2000 年前我

---

① 席酉民、韩巍：《中国管理学界的困境和出路：本土化领导研究思考的启示》，《西安交通大学学报》（社会科学版）2010 年第 2 期，第 33 页。

② 贾旭东、谭新辉：《经典扎根理论及其精神对中国管理研究的现实价值》，《管理学报》2010 年第 5 期，第 657 页。

们的祖先做到的那样。”①

三、西方管理学家对中国同仁的期待

中国的管理学教育究竟该何去何从呢？请言必称“迈克尔·波特”“加里·哈摩尔”“克莱顿·克里斯坦森”的西化派中国学者不妨仔细倾听一下西方管理大师的建议。

明茨伯格的《管理者而非MBA》在中国出版时，他专门写了“致中国读者”：“美国是一个非常成功的国家。但是，并非她所做的每一件事都对国家的成功有所贡献。而且，美国不是中国。我们希望本书的中文版能够鼓励中国的企业和个人进行独立的思考，以他们自己的方式去把握自己真正的需求。”②

凯特琳·穆夫等在《造福世界的管理教育——商学院变革的愿景》“中文版序：对中国管理教育的期盼”中说：“中国拥有古老的智慧和深厚的文化，影响甚广，其哲学和人生实践与要年轻得多的所有西方文化相比，有显著的不同和强大的优势。如果你们认真倾听和观察，就会从古老的文化中发现令人难以置信的宝藏，它们不仅可以给人以灵感，而且可以用来以一种优雅而充满活力的方式解决棘手问题。……我们希望你们不要再在效仿西方现有的管理和商业实践上浪费时间。你们已经证明在那方面可以做得非常出色，因此，为什么不把你们的创造力用于探索适合于当今世界的全新解决之道呢？”③

彼得·圣吉是重要代表，他2016年指出：“系统领导力可分解为三大核心能力：看清复杂、滋育热望、反思性汇谈。基于中国现在的影响力以及中国深厚的文化传统，中国会成为系统变革的世界领导者。”

德鲁克在北京大学光华德鲁克研究会的开幕词中这样写道：“管理者不能依赖进口，即便是引进也只是权宜之计，而且也不能大批引进。中国的管理者应该是中国自己培养的，他们深深扎根于中国的文化，熟悉并了解自己的国家和人民。只有中国的人才能建设中国，因此快速培养并使卓有成效的管理者迅速成长起来是中国面临的最大需求，也是中国的最大的机遇。”④

---

① 齐善鸿、白长虹、陈春花等：《出路与展望：直面中国管理实践》，《管理学报》2010年第11期，第1686-1691页。

② ［加］亨利·明茨伯格：《管理者而非MBA》，杨斌译，机械工业出版社2006年版，“致中国读者”。

③ ［瑞士］凯特琳·穆夫等：《造福世界的管理教育——商学院变革的愿景》，周祖城、徐淑英译校，北京大学出版社2014年版，中文版序第1页。

④ 段俊平：《企业管理中国化的重要性》，《企业家日报》2013年7月22日。

无论是明茨伯格、穆夫，还是圣吉、德鲁克，他们有一个共同特点，那就是他们并非一般的"学术淘金"者，而是对于工商管理教育倾注了深厚的情感。面对全球 MBA 教育项目的萎缩、面对 MBA 学员的困惑、面对实业界的质疑，他们希望 MBA 教育走出窘境："'MBA has a future'——MBA 仍有未来。"① 关于中国的工商管理教育（含 MBA）究竟该何去何从？我们不可能等待西方管理学者给我们答案，必须"自力更生"。

郭重庆先生在学术界的身份不可谓不重，他是中国工程院院士、中国工程院工程管理学部副主任、国家自然科学基金委员会管理科学部主任。可是，自 2007 年，郭重庆先生明确提出中国管理学"三讲"至今，已经过去 12 年了，为何中国本土管理研究依然雷声大、雨点小？依然是非主流？为何本土管理研究成果很少在企业实际管理中掷地有声？

在企业管理中"行之而有效"的中国式管理之所以千呼万唤不出来，其原因是多方面的，其中一个至关重要的障碍就是，绝大多数国人长久以来处于西方中心论的阴霾之中而不自觉，西方中心论成了一种集体无意识。大多沉迷于西方管理的学者在内心深处对于建立中国式管理予以强烈排拒，因此，克服西方中心论是建立中国式管理的一个重要前提。

晚清以来，面对"数千年未有之巨变"这一中国历史中最为深刻的断裂，凡中国人，上至官贾清流，下至村野匹夫，皆不乏痛心疾首者。对待中国传统文化的态度，无论是最为激烈的反对者，还是绕室彷徨的忧虑者，无不怀着梁任公先生同样之心境："今天下之可忧者莫中国若。天下之可爱者，亦莫中国若。吾愈益忧之，则愈益爱之。愈益爱之，则愈益忧之。既欲哭之，又欲歌之。吾哭矣，谁欤踊者，吾歌矣，谁欤和者？"② 百年反思的结果是国民于自觉不自觉中陷入了西方中心论。西方中心论由来已久，源远流长，呈现一种从西到中的较长过程。

17~18 世纪，除了莱布尼茨等极少数科学家、神学家之外，西方知识精英普遍认为，欧洲是文明的，东方是落后的。笛福的《鲁滨逊漂流记》认为中国人的贫穷愚陋让他作呕，"我们以为最蒙昧的野人，也比他们略胜一筹"。19 世纪，除了马克思，西方社会更认为西方白人是上帝的选民，是世界精神的体现者，东方诸民族却是上帝的弃儿，并对中国文化判了死刑。1824 年，美国人爱默生写道："当我们居高临下对这个愚昧国家观察思考得越仔细，它就越显得令人作呕，中华帝国所享有的声誉正是木乃伊的声誉，它把世界上

① ［加］亨利·明茨伯格：《管理者而非 MBA》，杨斌译，机械工业出版社 2006 年版，第Ⅵ页。

② 梁启超：《饮冰室合集》，中华书局专集第 2 册 1989 年版，第 40 页。

最丑恶的形象一丝不变地保持了三四千年……甚至悲惨的非洲都可以说我们曾经伐木、引水、推动了其他国土的文化。但是中国，她那令人敬仰的单调，她那古老的呆痴！在各国群集的会议上，她所能说的最多只是——‘我们酿制了茶叶。’”[①] 进入20世纪，随着中国经济的腾飞，西方人文精神的失落，荣格、海德格尔、汤因比等少数心理学家、哲学家、历史学家将目光转向了东方。但是，西方中心论仍然统治着西方主流思想界，马克斯·韦伯从文化角度论证了基督新教是近代资本主义的精神源泉，而儒教、道教、佛教、犹太教、伊斯兰教等其他民族文化却无一不是近代资本主义的桎梏。

近代以来，面对西方科技、经济的崛起，政治文明的相对先进及东方文明相对和暂时的落后，除日本之外的所有东方世界的大多数知识精英，皆因其学识、见识、洞察力的不足，都陷入西方中心论而不自觉，“大都放弃了本民族原有的学术语言，学着黑格尔一样使用理性、科学、自由、民主、进步、逻辑与整体性等概念说话”[②]。中国的问题尤其严重，钱玄同大胆宣言：“欲使中国不亡，欲使中国民族为二十世纪文明之民族，必以废孔学、灭道教为根本之解决；而废记载孔门学说及道教妖言之汉文，尤为根本解决之根本解决。”[③]；复旦大学副校长蔡尚思认为“孔子是古来一切旧理论的师表，恶势力的灵魂”[④]。《河殇》的作者苏晓康认为，河者，黄河也；殇者，未成年便夭折也。“崭新的文明，它不可能再从黄河里流淌出来，流淌了5000年的文化长河已经干涸，它迫切需要另一种颜色的河水补充和滋润，即西方的文化之河——那蔚蓝色的水。”苏晓康全面否定了中国一切文化。

目前，从事管理学研究的一些学者在没有完整研读过儒家“四书五经”，道家《道德经》《庄子》，佛家《心经》《金刚经》《楞严经》，兵家“武经七书”，法家《韩非子》《管子》等中国传统文化经典的情况下，对传统文化的看法是不够系统的，很容易被“五四”以来反对传统文化的国内外“国学大师”所蒙蔽。同时，研究国学的大家们又未涉足工商管理学科，更无企业管理的实际经验，因此，行之而有效的本土管理学建构才呈现“路漫漫其修远兮”的景象。

关于如何落实袁宝华建构中国管理学的“十六字”方针，如何落实郭重庆的“三讲”，学者们已经做出了尝试，比如苏东水先生著《东方管理学》，

---

① 爱默生：《不受欢迎的外国移民：中国人心中的美国》，加利福尼亚大学出版社1969年版，第16页。

② 陈立柱：《西方中心主义的初步反省》，《史学理论研究》2005年第2期，第54页。

③ 钱玄同：《中国今后文字问题》，《新青年》1918年第4卷第4号，1918年4月15日。

④ 蔡尚思：《中国传统思想总批判》，湖南人民出版社1981年版，第27页。

曾仕强先生著《中国式管理》,成中英先生著《C 理论:中国管理哲学》,齐善鸿先生著《道本管理》等。这些著述从理论上解决了中国管理学"何以在"的问题,但是,它们的实用性、可操作性似乎还不够强,还没有在企业管理中大面积开花结果。

第二节　飞龙在天的中国管理学

一、钱穆先生的谆谆教导

在写作这一部分内容之前,笔者想起了钱穆先生《国史大纲》中的一段话,与读者诸君共勉:"凡读本书请先具下列诸信念:一、当信任何一国之国民,尤其是自称知识在水平线以上之国民,对其本国以往历史,应该略有所知(否则最多只算一个有知识的人,不能算一个有知识的国民)。二、所谓对其本国以往历史略有所知者,尤必附随有一种对其本国以往历史之温情与敬意(否则只算知道了一些外国史,不得云对本国史有知识)。三、所谓对其本国以往历史有一种温情与敬意者,至少不会对其本国以往历史抱有一种偏激的虚无主义(即视本国以往历史为无一点有价值,亦无一处足以使彼满意)。亦至少不会感到现在我们是站在以往历史最高之顶点(此乃一种浅薄狂妄的进化观),而将我们当身种种罪恶与弱点,一切诿卸与古人(此乃一种似是而非之文化自谴)。四、当信每一国家必待其国民具备以上诸条件者比较渐多,其国家乃再有向前发展之希望(否则其所改进,等于一个被征服国或次殖民地之改进,对其国家自身不发生关系。换言之,此种改进无疑是一种变相的文化征服,乃其文化自身之萎缩与消灭,并非其文化自身之转变与发皇)。"①

钱穆先生所言:"当信任何一国之国民,尤其是自称知识在水平线以上之国民,对其本国以往历史,应该略有所知。"按照这个标准,目前进行管理学研究的学者,最少也是本科毕业以上,硕士、博士居多,必然是"知识必然在水平线以上"之国民。对中国既往之诸子百家略有所知,自然不在话下。

目前,关于中国传统文化与管理的研究,已经有不少成果问世,比如儒家与管理、道家与管理、佛家与管理、兵家与管理、法家与管理等。这些著述对于在企业管理中弘扬优秀传统文化,形成中国本土管理起到了十分重要

① 钱穆:《国史大纲》,商务印书馆 1991 年版,扉页。

的推动作用。由于才学疏浅，阅历有限，笔者惶恐地认为，中国传统文化的根在《周易》，《周易》为根干，诸子百家为枝叶，研究本土管理，应该追根溯源，进行深入挖掘，返本开新。

二、天人合一的中国文化

谈起《周易》，国人对它的误解，绝不亚于对儒学的误解。学术界比较一致地认为，《周易》原本是一本卜筮的书，对中国政治、经济、科技、医学、艺术等产生了全方位的影响。就是这样一部抽签占卜的书开出中国传统文化，总觉得有些滑稽、可笑甚或档次不高。如果我们不是“感到现在我们是站在以往历史最高之顶点”，而是怀着“温情与敬意”来研究《周易》的话，就会有若干新的领悟，就会对中华先民的“原创”性发明肃然起敬。下面就将笔者的体会阐述出来，恳请方家指教。

近 300 年来尤其是“五四”运动以来，随着疑古思潮的兴起，国内部分公知紧跟日本之后，否定中国上下五千年的历史，认为中国人尊崇的大禹是爬虫，大禹治水是子虚乌有之事。可是，随着考古发现，这些说法不攻自破。严格说起来，《周易》并非中国文化的源头。20 世纪 80 年代之前，学者一般认为河图洛书才是源头，90 年代之后，随着媒体对河南具茨山岩画关注度的提高，发现梅花易图和九宫格易图才是中国文化的根源。具茨山岩画超过 3000 幅，每幅图 2~20 厘米大小，深度 2~6 厘米，距今一万年左右，是世界上最早记录新石器时代人类认识世界的历史文献典籍。这些岩画分布在河南新郑、新密、登封和禹州等市 500 公里左右的具茨山上。继具茨山公之于世之后，河南南召县、方城县、淅川县等地也相继发现古岩画群。中央民族大学教授、中国岩画研究中心主任龚田夫认为，具茨山岩画可能是古人“与上天对话”的记录：可否认为在具茨山岩画制作者的思维中，也许具茨山是能与天沟通的圣山。具茨山岩画的特点是图形基本与天平行，国内其他遗址的岩画画面基本与天垂直，可否认为与天平行的画是给天看的，与天垂直的画是给人看的，因此具茨山岩画制作的内容可能是与天的对话①。

“具茨山岩画可能是古人与上天的对话”这句话该怎么理解呢？“上天”是什么？是有形的天空吗？还是宇宙或者说银河系、太阳系运行的根本规律？还是其他？回答这些问题，牵涉到中国优秀传统文化的起源，牵涉到我国基础理论的科技创新，牵涉到全球创新能力引领的基本思路，牵涉到新时代治

① https：//baike. baidu. com/item/具茨山岩画/8500725。

理驱动型赋能企业管理模式的建构。欲回答这些问题，笔者认为不妨从翁文波先生的研究说起。

翁文波先生是中国知名地球物理学家，对中华人民共和国石油工业的发展做出了杰出贡献。先生于 1934 年毕业于清华大学物理系，任北平研究院物理研究所助理研究员。1936 年，入榜中英庚子赔款基金会留学生，进入英国伦敦帝国大学理工学院攻读地球物理专业。美国斯伦贝谢公司当时刚刚研制出“重力探矿仪”，属于国家级机密技术。他利用全部课余时间，根据自己学到的理论，自行设计重力探矿仪并试制成功。毕业后，导师和几家石油公司都开出高薪，希望他留在英国发展，但他心系中华民族，毅然决然返回苦难深重的祖国。当时正值第二次世界大战爆发，先生冒着生命危险，于 1939 年辗转回到多灾多难的祖国。中华人民共和国成立后，先生在大庆石油会战中做出重大贡献。1966 年，邢台发生 6.8 级强烈地震之后，周恩来总理在中南海西花厅希望李四光和翁文波找出地震形成的规律和发展趋势。此后，先生专门从事地震等自然灾害预测工作，取得了巨大成就。1984 年出版专著《预测论基础》，1993 年与张清合著《天干地支纪历与预测》。1994 年 10 月，先生在病榻上依然心系人类命运，念念不忘自己开创的预测学，嘱托吕牛顿、张清两位专家，对他 20 世纪 80 年代以来关于预测方面的论文和书稿进行整理。1996 年，翁文波先生原著，吕牛顿和张清编著的《预测学》由石油工业出版社出版。

据不完全统计，翁文波先生生前共进行了 252 次地震、洪灾和台风等自然灾害预测，预测范围包括中国、美国、墨西哥、日本等国家和地区。实际发生 211 次，次数准确率为 83.73%。1989 年 12 月 5 日，翁文波先生对日本大区、墨西哥、土耳其、萨摩亚、加利福尼亚、中国甘青边境等 15 个国家和地区的地震情况进行了预报。其中，对于日本大区的地震预报于 1989 年 12 月 22 日发生，震级与地点无误，日期相差 21 天。1993 年初，翁文波先生曾三次告知日本有关方面，日本可能发生地震，其中一次是以传真的形式。“亲爱的×××主席：您 1993 年 3 月 10 日的回信已收到。我们得到一个微弱的信号表明可能发生大地震，已准备好有关资料。我们希望并想知道您们是否对此感兴趣。如果感兴趣，请迅速通过传真给我们一份书面回答，我们即把该地震的秘密资料寄给您。中国地球物理学会理事长 翁文波 1993. 6. 17”，日本方面没有做出积极回应，结果地震真的发生了。翁文波先生这次预测日本将发生两次地震：第一次是日本北纬 40 度将发生地震，时间是 1993 年 7 月 1 日，震级大于 7.25 级。结果，1993 年 7 月 12 日日本北海道发生 7.8 级大地震，并引起海啸。预测地点和震级准确，时间仅仅相差 12 天。第二次是日本关东地区将发生7级左右地震，时间是1993年10月9日。1993年10月14日，《人民日报》证实了这次地震：“日本发生强烈地震。12日凌晨零时55分（东京时间）日本关东地区、东北地区及北海道发生范围广泛的强烈地震。据日本气象厅观测，这次地震强度为里氏7.1级，震中在日本北海道御前崎以南约270公里的海底，震源深度为300公里。”①

翁文波先生关于预测学理论体系的建构，在世界自然灾害预测体系中是独树一帜的，集中体现了中西合璧理念。早期预测是先生在中国哲学指导下，将西方天文学中的“丢斯—波特定则”即“可公度性方法”运用到预测学中，并突破了以二元关系为基础的现代数学限制，提出了三元乃至多元关系。后在此基础上，提出了以否定随机性为原则的信息预测的新概念。翁文波先生的预测学体系是建立在中国传统文化整体观、系统论基础之上的，创造性地提出了认识体系的三个层次：抽象体系、物理体系和信息体系，并将中国传统天干地支纪历方法运用到他的预测实践中。先生认为：“由于地球公转和自转周期不能整除，过若干年，历法就要修订一次，通用公历的前身，在过去已修改过几次……无论如何修订，通用公历是不连续的，将来通用公历还要修订无数次。干支纪历虽无通用历法的功能，但却有连续不断的独特优点，它尚未规定时间源点，所以不存在‘公元零年’这样的不连续问题，并且上记东方几千年的历史，下望人类绵延的未来，是计时永不间断的参考系，作为一种通用副历，是适宜的。干支纪历还略有常态预测的功能……一般来说，异态（信息）预测较为重要，但常态（统计）预测也是有意义的。特别是干支常态预测，联系了天、地、人的关系是可贵的。”② 翁文波先生的天干地支预测方法也是中西合璧的结晶，比如“日干支第一式”（甲午乙未沙中金序列）的公式为：$Y=1923.2269+0.1642746i$。运用这一公式，可以验证我国已知的1923~1985年发生的39次7级以上地震，还可计算北美几次近8级地震发生的时间。先生还总结了“日干支第二式”（庚辰辛巳白腊金序列）：$Y=1966.2396+0.164275i$；年干支预测公式：$Y=1314.86+60i$。

在自然科学领域的天灾预测领域，翁文波先生开启了“古为今用，洋为中用”的先河，未来还有很长的路要走，可谓任重而道远。先生认为：“为了奠定天灾预测的基础，使人类能世世代代受益，仅靠天灾预测专家们是不够的。我们必须跨越基础研究和应用研究、古代文化和近代技术、自然科学和哲学、集体和个人、国家组织和民间等约束我们的种种边界。……又如要考

① 翁文波原著，吕牛顿、张清编：《预测学》，石油工业出版社1996年版，第160-164页。

② 翁文波、张清：《天干地支纪历与预测》，石油工业出版社1993年版，自序。

一考孔夫子、诸葛亮、司马懿的气候预测的知识。那就要计算并编辑金牛星座阿尔法星（毕宿）和月球轨道交会的数据和程序，并编辑良好的天文数据库等软件。如再加上其他行之有效的内容和良好的包装，也许可称为知识商品，称为一种高技术。同时也希望主管技术领导，多帮助下层和民间预测家的工作。因为历代科技的重大发明，许多来自民间。”①

翁文波先生发出的呼唤，是先生研究《易经》时的感悟。1994 年，先生在辞世前前往马来西亚参加国际易学会议，与代表们交流自己的研究成果："关于古代学术的应用——《洛书》推理"。先生认为："《河图》《洛书》是一种古老的传说，见于文字记载的，最早可能是《尚书·顾命》篇。稍晚，《论语》中有'河不出图'之句。《易经》的起源很可能和《洛书》有点关系。《易经》的'易'字可能由'日'和'月'二字组成。故推理：《洛书》是一种天体图案，或星图。从'月'字出发，可推理：这片星图可能在月球轨道（暂称之为白道）附近。又《洛书》起源于黄河流域，可能在夏天的上半夜在中天容易看到，其中也应有几颗很亮的亮星。……所以，古人之言，未必都是迷信。可以推理，古之《洛书》，可能和预测黄河洪水有关。如果以上推理部分反映实际，那么对迷惑我们二千余年的问题，可能找到一个研究的起点。”②

翁文波先生这段话有两个要点：一是“古人之言，未必都是迷信”。在易学辗转流传的几千年中，受传播手段的制约，更因为认识的局限、智者“以众人为刍狗”的心境、人们怀揣私利的本能、清代文字狱的迫害等，封建迷信的内容的确充斥其间，以讹传讹的现象普遍存在，“闲文千卷只为风”的情况在所难免。二是要回归本源，方能纲举目张，揭开笼罩中国传统文化的神秘面纱。

本书稿用 2513 个字的篇幅介绍翁文波先生的系统预测理论，目的就是在一定程度上厘清人们对传统文化起源的模糊认识。我们在前文引述了中央民族大学教授、中国岩画研究中心主任龚田夫的猜测：“具茨山岩画制作的内容可能是与天的对话”。如果我们认可这种揣测，那么，不仅具茨山岩画是古人与上天对话的产物，《河图》《洛书》《连山易》《归藏易》《周易》，甚至太极图是否也可以认为是“古人与上天的对话”所凝聚的天人之际的结晶呢？这就引出一个问题，中国古圣先贤在远古时期技术条件简陋不堪的状况下，他们雕刻具茨山岩画的依据是什么呢？《黄帝内经》《周易》都讲究阴阳相

① 翁文波原著，吕牛顿、张清编：《预测学》，石油工业出版社 1996 年版，第 229 页。

② 翁文波原著，吕牛顿、张清编：《预测学》，石油工业出版社 1996 年版，第 230-232 页。

配、阴阳和谐，可是天干地支又为何是阳配阳、阴配阴呢[1]？甲子、乙丑的纳音五行都是海中金？丙寅、丁卯的纳音五行都是炉中火？戊辰、己巳的纳音五行都是大林木？当时发明这些神秘工具的古圣先贤早已谢世，我们又如何与他们对话？预知此中奥秘，岂不是白日做梦？事实上，古圣先贤早已将其秘诀写在书里：“易无思也，无为也，寂然不动，感而遂通天下之故，非天下之至神，其孰能与于此。”[2]

如果我们没有如钱穆先生所言“感到现在我们是站在以往历史最高之顶点”来理解古圣先贤，我们是否可以这么认为，雕刻具茨山岩画、创造《河图》《洛书》等神秘工具的古圣先贤皆达到了“无思也，无为也，寂然不动，感而遂通天下”的“天人合一”的境界了呢？这些神秘工具是否皆是“天道”的展示呢？《纳甲筮法》《青囊奥语》《李虚中命书》等都残缺不全地展示了“天道”的规律呢？孔子或其门人所著《十翼》也在某种程度上揭示了“天道”在“人道”中的作用呢？

实际上，在周文王困在羑里推演六十四卦、做卦爻辞之前，包括夏商在内的所有王朝与氏族社会，皆以神权独尊，弊端极大。周文王对中华文明的贡献是划时代的，“周”也是“华夏”一词的创造者与最初指代者。在《周易》的基础上，孔子及其门人所作《十翼》[3]，揭开了《周易》的神秘面纱，为《周易》插上了飞翔的翅膀。尤其是《彖》上下、《象》上下、《文言》《系辞》上下，特别是《文言》《系辞》上下，既保留了部分用于反映“天道”的占筮原理，又加入了丰厚的人文思想，改变了《周易》的走向，可谓功在当代、利在千秋。如果没有《十翼》，《周易》将如具茨山岩画一样，成为难以解读的“天书”，华夏文明怎能延续至今？所以孔子对亚洲乃至人类未来的特殊贡献，不是《论语》，而是《十翼》。因此，朱熹所录对孔子的评价并非溢美之词：“天不生仲尼，万古如长夜。天又生我们，长夜才复旦。”[4]

我们完全可以说《周易》是世界上最早的管理学书籍，而《十翼》则是使《周易》展翅高飞的翅膀，它们共同构成了本土管理学的根与干。这样讲，并非无稽之谈。

---

① 十个天干中，甲丙戊庚壬为阳干，乙丁己辛癸为阴干。十二个地支中，子寅辰午申戌为阳支，巳卯丑亥酉未为阴支。六十花甲年表中的干支皆是阳配阳，阴配阴，如甲子、乙丑、丙寅、丁卯、戊辰、己巳、庚午、辛未、壬申、癸酉等。

② 《周易·系辞上》。

③ 《十翼》即《易传》，是解释《周易》的著作，包括《彖》上下、《象》上下、《文言》、《系辞》上下、《说卦》、《序卦》、《杂卦》共有十篇，故称《十翼》。“翼”有附翼、辅佐之义。

④ 《朱子语类》卷九十三。

孟子曾经讲过读书学习的秘诀:"颂其诗,读其书,不知其人,可乎?是以论其世也,是尚友也。"[①] 孟夫子认为,任何人的思想都是环境的产物,其言其声,与其所处的时代背景、家庭成长环境、自身智商与情商、成长经历、所处地位等因素密切相关,只有知其人、论其世,才能比较正确地把握作者的思想内涵与脉搏。清代史学家、思想家章学诚可谓孟子的千年知音,他说:"不知古人之世,不可妄论古人之辞也。知其世矣,不知古人之身处,亦不可以遽论其文也。"[②] 在他看来,品论古人作品,必须"知人论世",否则都是"妄论"。要做到"不妄论",仅仅"知人论世"还不够,还必须有"临文必敬"的诚心与敬意:"敬非修德之谓者,气摄而不纵,纵必不能中节也。恕非宽容之谓者,能为古人设身处地也。嗟呼,知德者鲜,知临文之不可无敬恕,则知文德矣。"[③]我们今天研究作为"大道之源"的《周易》及其《十翼》,尤其需要"临文必敬""论古必恕"的态度。

从"知人论世"这个角度来理解,周文王"演易"的目的是治国安民,实现政通人和的治理目标。周文王是周太王之孙,周王季之子。周文王可谓根红苗正,自幼便接受良好家境的熏陶。祖父周太王是上古周族领袖,轩辕黄帝的35代孙。面对戎、狄等游牧部落的侵犯逼迫,"率西水浒,至于岐下"[④],带领部族迁址岐山下的周原,建城郭,设宗庙,立太社,设官分职,初具国家雏形,定国号为"周"。周太王"积德行义,国人皆戴之",豳和其他氏族纷纷前来归附。周太王有三个儿子:太伯、虞仲和季历。太王谢世时,太伯、虞仲让位于季历,他们在东部沿海建立了吴国。周王季即位之后,继承父志,"笃于行义,诸侯顺之"。与商联姻,吸收商文化,发展生产,训练军队。商王文丁册封周王季为"牧师",地位贵于西方各诸侯。后因位高权重,受到文丁猜忌而被软禁,绝食而亡。姬昌即位西伯侯,在位42年时称王,史称周文王。周文王在位期间,"克明德慎罚",礼贤下士,广罗人才,拜姜尚为军师,问以军国大计,使"天下三分,其二归周"。期间因为崇侯虎在殷纣王面前进谗言:"西伯积善累德,诸侯皆向之,将不利于帝",殷纣王就把周文王囚禁在羑里。司马迁总结道:"西伯盖即位五十年。其囚羑里,盖益《易》之八卦为六十四卦。"[⑤]

我们从"知人论世"的角度,可以明了周文王"益《易》之八卦为六十四卦"的目的是治国安邦。身为一国之主,所侍奉的是荒淫无道的殷纣王,

① 《孟子·万章下》。

②③ 章学诚:《文史通义·文德》。

④ 《诗经·绵》。

⑤ 《史记·十二本纪·周本纪》。

民不聊生，官亦不聊生，官民皆怨声载道。精通八卦的周文王自然知道商王朝的灭亡、周王朝的兴起只是时间问题，而完成灭商兴周的大任必然是次子姬发。可以说，《周易》是周文王留给姬发的家书，是自己治国理政的心得体会。

孔子的先祖是商朝开国君主商汤，周武王灭商之后，周公尊周成王之命，封商纣王的兄长，在今河南商丘建立宋国。孔子的曾祖父曾为宋国大司马，在宫廷内乱中被杀。到孔子的父亲叔梁纥这一代，家道早已中落。孔子的身世十分可怜，人生的三大不幸，他占了两项——少年丧父、老年丧子。

三岁时父亲病逝，更悲惨的是他是个私生子，父亲死后，母亲颜徵、庶兄孟皮和他，被父亲的正妻施氏赶出家门，背井离乡，来到鲁国曲阜，生活之艰难可想而知。孔子自述“十有五而志于学”，可是 17 岁时母亲又撒手人寰，哥哥孟皮脚有疾，这时的孔子无依无靠，骨瘦如柴，经常饥肠辘辘。当时，鲁国贵族季孙氏宴请士一级贵族，孔子前往赴宴，被季孙氏家臣阳虎拒之门外。为了生存，也为了照顾哥哥，他从最底层的吹鼓手干起。20～50 岁，先后做过委吏、乘田、中都宰、司空、司寇等职务，企业管理与公共事务管理的经验十分丰富。55 岁时周游列国，颠沛流离 14 年，到处碰壁，“惶惶如丧家之犬”，68 岁时才在学生冉求的帮助下，回到阔别已久的鲁国。这样的人生阅历，加上心系家国天下的救世情怀，试问今天著书立说的学者们，有几个能比得上？

孔子早在陈国时，就萌发了回国重新从事教育的梦想：“归与，归与。吾党之小子狂简，斐然成章，不知所以裁之。”① 孔子周游列国时，只有子路、子贡、颜回等少数学生陪伴，经历了“苦其心志，劳其筋骨，饿其体肤，空乏其身，行拂乱其所为，所以动心忍性，曾益其所不能”的人生历程。师生之间边游边学，学中干，干中学，这才是历史上最好的教育方法、学习方法。孔子的大部分学生还在鲁国，将他们与周游列国的学生相比，国内的这些学生之粗浅可想而知。“吾党之小子狂简”，这些学生受自己的影响，理想是有了，却存在志大才疏的毛病；“斐然成章”，学术造诣很高，但是没有实践的历练，遇到具体的管理环境、特定的人与事，不知道怎么充分应用自己的理论，就像《天龙八部》中的段誉初期不能自如运用“六脉神剑”一样。放眼天下，自己的理想抱负虽不能实现了，但传承自己丰富的文化典籍，这些学生却是最好的种子选手。所以孔子在陈国时产生了“归与，归与！”的想法。

① 《论语·公冶长第五》。

孔子回国之后，经过多年的耕耘，取得了丰硕成果：“三千弟子，七十二贤人”，为中国传统文化的传承做出了杰出贡献。事业成功的同时，孔子也经历了人生的第二大不幸，老年丧子。回国第二年69岁时，儿子孔鲤去世。孔子还经历了自己独特的人生第三大不幸，回国第三年，70岁时，遭受了比丧子之痛更大的痛楚，自己最心爱的学生颜回辞世，不禁老泪纵横，泣不成声：“颜渊死，子哭之恸。从者曰：子恸矣！曰：有恸乎？非夫人之为恸而谁为？”① 所谓恸，就是非常伤心的意思。颜回死了，孔子哭得非常伤心。当时跟从在孔子左右的学生们说，老师哭得太伤心了。孔子听了以后说，我真的哭得很伤心吗？像颜回这样诚恳好学的人死了，我自然是很伤心的。如果颜回这个人死了，我不伤心，还会为哪一个伤心呢？还有哪一个人的死亡，会令我这样伤心呢？身为教师，能因自己学生亡故而痛哭流涕，恐怕也是绝无仅有吧？

如果我们怀着“论古必恕”的态度看待孔子的一生，就不会嘲笑孔子是个“官迷”了。聂清老师认为：“孔子周游列国，到了一个地方，就问有没有官可做，在《论语》学而篇中所谓‘每过必问政’。孔子弟子解释说孔子是喜欢当官，但是和一般人求官是不一样的，是‘温良恭俭让以得之’。孔子喜欢将社会职责传达到整个社会去改造社会，这是中国‘内圣外王’的含义。这和西方当国王很痛苦是不一样的。‘内圣外王’是中国哲学的核心目的，如何达到‘内圣外王’是中国哲学的核心问题。”

如果我们怀着“临文必敬”的态度来看待孔子的成就，只要不是过分地文化自卑，过分地追求标新立异，一般学者都会肃然起敬的吧。孔子是这样总结自己的一生的：“子曰：吾十有五而志于学，三十而立，四十而不惑，五十而知天命，六十而耳顺，七十而从心所欲，不逾矩。”② 如何理解孔子的人生体会呢？孔子自述，自己15岁的时候，就立定了弘扬传统文化的志向。谋定之后，行以坚毅。首先，从古代文献典籍中进行学习，同时向工作和生活学习；其次，随时拜老师学习：“三人行，必有我师焉；择其善者而从之，其不善者而改之。”③ 更重要的是他随时将理论与实践相结合，边打工边自学，进步神速，达到了很高的境界：“学而时习之，不亦说乎？有朋自远方来，不亦乐乎？人不知而不愠，不亦君子乎？”④ 经过两年的学习，17岁的他已经在鲁国小有名气。鲁国大夫（类似今天的省部级领导）孟僖子临终告诉自己儿

① 《论语·先进第十一》。
② 《论语·为政第二》。
③ 《论语·述而第七》。
④ 《论语·学而第一》。

子，自己死了之后，你一定要拜孔丘为师。孟僖子死后，孟懿子就和弟弟南宫敬叔跟随孔子学礼。有一次，师生之间交谈时，孔子认为，鲁国已经找不到老师可以学习了，想去周朝拜访国家图书馆馆长老聃。南宫敬叔非常支持老师的想法，想与老师同去，就找到国君鲁昭公请求给予支援。鲁昭公就给了他一辆车子、两匹马，一名童仆，随同前往。老子作为当世的高人给孔子指路，加上自己的悟性，孔子进步神速！孔子回到鲁国之后，跟随他学习的人就越来越多了。30 岁时，孔子的学问名满鲁国。齐景公和晏婴出访鲁国时，国君专门召见孔子，请教孔子：秦国之所以称霸的原因。孔子就告诉他了西方管理学至今很少涉及的问题：“秦国国君志向远大，‘行中正’，并且不拘一格使用人才，从草芥中提拔百里奚，且用人不疑。”经过 10 年的上下求索，孔子的学问距离老子的标准越来越近：“四十而不惑”，对人世间的种种名利如天上的浮云；又经过 10 年的学习，对于“天人合一”的学问已经“登堂”：“五十而知天命”；再经过 10 年的学习，孔子“天人合一”的学问已经“入世”：“六十而耳顺”；经过最后的 10 年学习，孔子的学问已经可以和老子比肩，达到了天人合一的境界。

由于出身不同，周文王站在治国理政的角度而“演易”，孔夫子“下学而上达”之后，站在文化传承的角度著书立说。就今天的企业管理而言，周文王的角色是董事长，而孔夫子的初心是成为杰出的职业经理人。孔夫子与诸子百家的其他创立者有两个明显的不同之处，一是孔子的人生阅历丰富，从基层管理者一直到达高级管理者，尽管没有做过“相”(相当于今天的 CEO)，但他的学生中从事管理工作者众多，师生之间教学相长，丰富了儒家管理思想；二是与老子不同，孔夫子的心性修炼扎根于“红尘”之中。老子尽管不是贵族，但也衣食无忧。孔子“下学而上达”的心性实践经历，为曾子、子思、陆九渊、王阳明等历代大儒所继承，他们都达到或接近了天人合一的境界。

就总体情况而言，诸子百家学说的服务对象都是国君。就建立本土管理学而言，他们的学说更适合企业董事长和 CEO 参阅。反观当下工商管理专业的课程设置，其培养目标是企业的高层管理者，就当下的就业环境而言，无论是本科生还是 MBA，毕业之后能够直接成为企业高层管理者的如凤毛麟角，皆需从基层做起。因此，便造成了工商管理专业的萎缩，工商管理专业由最初的显学变为末学，尤其是全世界 MBA 教育的衰落。一方面，社会急缺德才兼备的工商管理者；另一方面学校培养的企业管理人才眼高手低、好高骛远。如此尴尬的局面，究竟该如何打破？破冰之路又该从何处开启呢？

依笔者浅见，以《周易》及《十翼》为根干，以西方管理工具和兵家、法家、纵横家等诸子的学问为枝叶，是短期内结出本土管理果实的一个现实路径。原因有三：一是《周易》和《十翼》本身就是管理学著作。对西方管理学如数家珍的管理学者，都认为德鲁克是经验主义学派的创始人。殊不知，德鲁克的经验属于间接经验，泰勒、法约尔等才是真正的经验主义学派创始人。论及经验主义学派的鼻祖并著作等身的恐怕非伏羲氏、周文王和孔子莫属。二是《周易》及《十翼》本身是“天道”的直接反映，“在天成象，在地成形”，“象”高于“形”。易学“范围天地之化而不过，曲成万物而不遗，通乎昼夜之道而知”①。企业管理作为有形与无形之间的人类行为，《周易》之理自然包含企业管理之“理”。尤其是其“简易、变易、不易”之“三易”思想更是西方现有管理思想所不及。三是除了乾坤二卦，其余六十二卦皆有六爻，从初爻、二爻、三爻、四爻、五爻到上爻，代表了万事万物成长、发展、变化的六个阶段，可以比拟企业管理者的成长轨迹。

如果用《周易》爻位代表企业管理者所扮演的不同角色是合宜的，那么下面的问题就是《周易》有六十四卦，用哪几个卦来模拟呢？古人早已给出了答案：“乾坤，其易之缊邪？乾坤成列，而易立乎其中矣。乾坤毁，则无以见易；易不可见，则乾坤或几乎息矣。”②就是说，乾坤二卦可以代表六十四卦，如果明白了乾坤二卦，也就把握了周易的“纲”，纲举而目张，执本而末从。

三、九五之尊管理者梯队

首先，乾坤二卦与其余六十二卦一样，每卦皆有六爻，代表万事万物发展变化的六个阶段，当然可以比拟职业生涯的六个阶段，古人为庶民、士人、大夫、公侯、天子和太上皇（宗庙），今天为自我管理的员工、部门经理、分（子）公司总经理、集团（母）公司副总裁、集团（母）公司总裁、集团（母）公司董事长。

其次，乾卦六爻可以代表每个职位的正职，坤卦六爻可以代表每个职位的助理。

最后，乾坤二卦还分别多了一个用九和一个用六，又可以代表正职与助理每个职位的核心思想。坚持这一核心价值观，就能由上九进入用九、上六进入用六。我们在这里用乾坤六爻和用爻代表各个层级的管理者时，是相对而言的。对于中小型公司而言，总经理通常由董事长兼任，我们所列总裁和

①② 《周易·系辞上》。

董事长的内圣外王之道，需要董事长一并去感觉；对于规模以上大型企业、企业集团、跨国集团来说，如果设有董事长，甚或董事局主席，那么总裁就既要有总裁的内圣外王之道，同时也要领略副总裁的内圣外王之道。研究《易经》必须遵照“简易、变易、不易”的“三易”原则，笔者按照管理者的成长轨迹，探讨内圣外王之道时，也遵循了这一原则。

周文王为乾坤二卦所作爻辞，可以视为管理者每个阶段角色定位的核心价值观。乾卦从初爻到上爻的爻辞分别是，初九：潜龙，勿用。九二：见龙在田，利见大人。九三：君子终日乾乾，夕惕若，厉，无咎。九四：或跃在渊，无咎。九五：飞龙在天，利见大人。上九：亢龙，有悔。用九：见群龙无首，吉。坤卦从初爻到上爻的爻辞分别是，初六：履霜，坚冰至。六二：直方大。不习无不利。六三：含章可贞。或从王事，无成有终。六四：括囊，无咎无誉。六五：黄裳，元吉。上六：龙战于野，其血玄黄。《象》曰：龙战于野，其道穷也。用六：利永贞。《象》曰：用六永贞，以大终也。

笔者用乾坤二卦爻辞凝练企业管理团队，符合时代的要求。在欧洲历史上，其领导者是轮流坐庄的：希腊、罗马、奥斯曼、荷兰、葡萄牙、西班牙、英国，现在的世界领导者是美国。在东半球尤其是东南亚，自周文王奠基周王朝以来，中国一直是亚洲前行的中心，只是近百年来才落后了。如果我们把自己的视野放长远一些，放眼未来千年，中国在世界上的地位必然会发生变化。企业作为未来中国的重要组成部分，其管理思想必须顺应时代的发展，才能赢得世界的尊重。

在这一方面，台湾地区的施振荣先生走在了前列。“太上有立德，其次有立功，其次有立言，虽久不废，此之谓不朽。”[①] 就“立功”而言，施振荣先生当之无愧，作为宏碁创始人、智荣集团董事长、台湾自创品牌协会理事长，在激烈的国际竞争中能够杀出重围，建立宏碁系，对自己的人生可谓有交代。

2004 年退休之后，施振荣先生有了新的事业、新的头衔——“王道薪传班”共同创办人、班主任。国际管理学会主席、美国达顿商学院讲座教授陈明哲先生是“王道薪传班”的另一位共同创办人、班主任。参与这项工程的除了施振荣、柳传志这样的企业家，陈明哲、吴敬琏这样的经济学家、管理学家，还有龙应台、林怀民这样的文化研究者与民间艺人。

“不能重复当年的日本老路，只有经济上的发达，却没有管理思想上的创新，最后形成了沉沦的十年。”施振荣说，“王道薪传班”的目的就是建立起一个足以对抗西方管理思想的完整体系。当“21 世纪经济报道”的记者问他

① 《左传・襄公二十四年》。

为什么有这个想法时，他说："最近两年，发生了金融海啸，我和陈明哲教授对此进行了反思，为什么出这样的问题？就是西方的体系过度资本主义，无法防止人性的贪婪。西方世界对此还没有相应的反思，甚至在学术领域也没有反思与检讨。我们觉得，中国在新世纪里面要在国际上竞争，一味地学习西方思维、管理文化，也会陷入同样的问题，即不能永续经营，不能持续保持对社会的贡献。我们一致地想到，对华人企业该提供一个高阶层的培训。"施振荣与陈明哲两位前辈并非从狭隘的中华民族本土管理出发，而是在为中国企业"平天下"航程保驾护航的同时，在管理领域放眼人类未来的幸福安康，希望自己的"王道薪传班"具有世界性的影响力："从华人世界开始，从中国开始培训中国式商道。我们有数十年的管理实践，陈明哲在国外有 20 多年的培训经验。我们把这个班定调为'企业、文化、教育三合一的新希望工程'。中国再崛起之后，我们觉得华人在全球的商业智慧领域，可以有更大的影响力，换一句话说，就是'王道'超越'霸道'。"①

施振荣先生把自己和陈明哲先生的事业称为"企业、文化、教育三合一的新希望工程"，这是丝毫不夸张的。2018 年 7 月 4~5 日，笔者在西北工业大学"第六届中国管理学者交流营年会（CMSW 2018）"上聆听了陈明哲先生的主题演讲，深为先生的"赤子"之心所折服。先生引用孔子"作《易》者，其有忧患乎？"② 表达了自己对人类未来的忧患之心。当今世界，在欧风美雨的洗礼下，特别是美国某些劣质精神的集体催眠下，人类精神层面不同程度呈现"清明时节雨纷纷，路上行人欲断魂"的失魂落魄景象。先生的"动态竞争""双融管理"是建立在"人心惟危，道心惟微；惟精惟一，允执厥中"③ 之上的。

乾坤二卦彖辞是管理者"内圣"之学的最高境界，登上高峰者寥寥无几，我们不妨怀着"高山仰止，景行行止。虽不能至，然心向往之"④ 的态度进行自我省察，力戒对他人指手画脚。为了避免历史上"泛道德化"所带来的致命弊端，我们在建构各个层级管理者的内圣修炼之学时，以《周易》爻辞为主线，根据我们的粗浅理解，随机选取《周易·文言传》《周易·象传》《周易·系辞传》《周易·彖辞传》《论语》《大学》《老子》《庄子》等经典著作中相对容易理解的经典文句的注解为辅助，以历史人物的经历为佐料，供管理者参阅。

---

① http：//notebook. yesky. com/244/30108744. shtml。

② 《周易·系辞上》。

③ 《尚书·大禹谟》。

④ 《史记·孔子世家》。

曾子提出了“修身、齐家、治国、平天下”的命题，就其“修身”之学而言，深得孔子“成性存存”的精要：“身有所忿懥，则不得其正；有所恐惧，则不得其正；有所好乐，则不得其正；有所忧患，则不得其正。心不在焉，视而不见，听而不闻，食而不知其味。”[①] 就其“平天下”之学而言，不仅曾子的教导不能满足今天激烈的市场竞争尤其是国际竞争态势，整个儒家也没有给出系统答案。因此，管理者的外王之学，根据其所扮演的管理角色，才学疏浅的我们在力所能及的范围内，尽量适当选取西方管理工具、老庄之学、兵家、法家、阴阳家等诸子学说中的精华，辅之以历史故事进行说明，供管理者参照。

此外，需要特别说明的是，本书稿关于管理者六个层次的划分是相对而言的，并非科层制中的管理者概念。管理者的“内圣”之学是实现“无为而治”管理境界的“体”；管理者的“外王”之学是实现“无为而治”管理境界的“用”，“体用合一”才是“无为而治”管理境界的充要条件。

---

① 《大学》。

第二章

脱颖而出的自我管理者之道

2018年1月30日，中华人民共和国教育部发布了《普通高等学校本科专业类教学质量国家标准》。其中，《工商管理类教学质量国家标准》（以下简称《工商国标》）明确指出工商管理类专业的培养目标是："工商管理类本科专业培养践行社会主义核心价值观，具有社会责任感、公共意识和创新精神，适应国家经济建设需要，具有人文精神与科学素养，掌握现代经济管理理论及管理方法，具有国际视野、本土情怀、创新意识、团队精神和沟通技能，能够在企事业单位、行政部门等机构从事经济管理工作的应用型、复合型、创新型人才。"

就目前的就业环境而言，工商管理类人才在职业生涯初期阶段，大多从员工做起，度过该阶段一般需要3~5年甚至更长的时间。但学校的课程设置偏重于或者说基本上都是中高层管理者所需要的相关内容，关于员工阶段的自我管理内容几乎是空白，以至于他们在职业生涯初期到处碰壁，主要表现在缺乏人文精神、缺失工匠精神、没有自知之明、人际矛盾凸显等方面。如何解决这些问题，使工商管理类人才尽快度过不适应期，尽快在员工阶段脱颖而出，《工商国标》为我们指出了方向："工商管理类专业主要以社会微观经济组织为研究对象，系统研究人类经济管理活动的基本原理、普遍规律、一般方法和技术。"中华民族的历史源远流长，有丰富的员工阶段的自我管理经验，其内圣外王之学主要体现在儒家《论语》《孟子》中。先贤所总结的宝贵人生经验当然属于"普遍规律、一般方法和技术"，这些经验之谈经历了2000年以上的大浪淘沙，早已走出国门，成为日本、韩国、越南、新加坡等国国民"人道做人"的学问。在建构《工商国标》具体内容之时，我们应该珍视这些中国传统文化中的宝贵财富。

乾卦初九爻的爻辞——"初九：潜龙，勿用"可以作为资深员工"内圣"之学的座右铭。什么是"潜龙"呢？"子曰：'龙德而隐者也。不易乎世，不成乎名，遁世无闷，不见是而无闷，乐则行之，忧则违之，确乎其不可拔，潜龙也。’”①

孔子说：“龙德指的是品行高洁的君子，其操行十分稳定，不为世上的歪风邪气所动摇，不为虚名虚利所动，出淤泥而不染。尽管自己具有经天纬地的内圣外王之学，由于时间、空间不对，心甘情愿隐于市井之中，内心世界不为世人所知而没有丝毫烦恼。内心世界坚定而不可动摇，这就叫‘潜龙’”。资深员工尤其是“落地的凤凰”如能学习“潜龙”之德，即便时不我与，同样能够实现心灵的飞升。

就初出茅庐的新入职员工而言，应以坤卦初六爻的爻辞为座右铭：“初六：履霜，坚冰至。象曰：履霜坚冰，阴始凝也。驯致其道，至坚冰也。”孔子的解释是：“履霜，坚冰至。盖言顺也。”②因为《周易》是“天道”的展示，“象”通过天象所蕴涵的道理，告知人们如何正确采取行动，以求在日常工作、生活和学习中，体味“天人合一”之道。当人们践踏着薄霜时，就知道坚厚的冰层快要冻结成了。此时此刻，人们该如何自处呢？孔子“盖言顺也”，他认为应该顺其自然，无忧无虑。孔子写这句话，当然是有感而发。比如，他被困陈国和蔡国边境之时，就践行了“顺”的境界。据《史记》和《吕氏春秋》记载，孔子迁居到蔡国的第三年，吴国攻打陈国。楚国救援陈国，军队驻扎在城父。楚国听说孔子住在陈国和蔡国的边境上，便派人去聘请孔子，孔子打算接受聘请。陈国、蔡国那些手握重权的大夫们认为孔子才华出众，如果被楚国重用，自己将处于十分危险的境地，于是他们双方就派了一些服劳役的人把孔子围困在野外。孔子和他的弟子无法行动，粮食断绝。一连七天吃不上一口饭，饥肠辘辘，有的弟子饿病了，有的弟子站都站不起来，但孔子却还在不停地给大家讲学，朗诵诗歌、歌唱、弹琴。对于老师的心境，子路和子贡都无法理解。子路很生气地质问孔子：“君子也有困窘的时候吗？”只有颜回是老师的知音：“夫子之道至大，故天下莫能容。虽然，夫子推而行之，不容何病，不容然后见君子！夫道之不修也，是吾丑也。夫道既已大修而不用，是有国者之丑也。”颜回认为老师的学问太大了，以至于天下没有一个国君能容得下老师。但老师还是坚持推行自己的学说，天下没有“董事长”接受老师的学问又有什么紧要？“难行能行”方显老师英雄本色！为了“学术淘金”而丧失本心，一味迎合国君，那才是学者的耻辱；因为老师的学问博大，国君不采用，那是国君的耻辱。孔子听了颜回的回答，欣然而笑着说道：“有是哉，颜氏之子！使尔多财，吾为尔宰。”颜回啊！如果你有很多钱创办公司，我愿意做你的CEO。

---

①②　《周易·文言》。

当然，孔子的境界太高了，简直高不可攀！这种境界适合那些本来处于高位，而由于客观原因中途落马的“落地凤凰”们仔细领悟。

对于新入职的大学生而言，其“外王内圣”之道如下：

第一节　自强不息　精益求精的外王之道

一、天将降大任于斯人也

大学生的大学生活基本上是自由自在的，与高中生相比，他们的生活是那么的惬意。可是跨出大学校门之后，等待他们的却是物竞天择、适者生存的“丛林”时代。大学期间，如果不去上课，对别人所造成的影响不大，可是工作之后，如果不去上班，来了客户怎么办？影响的是整个单位的形象！在学校面临的人际关系很简单，主要是同学关系。但是走上社会后，要处理的关系就要复杂得多，比如工作关系、客户关系、上下级关系，甚至是恋人关系，处理这些关系的法则显然与大学时代有着种种不同。所以说，大学生走上社会后，出现种种不适应是在所难免的。

20 世纪 70 年代，美国一批年轻的电脑程序员参加工作后，很难适应工作环境，不久他们就编写了“蘑菇定律”，认为职场新人所面临的环境和蘑菇的成长环境有着惊人的相似之处。蘑菇是怎么培育成的呢？生长在阴暗的环境里，在成长过程中还要被浇上大粪。蘑菇定律是指一名新员工，常常会被安排在角落里，干的都是打杂跑腿的工作，还会要接受各种无端的批评、指责，处于自生自灭的过程中。干活有你，评选先进员工没有你。蘑菇生长必须经历这样一个过程，职业生命的成长也肯定会经历这样一个过程，这就是“蘑菇定律”。“蘑菇”经历，其实对于一个人的成长来说，是必须的，不经风雨，怎么能见到彩虹？不经萌芽阶段破土而出的痛苦，哪里有秋天的果实？

1981 年，中国女排以亚洲冠军的身份，参加了 11 月在日本举行的第三届世界杯。中国队以 7 战全胜的成绩首次夺得世界杯赛冠军。这是我们这个格外珍视集体荣誉的东方民族千百年来首次夺得集体球类项目的世界冠军。11 月 21 日，著名作家冰心专门创作《成功的花》赠送给中国女排：“成功的花，人们只惊羡她现时的明艳！然而当初她的芽儿，浸透了奋斗的泪泉，洒遍了牺牲的血雨。”

我们翻开古今中外的历史，有的人少年得志，有的人大器晚成。就具有远大志向的职场新人来说，是必然要经历一番“磨砺”的。而且，要想成就一番大事业，这种磨砺也是必须的。“洛阳三月花如锦，多少工夫织得成。”美景是花费功夫织出来的，职业生命也是在艰难困苦中不断磨砺成长起来的。

朱元璋登上皇位后，一直反对孟子，下令把孟子的牌位从孔庙中撤掉。可是，有一天晚上，当他读到《孟子》中的一段话，无比佩服：“哎哟！孟子太了不起了！从前，有人称赞他是圣人，我一直不以为然。现在看来真的是圣人！”安排恢复孟子的牌位。这段话就是：“天将降大任于斯人也，必先苦其心志，劳其筋骨，饿其体肤，空乏其身，行拂乱其所为，所以动心忍性，曾益其所不能。”（让他做事情偏偏达不到目的，这是为了激励他的意志，磨炼他的耐性，增强他的抵抗能力。）朱元璋觉得孟子真是他的知音，把自己一生的艰难困苦全写出来了。

2006 年 10 月，北京科技大学文法学院 MPA 办公室曾经邀请朱立言教授举办学术讲座，题目是“公共行政领导者成长”。朱立言先生是中国人民大学公共管理学院教授、博士生导师、全国公共管理硕士（MPA）专业学位教育指导委员会秘书长。他说，每一个功成名就的领导者在职业生命成长的过程中尤其是职业初期，几乎都经历过磨难。岂止是公共行政领导者的成长要经历一番“风霜苦”，三百六十行，行行都是如此！

1988 年，75 位诺贝尔奖的获得者在巴黎发表了一份联合宣言，认为“人类要想在 21 世纪生存下去，就必须汲取两千年前孔夫子的智慧”。孔子之所以能够成长为影响东方民族千年思想的哲学家，和他的“磨菇”经历是有必然联系的。

“大宰问于子贡曰：夫子圣者与？何其多能也？子贡曰：固天纵之将圣，又多能也。子闻之曰：大宰知我乎？吾少也贱，故多能鄙事。君子多乎哉？不多也！”①

“大”读“太”，大宰是那时的官职名称。有一位大宰问子贡，孔夫子是圣人吗？他的知识为什么这么渊博？子贡回答说，老师是天生的圣人，学问渊博，有经天纬地之才。后来有人把他们的谈话告诉了孔子，孔子听了之后就说，你们认为大宰真的了解我吗？不是的，因为我是孤儿出身，很小就尝尽了人生的酸甜苦辣、悲欢离合，社会底层的人更能看清楚人世间的人情冷暖。君子对自己要求是很高的，天外有天，切不可坐井观天，目中无人，要活到老学到老。因此，我与真正的君子相比，掌握的东西还很少。

有不少大学生，毕业十年了仍是一个普通员工，而且很少有普通大学毕

① 《论语·子罕第九》。

业生刚出校门就当上经理的，都要从基层做起，从琐碎的小事做起。这是规律，我们谁也不能违反规律，否则，只会带来痛苦。只有从艰难中来，根基才扎实。典型的例子有齐景公和晋惠帝。有一次，接连几天下大雪，天寒地冻，齐景公穿着裘皮大衣，坐在皇宫里赏雪。晏子来向他汇报工作，他对晏子说，真是奇怪呀，下了这么长时间的雪，怎么一点都不冷呢？与齐景公相似的还有晋朝的晋惠帝，有一年因为粮食歉收，许多老百姓都饿死了，当大臣向他报告有人饿死的消息之后，他非常奇怪地说，他们怎么这么笨呢，没有粮食吃，就不会吃肉？还有些失败，是必须自己经历的，父母是无法传授的。伯乐的儿子把伯乐写的《相马经》读得烂熟。《相马经》上说，千里马是额头隆起，双眼突出，蹄如摞起的酒曲块。他将书上绘出的各种图形，与他所见到的一一对照。结果，他找到一只癞蛤蟆。松下认为：“领导者必须培养直觉做价值判断的灵感，如何才能产生这种灵感，我认为是从累积的经验与不断的磨练过程中培养出来的。”

二、高薪从这里起步

在道德论上，董仲舒认为应该“夫仁者，正其义不谋其利，明其道不计其功”①，轻视功利。这种道德观，违背了孔子的本意，孔子虽然重义，但是绝不轻利。孔子曾说：“富而可求，虽执鞭之士，吾亦为之。如不可求，从吾所好。”② 可见，孔子也希望过富足的生活，哪怕是从事低级的重复性工作，他并没有假清高，他反对的只是不义之财，只有当求富贵与道义发生矛盾时，才宁肯过贫贱的生活。每一个初入职场的年轻人，都希望拿到高薪，那么高薪是怎么得到的呢？我们认为如果从下面几句话入手，高薪一定非君莫属。

子张学干禄。子曰：多闻阙疑，慎言其余，则寡尤；多见阙殆，慎行其余，则寡悔。言寡尤，行寡悔，禄在其中矣！③

子张来到孔子这里是为了学习“干禄”，也就是说想将来出去之后能找到一份收入高的工作。孔子就对他说：要想在一个单位干得好，首先要“多闻”，就是多听、多看、多体会，“阙疑”就是对自己怀疑不懂的地方，暂时

---

① 《汉书·董仲舒传》。
② 《论语·述而第七》。
③ 《论语·为政第二》。

放到一边，等着请教别人，“慎言其余”，对于自己所知道的事情，讲起来也不要趾高气扬，要注意尊重别人，这样就会很少有过错；“多见阙殆”，对于没有把握、风险大的事情，要多看一看别人的经验教训，不打无准备之仗，“慎行其余”，对于有把握、没有风险的事情，真正做起来的时候也不能粗心大意，要认真对待，这样就不会有后悔的时候。“言寡尤，行寡悔，禄在其中矣！”做到说话很少有错误，做事很少后悔，这样的话，禄位自然就在其中了。

子曰：“事君，敬其事而后其食。”①

这句话指的是工作态度。就工作和待遇而言，首先要问问自己工作干好了没有，而不是先问待遇多少，根据工资多少决定工作态度。孔子不仅教导自己的学生要敬业，他自己也是敬业的典范。孔子做过几项工作，不论职位高低，都认真对待。

公元前 532 年，孔子是“委吏”（仓库管理员），21 岁时，改作“乘田”，管理畜牧。做仓库管理员时把仓库整理得井井有条，账目记得一清二楚；孔子 51 岁当上鲁国的中都宰，这个职务相当于现在的北京市市长，他干得很出色，“四方皆则之”，意思是，各国都想学习、仿效孔子的治理方法。不久，孔子升任司空（相当于现在的建设部部长），又转任司寇（相当于现在的司法部长兼外交部长），也都保持认真的态度。特别值得一提的是，由于孔子周密的部署和准备，鲁国在一次与齐国的会议上挫败了对方的阴谋，取得了外交胜利，并因此收回被占领的三座城池。

很多人写工作总结时都说自己有敬业精神，那么什么才是敬业精神呢？下面举一个例子：

爱若和布若差不多同时受雇于一家超级市场，开始时大家都一样，从最底层干起。可不久爱若受到总经理的青睐，一再被提升，从领班直到部门经理。布若却像被人遗忘了一样，还在最底层混。终于有一天，布若忍无可忍，向总经理提出辞呈，并痛斥总经理用人不公。

总经理耐心地听着，他了解这个小伙子，工作肯吃苦，但似乎还缺少了点什么，缺什么呢？……他忽然有了个主意。“布若先生，”总经理说，“同事一场，就是朋友一场。今天抽不开人手，我想请你帮个忙，到集市上去，看看今天有什么卖的。”

布若很快从集市上回来说，刚才集市上只有一个农民拉了一车土豆卖。

---

① 《论语·卫灵公第十五》。

“一车大约有多少袋，多少斤？”总经理问。布若又跑回去，回来说有十袋。“价格多少？”布若再次跑到集市上。

总经理看着气喘吁吁的布若说：“请休息一会吧，你可以看看爱若是怎么做的。”说完就叫来爱若，对他说：“爱若先生，请你马上到集市上去，看看今天有什么卖的。”爱若很快从集市回来了，汇报说，到现在为止只有一个农民在卖土豆，有十袋，价格适中，质量很好，并带回几个让经理看。这个农民一会还会拉几筐西红柿到集市上买，据他看价格还算公道，可以进一些货，就把那个农民也带回来了，他正在外面等回话呢。

爱若由于比布若多想了几步，就能够脱颖而出。这个故事也许是人们杜撰的，但是每个成功人士在职业初期所走的路几乎都与爱若一样。

子曰：不曰“如之何，如之何”者，吾未知之何也已矣！①

孔子说：一个不说“怎么样，怎么样”的人，我真不知道他该怎么办了。意思是，如果一个人对任何事情，都不用脑筋，不问几个为什么，总是糊里糊涂地混日子，就不知道这样的人该怎么办了。这几句话对我们今天来说特别重要，不管是才参加工作的年轻人，还是已经有了丰富经验的老同志，都要在工作中多问几个为什么，这样才能不断进步。安德鲁·卡内基在20世纪初，曾拥有4亿美元资产，这在当时超过了美国的国防预算。当有人问起他成功的秘诀时，他说只有两种人不会成大器：一种是除非别人要他做，否则绝对不会主动做事的人；另一种是即使别人要他做，可也总是做不好事情的人。只有那些不需要别人催促，就会主动做应该做的事，而且不会半途而废的人才会成功。

三、不在其位不谋其政

孔子有一句名言，在职业生涯初期的自我管理阶段尤其应该谨记——子曰：“不在其位，不谋其政。”②

孔子这句话是说，一个知识分子，如果不是身居官职，最好不要随便谈论批评政事。这句话应该是孔子有感而发，我们可以做这样的假想：孔子年轻尚未担任具体的高级职务时，认为自己的学问可以指点江山，可做司法部

① 《论语·卫灵公第十五》。
② 《论语·泰伯第八》。

长时就有了新的感受，但求做好自己的本职工作，有所作为，对于其他部门的工作是不会指手画脚的。后来做了老师，就更不会随便讨论国家大事了。“将军还山不论兵”说的也是这个道理。一个将军，无论在位时多么有成就，退休之后，就不要议论政事了，这才是正确的人生态度，只有这样心情才愉快。“不在其位，不谋其政”是儒家一贯的处世态度。曾子曰：“君子思不出其位。”[①] 孟子说：“位卑而言高，罪也；立乎人之本朝，而道不行，耻也。”[②] 子思也有“君子素其位而行，不愿乎其外”[③] 的教导。

但是，在现实生活中，因为人们不懂其中的道理，结果让自己烦恼不堪。就一般情况而言，我们不管在哪个单位工作，都喜欢谈论上司，特别喜欢谈论批评老板。我们这样做，其实，是自己在和自己过不去，自己让自己的心情变得很糟。如果能想明白这个问题，我们就会少了这种最常见的烦恼。

人们之所以“不在其位”而敢于大放厥词，妄言上级领导，其中一个主要原因是“不在其位，不知其苦”。旁观者清之所以“清”是因为他们没有决策者所承受的经济、政治、社会等各方面的压力，因此常常出现“旁观者清”的情形。从事管理工作如此，生活中亦然。

钱大昕是清朝著名史学家、汉学家，《弈喻》是他的一篇散文，通过日常生活中的一件小事，揭示了深刻的人生哲理。

予观弈于友人所，一客数败，嗤其失算，辄欲易置之，以为不逮己也。顷之，客请与予对局，予颇易之。甫下数子，客已得先手。局将半，予思益苦，而客之智尚有余。竟局数之，客胜予十三子，予赧甚，不能出一言。后有招予观弈者，终日默坐而已。

今之学者读古人书，多訾古人之失；与今人居，亦乐称人失。人固不能无失，然试易地以处，平心而度之，吾果无一失乎？吾能知人之失而不能见吾之失，吾能指人之小失而不能见吾之大失。吾求吾失且不暇，何暇论人哉！

弈之优劣有定也，一着之失，人皆见之，虽护前者不能讳也。理之所在，各是其所是，各非其所非，世无孔子，谁能定是非之真？然则人之失者未必非得也，吾之无失者未必非大失也，而彼此相嗤无有已时，曾观弈者之不若已！[④]

---

① 《论语·宪问第十四》。

② 《孟子·万章下》。

③ 《中庸》。

④ 钱大昕：《潜研堂集》。

有一次，我在朋友家里看下棋。一位客人接连输了好几盘，我讽刺他看不清大局，总给他支招，我心里觉得他的棋艺远远不如我。过了一会儿，客人请求和我下棋，我颇为轻视他。刚刚下了几个棋子，客人已经占据主动形势。快到中盘的时候，我每落一子，都会苦思冥想，非常慎重，可是客人落子时基本上不加思考。终局时计算双方棋子，客人赢我 13 子。我很惭愧，一句话都说不出来。从此以后，有人邀请我观看别人下棋，我再也不敢说一句话，只是暗暗地领会对局双方的思路。

由此我联想到现在的读书人阅读前人的著作时，经常会讽刺前人太傻了；人与人相处，"文人"相轻，人人相轻；别人的为人处世，固然并非没有缺点，可是，如果我们总是能够换位思考，想想我们处在对方的位置，难道就能做到完美无缺吗？我们总是能对别人的毛病洞若观火，却看不见自己的毛病，我们能看见别人的微不足道的毛病，却看不见自己身上的致命弱点。自从那次和别人对弈失败之后，我就想"吾日三省吾身"尚且没有足够的时间反省，哪里还有闲心去找别人的缺点呢！

人们的棋艺水平是有高低之分的，是驴还是马，可以赛场上见真章，高下立判。在对弈过程中，如果落子失误，具有同样段位的棋友一看便知，如果自己"悔棋"，大家也都看得见。可是，关于人道做人的人生哲学、日常处理事务方面的"软科学"，人人都赞成自己认为正确的，人人反对自己认为不正确的。现在世间没有孔子那样的圣人，谁能断定真正的正确与错误？因此，我看到的别人的失误未必不是人家的高明之处，自己认为正确的选择未必不是在往"坑"里跳。唉！自古以来，人与人之间的"我是你非"极为常见，将来也不会消失！这种情况，像极了我从前观棋时的心态，自以为是，自认为比别人高明！①

钱大昕不愧是历史学大家，通过观棋、弈棋这样的小事，反映了大众普遍具有的毛病。他讲的情况过去会上演，今天正在上演，将来会继续上演。我们在茶余饭后，就经常可以听到人们议论领导这里没做好，那里没做对，其实我们的议论都跟观棋差不多，是自以为高明啊。笔者主张在职业生涯初期的自我管理阶段效法孔子"君子思不出其位"，那么又该如何理解"不想做将军的兵不是好兵"？其要点有二：一是本人的忧国忧民思想应该立足于本职工作，在本职工作中体现精益求精的工匠精神，努力把自己的工作质量从

① 我们写到这里，何尝不是"观弈者之不若己"的心态？为何还要写呢？一是"但开风气不为先""世无孔子，谁能定是非之真？"我们按照对孔子学问的理解，对西方管理工具的理解，以求抛砖引玉，最终完成中国管理学的建构。二是不暴露自己的丑，同人怎能狠批自己之丑？如此方能明了自己之丑。此为真正的写作意图。

99%提升到99.99%，如此才是脚踏实地的爱国、爱家、爱单位的真精神："居庙堂之高，须有山林气味；处江湖之远，须有堂庙经纶。"二是怀抱虚心学习的态度，在自我管理阶段悉心体会上级领导的指导思想、工作思路、工作方法，站在同情之理解的角度，而不是一味地嘲笑甚至贬低。有一句话尽管粗俗，但也颇能说明深刻的道理："屁股决定脑袋"，自己坐的位置决定了自我思考的边界，站在员工的角度度量领导的所作所为，自己的思考并非一定是正确的。对于领导的言谈举止，要仔细斟酌，把自己放在上级的位置思考问题、处理事情，哪些地方是自己需要学习的？哪些地方，领导做得不到位？并视具体情况决定是否给上级提意见，提意见时要本着请教的态度，提供建设性意见，而不是抱定"我是你非"的师心自用态度。

第二节　推己及人　建立良好人际关系的内圣之道

一、和谐人际的双金法则

卡耐基被称为美国人际关系之父，他所开创的"人际关系训练班"遍布世界各地，为什么这么多人热衷于参加人际关系培训班呢？因为人际关系和谐，你想要什么，别人给你什么；人际关系不和谐，你想要什么，别人不给你什么，你不想要什么，别人偏给你什么。卡耐基研究院对美国工程界成功人士的调查显示：15%的成功者说自己的成功是因为自己的专业技术，85%的成功者说自己的成功是因为与人打交道的能力。人际关系，对于中国人来说，更为重要。黄仁宇先生的《关系千万重》、费孝通先生的"差序格局"对此进行了深刻分析。应该说，一个人的成功，尤其是部门经理以上的管理工作者，在我国90%以上靠的是人际关系。

尽管目前我国的人际关系非常复杂，但是如果将下面两段话作为自己处理人际关系的法则，人际关系问题即可迎刃而解。

子贡问曰："有一言而可以终身行之者乎？"子曰："其恕乎！己所不欲，勿施于人。"①

① 《论语·颜渊第十二》。

子贡对老师孔子说：“老师啊，您讲了那么多人生的道理，我记性不好，都记不住，您能不能用一句话概括一下，遵照这句话为人处世就可以了呢？”孔子就回答道：“不用一句话，只要你能做到‘恕’这个字就可以了，‘恕’字上‘如’下‘心’，‘恕’的意思就是考虑问题，处理事情要将心比心，推己及人，替自己想也替人家想。己所不欲，勿施于人。”孔子的这句话是具有普世价值的，被称为人际交往的黄金法则。法国1793年颁布的《人权和公民宣言》就引入了孔子这一句名言。

在某企业员工宿舍曾经发生过这样一件事：一位员工的父亲是乡党委书记，该员工从小就被家人和父亲的下属宠着、惯着，养成了唯我独尊的习惯。参加工作之后，经常在集体宿舍打游戏，通宵达旦，完全不顾别人的感受，时间长了，大家孤立他，他进入宿舍就像进入了一座“活死人墓”，久而久之，出现了孤独症，不得不辞职回家。大学生在职场初期，如果牢记孔夫子“己所不欲，勿施于人”八个字，事事处处想到自己的言谈举止是不是影响到了同事、邻里，人际关系一定会得到改善，成为受欢迎的人。

子曰：“夫仁者，己欲立而立人，己欲达而达人。”①

孔子在这里说，什么叫“仁”呢？那就是自己想要取得成功，就要设法帮助别人也取得成功，自己欲事事通达也应帮助他人事事通达，强调的是在处理人际关系时，要有成人之美之心。作为职场新人，在处理同事关系上，对于举手之劳的事，不要吝啬自己的体力。比如，同事工作忙，没有时间接幼儿园的孩子，自己主动帮忙；同事家有人结婚，不仅仅凑份子，还要主动相助；遇到同事搬家，当仁不让，前往效力……如此这般，人际关系一定会很融洽。

二、宽恕他人就是宽恕自己

上高中的时候，学过一篇课文，到现在笔者还记忆犹新：有个姑娘要开音乐会，在海报上说自己是李斯特的学生。演出前一天，李斯特出现在姑娘面前，姑娘惊恐万状，抽泣着说，冒称是出于生计，并请求宽恕。李斯特要她把演奏的曲子弹给他听，并加以指点，最后爽快地说：“大胆地上台演奏，你现在已是我的学生。你可以向剧场经理宣布，晚会最后一个节目，由老师

① 《论语·雍也第六》。

为学生演奏。”李斯特在音乐会上弹了最后一曲。

曾子曰：“以能问于不能，以多问于寡；有若无，实若虚，犯而不校。昔者吾友尝从事于斯矣。”[①] 曾子，名参，鲁国人，比孔子小 46 岁，四书中的《大学》就是曾子写的，“修身、齐家、治国、平天下”是曾子的名言。到唐朝时，他被封为太子太保，太子太师、太子太傅、太子太保都是东宫官职，都是负责教习太子的老师。太师教文，太傅教武，太保保护其安全。

曾子说：“有才能却向无才能的人请教，知识丰富的却向知识浅薄的人请教；有像没有一样，充实看起来却像贫乏，被人侵犯也不计较。过去我有个朋友曾是这样做的。”从表面上看，这句话很简单，但是要真正做到，真是难啊！比如说，“犯而不校”这四个字就很难做到，如果能做到，那么他的人际关系就一定很好，他的内心也一定很和谐，尤其是有才华、有地位的人。

吕蒙正是河南洛阳人，在北宋时期做过两任“国务院总理”。吕蒙正不喜记人过。“初参加政事，入朝堂，有朝士于帘内指之曰：‘是小子亦参政耶？’蒙正佯为不闻而过之。其同列怒，令诘其官姓名，蒙正遽止之。罢朝，同列犹不能平，悔不穷问。蒙正曰：‘一知其姓名，则终身不能复忘，固不如无知也。不问之，何损？’时人服其量。”[②] 这段话的意思是：宋代著名的宰相吕蒙正被任命为副宰相，刚要上殿接受职务并感谢皇恩时，有人在帐下对他指指点点地说：“这小子也能参知政事，治理国家吗？”吕蒙正装作没听见，下朝后，有的同僚非要查出说这话的是谁，吕蒙正坚决不同意。他说：“一旦知道了是谁说的这句话，便一辈子忘不了这件事，倒不如不知道为好。不问，也不会有什么损失。”当时的人都佩服他的度量大。

当别人因他人非常生气时，咱们都会相劝：“宰相肚里能撑船，何必跟他一样”，这句话的由来是这样的。相传，宋朝宰相王安石中年丧妻，后娶名门才女姣娘为妾。婚后，王安石忙于国事，常不回家，而姣娘正值妙龄，难耐寂寞，与家中一位仆人偷情，事情很快传到王安石的耳朵里。一天，他假称外出办事，悄悄藏在家中，让轿夫抬着空轿子出了门。深夜，他蹑手蹑脚地溜到居室的窗外，听到俩人正说话。王安石虽然很生气，但他并没有惊动屋里的人，而是拿起一根竹竿朝树上的老鸹窝捅了几下，老鸹惊叫着飞了。屋里偷情的仆人闻声忙从后窗逃走。

转眼到了中秋，王安石想借饮酒赏月之时婉言相劝姣娘，便趁着酒兴说：

---

① 《论语·泰伯第八》。

② 江少虞辑：《宋朝事实类苑》。

“饮空酒无趣。我们吟诗一首你来答如何？” “是。”姣娘答。王安石吟道：“日出东来还转东，乌鸦不叫竹竿捅，鲜花搂着棉蚕睡，撇下干姜门外听。”姣娘一听就脸红了。“扑通”跪在丈夫面前答道：“日出东来转正南，你说这话整一年。大人莫见小人怪，宰相肚里能撑船。”王安石见她诚心认错，心想：自己已经花甲，而姣娘正值花季，不能全怪她，与其责怪他们不如成全他们。中秋节后，王安石赠白银千两，让仆人与姣娘成了亲。事情传开后，人们对王安石的宽宏大量赞不绝口，“宰相肚里能撑船”成了千古美谈。

法国 19 世纪文学大师维克多·雨果说：“世界上最宽的是海洋，比海洋宽阔的是天空，比天空更宽阔的是胸怀。”诚哉斯言！

三、礼之用，和为贵

孔子说：“不学礼，无以立。”[①] 荀子也说：“人无礼则不生，事无礼则不成，国无礼则不宁。”[②] 诸位同意这种看法吗？请看案例。

小张是南京人，南京财经大学本科毕业。2008 年 11 月 10 日进入中华路弘业大厦期货公司就职。

12 月中旬的一个周五，加了一会儿班，小张离开办公室已是晚上 7 时许。大厦电梯载他到 12 楼时，进来一位老人，中等个子，面相和蔼。小张不认识，向里让让，老人进了电梯。“小伙子，你是哪个公司的？”电梯启动后，老人开口问道。

小张瞟了对方一眼，没开口。“你是哪个公司的？告诉我。”老人再次问。小张告诉他是期货公司的，并反问：“有什么事吗？”

小张刚回到家，手机响了，是公司的部门经理。“你怎么回事，把刚才电梯里的事讲一讲。”小张一五一十地叙述了一遍。“唉，那是集团公司的大老板呀！”部门经理抱怨说。

……

2009 年 1 月 12 日晨会后，部门经理把小张留了下来：“唉，为你那件事，集团大老板把我们期货公司的一把手骂得一塌糊涂，说我们招来的人素质太差。你在公司没发展空间了，会很被动。你考虑考虑，打个辞职报告，可以不来上班了，工资结算到 2 月份。”

1 月 14 日下午，小张和他父亲来到江苏弘业国际集团。见到被儿子得罪

① 《论语·季氏第十六》。

② 《荀子·修身》。

的董事长，父亲双手抱拳，诚恳地说：“我教子无方，特地带他来给您赔礼道歉，希望您大人不记小人过，饶他这一回。”

董事长站起身，回想电梯里的情形，仍有些生气：“我看他下班这么晚，主动与他打招呼，本想表扬他几句，没想到他却向我瞪眼睛。”说完，董事长模仿了瞪眼的样子，越学越生气，“他恶狠狠地翻眼瞪人，问他话也不搭理，他的思维不正常，期货行业对员工素质要求很高，他不适宜做期货。”①

中华民族一向被称为“文明古国，礼仪之邦”。我国古代和近、现代进行礼仪教育的书籍主要有三本：《周礼》《仪礼》和《礼记》，书中对人们的衣食住行、言谈举止都做出了详细的规定：“人生八岁，则自王公以下，至于庶人之子弟，皆入小学，而教之以洒扫、应对、进退之节，礼、乐、射、御、书、数之文。”洒扫就是做好清洁卫生，应对就是要学会文明礼貌用语，学会如何待客。“凡与客人者，每门让与客。客至于寝门，则主人请入为席，然后出迎客。……主人入门而右，客入门而左。主人就东阶，客就西阶。”② 这些规定比较普遍地落实到了人们的行动中，我们被称为礼仪之邦，是当之无愧的。可是现在呢？

2004 年 2 月 26 日 21 点，清华大学第五教学楼里清脆的下课铃声响起。在 5201 教室里，学生却没有散去。这是清华大学历史系博士生导师彭林教授在新学期开讲的第一堂“中华古代礼仪文明”课。看似冷门的课却受到大学生的欢迎，150 人的名额早已爆满。

在课堂上，彭教授特意留出时间，让主动选修这门并不“时髦”的课程的学生们自由发言，谈一谈他们对礼仪问题的看法。很多学生主动举手，发表他们的观点和疑惑。

“如今，我们离这些古老的教诲好像已经很遥远了。”

“老师不习惯我们的问候，”物理系的一位男生说，“上大学一年级的时候，上课前曾经集体起立问候老师。没想到反而把老师吓了一跳，弄得他很不好意思，非常不习惯。可见原来的习惯被破坏后，想恢复多么困难。我认为礼仪是公众默认的一种道德规范，必须在社会上普及。”

课堂上，还有来自马来西亚和韩国的几位留学生，他们都是自己选修的这门课程。一位名叫权爱玲（音）的韩国留学生参与了讨论，她用不是非常流利的汉语，讲述了自己对中国传统礼仪的看法。

权爱玲来中国已经有两三年了，现在在清华中文系学习。她说她到中国

① https：//bbs. csdn. net/topics/300024292。

② 《礼记 · 曲礼上》。

就是来学习中国传统礼仪的。她说："韩国有很多的礼仪，可是据我所知，很多礼仪都是在很久以前从中国传过去的。因此，我很希望有机会能来中国学习这些传统礼仪。但在我来中国之前，有人告诉我，这些礼仪在中国已经基本看不到，现在的中国礼仪大不一样了。我就想比较一下中国和韩国的礼仪究竟有什么不同。"

彭林教授问她，在韩国的礼仪环境下，是否觉得生活各个方面受拘束？她的回答是："我从小就是在这样的环境中长大的，从来没觉得有什么拘束。"权爱玲说，她反倒是到中国后觉得不适应了。

在课堂上有一个话题引起了讨论，就是学生上课前是否应该起立向老师问候。权爱玲介绍了韩国学校的做法。她说："在韩国学校里，一般是班长代表全班同学起立，然后喊'坐齐！敬礼！'这时同学们会坐在座位上向老师鞠躬，齐声说：'老师，您好！'下课同样是班长起立，然后再次喊'坐齐！敬礼！'然后同学们再一起鞠躬，齐声说：'辛苦您了，老师，谢谢您！'"

她说，在韩国，学生在路上见了老师鞠躬是最正常的事情，她在中国也是这样做的。但她发现很多中国同学见了老师并不鞠躬，只是点一下头就过去了。"这样做在韩国是会挨打的。"①

我们首先来看一看什么是礼仪。礼仪，是"礼"与"仪"的合称，"礼"是内涵，礼者，敬人也，就是说，礼的实质和内涵是尊重他人，关爱他人，这是最难做到的。为期两天的文明礼貌用语学习班结束了，小李兴致勃勃地骑上自行车去会女朋友。小李只想着见女朋友的事，一不留神，将一个中年妇女撞倒在地。小李赶忙停下来，很有礼貌地说了声："对不起！"说完，掉头就要走。中年妇女的丈夫一把拉住他："怎么？只说一声对不起就完了？没这么简单吧！"小李思索片刻，一拍脑门忙又说："对不起！没关系！您好！请坐！谢谢！再见！这下该全了吧！"说完蹬车便跑了。中年夫妇被弄得目瞪口呆，半晌说不出话来。

"仪"是礼的外在表现形式，包括礼貌和礼节。什么是貌？貌就是外貌，指的是暴露在外面被别人看见的地方，包括仪容仪表礼仪、服饰礼仪、体态礼仪。礼节指的是在日常公务活动和人际交往中向他人表示敬意的一种形式，包括介绍礼仪、称呼礼仪、握手礼仪、名片礼仪、乘车礼仪、电梯礼仪、电话礼仪、待客礼仪、座次礼仪等。在这些礼仪中，有的只是一种形式，并没有实在意义。2008年奥运会以后，社会上最流行的礼仪专家是谁？金正昆先生，金先生是中国人民大学外交学系主任。金先生所讲的礼仪重仪轻礼，主

---

① http：//i. bokee. com/v1. php/blog/view/uname/tsblog/bid/1265417。

要讲了礼的形式，而缺乏礼的内涵教育，忽略了人的内在修养的提高。我们都知道思想支配行动，只有心动了，行为才会改变，所以，礼仪教育进行到今天，已经进入了后礼仪时代，提高修养才是根本。

《礼记》共有49篇，开篇第一句就是："曲礼曰。毋不敬。俨若思。安定辞。安民哉。"

曲，细小的意思，指提高修养要从细小的礼节做起。毋不敬，指修身是从讲究自谦而敬人，反对骄傲自满开始的。整个礼记就是从"毋不敬"这三个字开始的，这是中国传统礼仪的核心，贯穿整个中国礼仪文明。这与现在社会上流行的西方礼仪不同，比如吃西餐时，喝葡萄酒是很讲究的，红酒怎么喝？共分四个层次，"眼喝"：用深情的目光，欣赏一下那晶莹剔透的芳泽；"手喝"：端着高脚杯缓缓地摇晃，让酒和空气接触，散发出扑鼻的香气；"鼻喝"：把酒杯移向鼻端轻轻吸上一下，然后流露出陶醉赞许的微笑；最后才是"口喝"：轻轻地啜上一口，然后在口腔内缓缓地转动，品味那无穷的韵味。红酒的学问听起来也挺美，不过也会让没有进入过高档消费场所的人有一丝丝自惭形秽的惆怅。不像我们学习中国礼仪文化，更多的是精神上的享受。

俨若思，指的是仪容仪表，要端庄大方。安定辞，指的是语言表达要得体，神态要安详。对于"安民哉"，1903年任福建省教育厅长，后来受聘上海商务印书馆的吴曾祺先生解释说："复以安民句以极礼之效。使人知治平之道。不出乎此。彼六朝间名士。动谓礼法非为我设。所以任其放诞者。无所不至。卒致天下大乱。"吴先生说，"安民哉"是"毋不敬，俨若思，安定辞"所带来的效果，使国民知道修齐治平的道理不外乎"毋不敬，俨若思，安定辞"这九个字。六朝时期那些知识精英们动不动就说"礼法非为我设"，放荡形骸，无所不为，最后终于造成天下大乱。

孔子在撰写《周易·文言传·乾文言》时，感到意犹未尽，就对乾卦六爻的要点进行了强调。对初九爻的总结是："君子以成德为行，日可见之行也。'潜'之为言也，隐而未见，行而未成，是以君子弗用也。"

"君子以成德为行，日可见之行也。"我们现在讲"思想支配行动"，员工在自我管理阶段，要主动培养自己的君子之风，那就是要自觉高尚其心，因为知难行易。知道何为"德"之后，不要好高骛远，要从日常工作、学习、生活中的点滴小事做起。经过不断积累，就能形成中国优秀传统文化要求的：知行合一、德行合一。这里所讲的知行合一，指的是对自己的自觉要求，而不是只管别人，不管自己。

"'潜'之为言也，隐而未见，行而未成，是以君子弗用也。"孔子在这里进一步解释“潜龙”之“潜”，也是有感而发，算是对自己一生的概括吧。从孔子的著述与人生追求来说，的确是“隐而未见，行而未成”，他是否有能力揭竿而起来“用”呢？我们从《史记·孔子世家》中楚国大夫对他的羡慕、嫉妒中了解到他是“能用而不用”，甘愿做素王。因为，他的内心早已有“成德”！

第三章

见龙在田的部门经理之道

这里所讲的部门经理就是中层管理者，可中层管理者在不同形态的组织框架中的含义是不同的。就大型企业而言，指的是集团总部各部门负责人。就集团公司的各个子公司而言，指的是子公司总部各部门负责人。就子公司的分公司而言，指的是分公司总部各部门负责人。至于中小型公司，其组织框架类似大型公司的分公司。

对于中小型公司的员工来说，如果在自我管理阶段，能力上能够恪守“自强不息 精益求精的外王之道”，人际关系上能够做到“推己及人 建立良好人际关系的内圣之道”，必然会从众多员工中脱颖而出，成为中层管理者。被提拔到中层管理岗位，日子稍长，他（她）的内心会发生什么样的微妙变化呢？大多人都会暗暗滋生贡高我慢之心。此时如能悉心领略周文王及孔子的心得体会，就会豁然开朗。

就部门经理而言，乾卦第二爻的爻辞应该是其为人处世（并非处事）的总原则：“见龙在田，利见大人。”孔子在《文言传·乾文言》将其解释为：“九二曰：‘见龙在田，利见大人。’何谓也？子曰：‘龙德而正中者也。庸言之信，庸行之谨，闲邪存其诚，善世而不伐，德博而化。《易》曰“见龙在田，利见大人”。君德也。’”

九二爻辞说：“见龙在田，利见大人。”这是什么意思？孔子说：“龙是比喻有德行而秉性中正的君子。日常言论讲究诚信，日常行为讲究谨慎，防止邪恶的侵蚀，保持忠诚的秉性，功被天下而不夸耀，德行博大而能感化属下员工。《易经》上说：‘见龙在田，利见大人。’就是说出现了有才德的君子。”

龙是中国传统文化的集中体现，是智慧、吉祥和尊贵的象征。古圣伏羲氏在今河南周口淮阳地区首创龙图腾：“以龙师而龙名”，作为各部落第一次大融合的精神象征。被称为人文始祖的黄帝，统一黄河流域诸多部落之后，在今天的黄帝故里新郑也将龙作为图腾，用来凝聚各部落的思想和精神。中华民族被称为“龙的传人”，即由此而来。据考古发现，河南省发现的龙文物历史久远，濮阳蚌龙距今6000年以上，可能是中国历史上最早的龙形象。龙文化从夏、商、周到汉唐、明清一脉相承，源远而流长。我国很多节日和龙有关，如二月二龙抬头、端午节赛龙舟等。

世界上不少国家至今依然用动物代表国家，如美国用鹰、俄国用熊、澳大利亚用袋鼠等。中国的龙有多种：“有鳞曰蛟龙，有翼曰应龙，有角曰虬龙、无角曰螭龙。”不同时期的龙身并不一样，但都是由多种动物的身体组成：狮头、鹿角、虾腿、鳄鱼嘴、乌龟颈、蛇身、鱼鳞、蜃腹、鱼脊、虎掌、鹰爪、金鱼尾等，或者虾眼、鹿角、牛嘴、狗鼻、鲶须、狮鬃、蛇尾、鱼鳞、鹰爪等。龙由多种动物组成，自然界中并没有这种动物，因此龙并非动物，而是一种象征，龙作为万物之首代表中国文化的天人合一境界：“欲小则化为蚕蠋，欲大则藏于天下，欲上则凌于云气，欲下则于人深泉，变化无日。上下无时，谓之神”“能幽能明，能细能巨，能短能长，春分而登天，秋分而潜潇。”

庄子的“逍遥游”将“龙”比喻为“鱼”，这里的“鱼”非鱼，而是非想之“鱼”。“北冥有鱼，其名曰鲲。鲲之大，不知其几千里也；化而为鸟，其名为鹏。鹏之背，不知其几千里也。怒而飞，其翼若垂天之云。是鸟也，海运则将徙于南冥。南冥者，天池也。《齐谐》者，志怪者也。《谐》之言曰：‘鹏之徙于南冥也，水击三千里，抟扶摇而上者九万里，去以六月息者也。’”① 在遥远的北方，不见太阳，天黑水暗，叫作北冥。北冥有一种鱼，名鲲，从头到尾几千里长，没法丈量。鲲变成鸟，名鹏，背脊几千里长，没法丈量。鹏努力飞起来，翅膀好像天际的云，鹏这种鸟，平时浮游海上，每到海水徊流成大漩之年，便要凭借水势升空，迁飞到南冥去。南冥在遥远南方，不见太阳，天黑水暗，同北冥一样是海洋。齐国有人，名谐，专门搜集怪事。他是这样说的：“鹏迁飞到南冥去，必须凭借水势，努力拍打翅膀，击水三千里，才可能升空。升空脱离海面以后，还得一圈圈地盘旋，搅动大气成一柱龙卷风，把自己抬升到九万里的高空，才可能启程向南方飞去。南飞航程遥远，又得借助于夏季台风的推送。”

尽管我们自称龙的传人，但是我们未必明了古圣伏羲氏“以龙师而龙名”的本来意蕴。有的人认为庄子的想象力极为丰富，“逍遥游”中的“鱼”是他想象出来的。对此，庄子恐怕只有无奈地一笑置之。我们不妨也发挥一下自己有限的想象力，遥想当年，庄子在宋国任漆园吏时，孑然一身，无朋而无忧，仰望星空写下上面这些文字时，早知道后人会以己之心度其心：“蜩与

① 《庄子·逍遥游》。

学鸠笑之曰：'我决起而飞，抢榆枋而止，时则不至，而控于地而已矣；奚以之九万里而南为？'适莽苍者，三餐而反，腹犹果然；适百里者，宿舂粮；适千里者，三月聚粮。之二虫又何知？小知不及大知，小年不及大年。"鹏启程之后，消息很快传播。林间一蝉一鸠，前者是昆虫界的著名人士，后者是羽虫界的著名人士，同声嘲笑说："我们想飞便飞，飞到榆树去，飞到檀树去。若是树远了，一时飞不到，落地歇一歇，然后再飞就是。我们活得自由自在，根本不存在在九万里高空向南飞之必要嘛。"郊原尽处，莽莽苍苍，小鸟飞去觅食，三顿饭解决了，飞回巢来，肚子还胀鼓鼓的呢。人若去百里外，就得预备干粮，以免挨饿。军旅若远征千里之外，就得辎载三个月的口粮，以免受困。人类的这些常识，那两只虫从未听说过，更不用说九万里高空鹏飞南冥一类的怪事了。虫鹏之间，层次差距太大。高层次的生存方式，低层次永远也不会懂得。寒蝉和灰雀懂得不多，"有限"怎么会懂得"无限"呢？

龙是千变万化的，神龙见首不见尾。古圣伏羲氏将无形无相、无声无息、天人合一的境界化作有形的"龙"；周文王希望自己的龙子龙孙效法天道，便告诫他们功业小成之时必须放下"小我"而求"大我"："见龙在田，利见大人。"潜龙已经不再隐居，飞升在大地之上，必然会获得更多的功劳和名利，但是，这些功劳不能据为己有，应该与属下共享。孔子晚年之道德修养已臻化境，因此才能将周文王欲说还休的话解释得如此清楚明白。今天的部门经理、中层管理者如果能够身体力行周文王与孔子的谆谆教诲，必然能体会到孔子自得其乐的境界："学而时习之，不亦说乎？"①

就部门经理助理的为人处世原则而言，坤卦六二爻爻辞可谓金玉良言："直方大，不习，无不利。"孔子对这句话的理解是："'直'其正也，'方'其义也。君子敬以直内，义以方外，敬义立而德不孤。'直方大，不习无不利。'则不疑其所为也。"

"直"是存心的正直，"方"是行为的道义，有了"直与方"的品与行，才会强而大。君子通过恭敬谨慎来矫正思想上的偏差，用道义的原则来规范行为上的悖乱。恭敬、道义的精神树立起来了，路遥知马力，日久见人心，他的品德就会被部门经理所了解。"德不孤"指的是与"善世而不伐"的部门经理同心同德，"则不疑其所为也"。

部门经理助理，只是大头兵，是"官"而非"官"，是"兵"而非"兵"。上不沾天，下不挨地，内心的"恭敬谨慎"并非谨小慎微、唯唯诺诺。如果没有内心的"直"与行为的"方"，便会自惭形秽，束手束脚，又

① 《论语·学而第一》。

怎能“大”起来。如果遇到“闲邪存其诚”的部门经理，部门经理助理与部门经理自然而然地就可以做到琴瑟和谐。即便遇到“不中不正”的部门经理，如果自己具备了“直”与“方”的品行，也能做到位卑而不自卑，挺起腰杆做人。

第一节　蛹而化蝶的外王之道

一、抓住能干与善为的平衡点

作为部门经理，首先要能干，其次要善为，要抓住能干与善为的平衡点。能干与善为就是罗伯特·卡茨所说的技术技能与人际技能。如果只是自己能干，而不能提升整个部门的工作水平，就永远是蚕蛹而非蝴蝶。

首先是能干，部门经理必须是业务上的内行。部门经理如果能够谨记孔子回答子路关于“为政”的三个要点就差不多了：

子路问政。子曰：“先之，劳之。”请益。曰：“无倦。”①

子路是鲁国卞人，卞就是今天的山东省济宁市泗水县泉林镇卞桥村。当年，孔子创办私立学校，共分四个专业：德行、政事、言语与文学。子路选择的是“政事”，也就是今天我们所说的管理学。

有一次，子路问从政的道理，孔子告诉他两个要点，一个是“先”字，一个是“劳”字。所谓“先”，就是要求部下做到的，做领导的要首先做到。“劳之”就是在艰难困苦的时候，自己要带头做，绝对不能自己在那里享受，有了困难都让别人去，这样永远带不好部下，当不好管理人员。子路听了老师的回答，感到很受用。但他还是觉得不过瘾，“请益”就是恳请老师再多讲一些。孔子只回答两个字：“无倦”。可谓切中子路要害，是针对子路之“材”而施教。

子路在孔子三千弟子七十二贤人中的个性十分突出。自幼家境贫寒，混于市井，争强斗狠，锄强扶弱，一言不合，即拔刀相向。拜孔子为师之前，对孔子所教，颇不以为然，甚至蔑视孔子，多次冒犯凌辱孔子。入孔门之后，勤奋好学，由于个性率直，经常与孔子进行头脑风暴，激烈交锋，逐渐与老师形成亦师亦友的关系。孔子周游列国时，子路始终追随左右，任贴身警卫；

① 《论语·子路第十三》。

"自吾得由，恶言不闻于耳。"[①] 但是，孔子也为子路的侠义精神而忧虑，认为子路会不得善终："若由也，不得其死然。"[②] 果然，子路后来在卫国蒯聩之乱中殉难，被剁成肉酱，"结缨而死"。孔子的另一位学生高柴趁乱逃出。孔子惊闻噩耗，哀伤莫名："嗟乎！柴也其来乎？由也其死矣。"唉，高柴回来了？可是子路却死了！我再也见不到他了。由此可以看出孔子对子路的钟爱，孔子自此再也不吃肉酱。孔子如此疼爱子路，绝不是因为其保卫自己，而是登堂而未入室的子路在某种程度上践行了孔子的教导。

子路的学习成绩名列前茅，管理实践也取得了卓越成绩。孔子在鲁国做"中都宰""大司寇"时，子路开始了自己的管理实践生涯。第一个"单位"是季孙氏的家族企业，从"员工"做起，由于他做事雷厉风行、信守承诺、忠于职守，很快就取得了"董事长"季孙氏的信赖，被任命为"季氏宰"，就是季孙氏家族的总经理，后来又被季孙氏派到费邑负责管理工作。孔子周游列国客居卫国时，子路在卫国实际掌权者孔悝的蒲邑任职，为"蒲大夫"，三年时间内，取得不少政绩，深得孔子称赞："子路治蒲三年，孔子过之，入其境而善之曰：'善哉！由恭敬以信矣！'入其邑曰：善哉！由忠信以宽矣！至庭曰：善哉！由明察以断矣！"[③] 孔子对子路身体力行恭敬与忠信的行为赞不绝口，并称赞子路处理复杂事情剖决如流的管理才能。

部门经理的基本工作态度是什么？孔子早就告诉了子路。这也是今天部门经理共同的宝贵财富。一个人在单位晋升到中层之后，无疑迈上了一个新的台阶。中层领导在一个单位中，就类似军队里的连长，既是指挥员又是战斗员。孔子回答子路"为政"的这一段话，部门经理等中层干部宜牢记在心。

如果把自己摆在"官"的位置，很多事情都不想自己动手，只想指挥别人，想垂手而天下治，这是不符合部门经理的管理之道的。我们必须明白，只有一个企业的高层管理人员，他才不需要亲自动手，只要做好用人、决策、机制建设等几项工作就可以了。可在特殊的情景之下，即便是高层管理人员，也需要身先士卒。

田单是战国时齐国名将，他曾经与乐毅率领的燕军苦战，被围困在即墨城。后来，乐毅被免职，田单趁机反攻，一举收复被燕军占领的七十余座城池，因而名震天下。

几年后，田单奉命率十万大军，准备进攻翟国。行前，田单去拜访贤士

---

① 《史记·仲尼弟子列传》。

② 《论语·先进第十一》。

③ 韩婴：《韩诗外传·卷六》。

仲连子，仲连子说：“您这次攻打翟国，肯定不能攻下。”

田单：“我曾经凭借即墨这座小城，收复了整个齐国，难道会攻不下一个小小的翟国？”

想不到的是，惨烈的战斗打了三个月，小小的翟国仍然没有攻下，齐国反而伤亡惨重。田单害怕了，又去拜访仲连子，问：“您怎么知道我攻不下翟国？”

仲连子：“您在坚守即墨城时，非常艰苦，处处做士兵的表率，还激励士兵说：‘假如我们的宗庙没有了，我们的灵魂将归向何处？’所以将士们有必死的决心，士兵们也没有逃跑的念头。现在，您东边有掖邑的封地，西边有淄上的财宝，系着黄金腰带，在这种情况下必然贪生怕死。主帅怕死，将士谁不惜命。所以我料定你攻不下翟国。”

田单明白了。第二天，他缠起头发，挺立在乱箭纷飞的危险的地方，拿起鼓槌，亲自擂鼓。结果，翟国很快就攻下来了。

当然了，孔子所说的先之、劳之，并不是要经理把下属的工作都干了，而是要把自己的本职工作搞好，自己要有敬业精神，要有好的人品，做下属的榜样。关于这一点，尤其是领兵打仗时，就更为明显。我们在电影中，经常看到国民党军队中的连长在督促士兵冲锋时，常常这样说：“给我冲！再不动，老子毙了你！”如此带兵，能不打败仗吗？解放军的连长正好相反，冲锋时，常常说的一句话是：“同志们，跟我来！”

其次是善为，要对自己与业务精英的宝贵经验进行总结提炼，传授给部门所属员工。

关于善为，我们还必须汲取源自西方的管理工具。对于部门经理而言，有两个工具十分必要：“二八定律”与 PDCA 循环管理。

一是“二八定律”。1897 年，意大利经济学家帕累托在大量事例中发现，社会财富的分配是不平等的，在数学上呈现一种比较稳定的关系，即社会上 20%的人占有 80%的社会财富。他的这一发现被称为“二八定律”，包括技术定律、市场定律、娱乐定律、贵宾法则、品牌法则、时间法则、人际法则等，被广泛应用于战略目标的制定、风险识别、内部控制、投资管理、资金运营等企业管理的方方面面。将这一定律运用到出神入化程度的是麦肯锡公司，参见《麦肯锡传奇》《麦肯锡工具》《麦肯锡方法》《麦肯锡意识》等著作。在信息化时代，部门经理如能认真学习麦肯锡的相关理论与技术，可节约下来很多咨询费用。

二是 PDCA 循环。PDCA 循环将质量管理分为四个阶段，即计划（Plan）、执行（Do）、检查（Check）、处理（Act）。在质量管理活动中，各项工作需按照作出计划、计划实施、检查实施效果，然后将成功的纳入标准，不成功的留待下一循环去解决的方法完成。这一方法不仅是产品质量管理的有效工具，也可以运用到企业管理的诸多方面。

尽管老子也有“天下大事必作于细，天下难事必作于易”[①]的谆谆教诲，但是由于中国传统文化以非线性思维方式为主，因此“差不多”“大差不差”等词语已经成为我们的口头禅，深入日常工作、学习和生活的方方面面。但是，由于我国传统文化中也有线性思维的成分，因此，对西方 PDCA 等质量管理方法也是很容易接受的。这其中最为关键的是管理者的“内圣”之道是否能够落实。

二、完成由控制到服务的革命

安东·巴甫洛维奇·契诃夫（1860~1904）是世界级的短篇小说巨匠。他的《变色龙》讥讽了见风使舵、奴颜媚骨的奥楚蔑洛夫；《小公务员之死》生动地刻画了切尔维亚科夫的战战兢兢、卑躬屈膝。

一天晚上，彬彬有礼的切尔维亚科夫看戏时打了一个喷嚏，当他发现前面坐着的是在交通部任职的一位退休将军时，后悔不迭，阵阵纠结之后，赶紧道歉：“对不起，大人，我把唾沫星子溅在您身上……我一不小心……”“看在上帝的面上，原谅我。我……我不是故意要这样。”致歉之后，惶恐不安的他再也无法安心看戏。中场休息时，他再次来到将军面前道歉：“我把唾沫星子喷在您身上了，大人。……原谅我。……您明白……我原本无意……”“唉，够啦……我已经忘了，您却说个没完！”将军说，不耐烦地撇了撇下嘴唇。

晚上回到家里，切尔维亚科夫把这件事告诉了妻子，妻子一开始也很惊恐，但知道将军是在“别的”部门任职，就放心了。但是，也认为：“不过呢，你也还是去赔个不是的好。”第二天，切尔维亚科夫特意理了发，穿上崭新的制服，到将军的办公室去道歉。对于他的纠缠不休，最后将军觉得他简直是“开玩笑”，走进里屋不再理会他。第三天，切尔维亚科夫再次来到将军办公室，真诚地解释他不是“开玩笑”。

“昨天我来打搅大人，”他喃喃地说，这时候将军抬起询问的眼睛来望着他，“可不是照您所说的那样是为了给您开玩笑。我是来赔罪，因为我在打喷嚏的时候喷了您一身唾沫星子……我做梦也没想到过拿您开玩笑。我哪儿敢

① 《道德经·第六十三章》。

拿您开玩笑？要是我沾染了开玩笑的习气，那就会……失去对别人的尊敬。”

“滚出去！”将军大叫一声，脸色发青，周身打抖。

“什么？”切尔维亚科夫低声问道，害怕得周身发麻。

“滚出去！”将军跺着脚又喊了一声。

切尔维亚科夫一下子如五雷轰顶，感到肝肠寸断、翻江倒海，他什么也看不见，什么也听不见，诚惶诚恐地退到门口，来到街上，……他一路上步履蹒跚、踉踉跄跄，回到家里，也没脱掉制服，往沙发上一躺，后来就死了。

反观我国，秦始皇建立封建专制帝国以后，官大一级压死人的现象就出现了，到清朝时达到顶峰。李宝嘉的《官场现形记》，吴敬梓的《儒林外史》，曾朴的《孽海花》，吴趼人的《二十年目睹之怪现状》，刘鹗的《老残游记》对清末官场进行了生动逼真的描述，让我们明白了如此强大（指GDP）的清政府帝国为何如此不堪一击：一群奴性十足、卑躬屈膝、厚颜无耻的官员充斥官场，他们欺上瞒下、残害无辜，他们没有底线、无知且无耻。

马克斯·韦伯被称为组织管理之父，他的科层制管理理论契合了中国传统的等级管理思想。因此，改革开放以来，我国绝大多数企业采用了马克斯·韦伯的金字塔形组织管理形态：严密的、合理的、形同机器那样的社会组织，具有明确的权责划分、严格执行的规章制度，以及金字塔式的等级服从关系等特征。这种组织形态，对于我国企业提高管理效率起到了十分巨大的促进作用。但是，它的缺陷也日益明显。

不少高层管理者把企业所有员工视为自己的工具：“你的8小时，公司已经买断。”试图实行严格的控制，对知识型员工也像对待生产线上的工人一样进行管理。职能部门变本加厉：上下班实行严格的刷脸制，上班期间实行定时与不定时相结合的抽查制，节假日前后实行严厉的签到、签退制等，一旦有违反，轻则通报批评，重则严重警告，扣发绩效工资，直至开除。

更为严重的是，这种等级制满足了人类自古以来的控制心理。因此，不少职能部门经理的“官本位”思想十分严重，为了显示自己的权威、自己的存在、自己在“老板”心目中的价值，实现“自我存在价值”的最大化，便制定各种各样的严格管理、严格执行、严格处罚制度。

控制者“春风沉醉”的心情，成为被控制者“心力交瘁”的根源之一。“哪里有压迫，哪里就有反抗！”职能部门的严控严管造成了恶劣的后果：被管理者敢怒不敢言，轻者口是心非、阳奉阴违，做一天和尚撞一天钟；重则敢怒亦敢言，负能量满天飞，乃至怨气盈路、愤而辞职。

"民不畏死，奈何以死惧之?"[1] 员工连死都不怕时，用"死亡"来恐吓员工，岂不可笑?!以控制为特征的科层制管理体制所带来的弊端，引起了国内许多学者的反思："在管理者的职责上，传统组织认为，管理者的职责是控制别人；而学习型组织认为，管理者的职责是调动别人、授权别人。……圣吉还指出，在学习型组织中，领导者是设计师、仆人和教师。"[2]

把职能部门的中层管理者培养成"设计师、仆人和教师"，实现由控制到服务的革命，这是未来智能化社会企业达到"无为而治"管理境界的基础与必要条件，是中国管理创新的命脉，为我们战胜日本式管理提供了重要机会。

美国学者本尼迪克在其《菊与刀》中对中日文化的差异进行了深刻的描述：在中国儒学中，"仁"被认定为凌驾一切之上的德，而在日本，"仁"被彻底地排斥于日本人的伦理体系之外；在中国儒学中，"忠"是有条件的，而在日本，对主君的"忠"则是无条件的，在近代日本又努力使"忠"无条件地归属于天皇一人。

儒学中的"仁"表现在政治方面，就是"有德者王"的思想，而"有德者王"又是与"革命"相表里的，失德的君主或领导，如桀、纣等不仅会遭天怒，居下位者也可放逐或取而代之。孟子对于历史上的"汤放桀，武王伐纣"即持肯定态度："闻诛一夫纣矣，未闻弑君也。"[3] 所以中国儒学中的"忠"是有条件的，孟子还认为一味顺从的部下是"妾妇之道"。孔孟以后的儒者也未放弃"有德者王"的思想。例如，朱熹也说："为政以德，则无为而天下归之。"[4]"人主之心正，则天下之事无一不出于正。"[5]

中国儒学初传日本时，他们接受了"仁"以及"有德者王"的思想，要求官吏"忠于君""仁于民"，主张"上垂仁而牧下，下尽诚以戴上"。但是，到了17世纪中期以后，日本的大多数儒学者都放弃了"有德者王"的思想，反对孟子的"放伐说"，提倡臣下的无条件忠诚思想。如山崎所著《汤武革命论》，就反对"放伐"的"革命"思想，宣扬日本天皇"宝祚天壤无穷"，倡导极端的忠君报国思想。他的学生浅见更将中国儒者视为圣人的商汤和武王说成"杀主之大罪人"。山鹿素行认为君臣上下的差别"非以力而成，乃天地自然之仪则""主君之恶纵如夏桀殷纣，而下无蔑上之道"。他们的这些观点不仅影响着过去的日本人，而且还影响着今天的日本人，这表现在日本社会

① 《道德经·第七十四章》。

② 周三多、陈传明：《管理学》，高等教育出版社2018年版，第20页。

③ 《孟子·梁惠王下》。

④ 《朱子·论语集注》。

⑤ 《朱文公文集》卷十一。

的方方面面。

日本社会广泛流传着"地震、打雷、老头子（家长、父亲）"的谚语，形象地说明了日本家长在全家的绝对权威，他们在日常生活的各个方面都享有特权。比如在用餐方面，传统的日本人采用分餐制，每个家庭成员的位置大体固定，各人用的餐具也不同。家长和长子坐在显要位置，餐具是上等的，吃的也要好一点。这种情况在今天日本的家庭中仍能看到：家长的筷子最长，装饰严谨，象征家长的权威，其他成员的筷子稍短，图饰也有差别。日本的银行、商社、学校以及各种各样的社会团体中，都有一个类似家长的角色，居下位者必须对上级绝对服从。即使在大学，也有明确的"先辈"和"后辈"之分，低年级的学生不仅要称老生为"前辈"，还要处处服从和尊敬老生。企业在培养骨干时，多选择个性尚未成熟的新毕业生，第一课就是洗去他们身上的个性棱角，接受绝对服从的社风。在日本，独特的思想和行为被人蔑视、使人厌恶。这种情况，使日本人长于配合而短于独立，精于模仿而拙于独创。在日本战后模仿经济年代，这种精神对日本起到了巨大的促进作用。但是，当日本渡过模仿经济时代进入创新时代，日本式儒学则会极大地阻碍其经济的发展。

2018 年 8 月，全球知名风投调研机构 CB Insights 公布了 2018 年全球独角兽企业榜单，10 亿美元是其考核基准，共有 260 家企业入围。美国 120 家，中国 76 家，日本 1 家。此次登榜的中国独角兽企业中，滴滴、VIPKID、知乎、途家、丁香园等在共享经济领域中占据前沿地位的企业十分突出。其中，滴滴以 560 亿美元的估值高居榜首，全球共享教育平台 VIPKID 则以 30 亿美元的估值处于教育行业第一。知乎、途家、丁香园等在知识共享、住宿共享、医疗共享方面领先的企业，估值也均超过 10 亿美元。①

中国独角兽企业日渐增多的原因是多方面的，创办人的创新精神、中国庞大的人口基数、国家政策的扶持、不大注重隐私权的文化传统等都是不可或缺的。如果这些独角兽企业能把企业职能部门的部门管理者培育成"设计师、仆人和教师"，恐怕会如虎添翼吧？

三、谨慎跳槽

"见龙在田，利见大人"，南公怀瑾将其解释为："见龙在田的卦象，是早

① https：//www. maigoo. com/news/509471. html。

晨太阳刚刚从地面升上来，光明透出来了，在这个时候‘利见大人’。”[①] 如果一个人从员工升至部门经理，特别是业务经理，与上级有了更多的接触机会，当然就是“利见大人”。另外，人际交往的范围扩大了，必然面临着更多的选择机会。但是，跳槽一定要谨慎，善于跳槽，就会成就自己的职业生涯，反之，就会越跳越糟糕。

崔子弑齐君，陈文子有马十乘，弃而违之。至于他邦，则曰：“犹吾大夫崔子也。”违之。之一邦，则又曰：“犹吾大夫崔子也。违之。何如？”子曰：“清矣！”曰：“仁矣乎？”曰：“未知，焉得仁？”[②]

齐国是鲁国的邻邦，当时有一位叫崔杼的大臣叛乱，杀掉了齐国的国君庄公。陈文子也是齐国大夫，和崔子是同僚，地位差不多。“乘”是古代的交通工具，富贵之家才有，用四匹马拉的车子叫一乘。陈文子“有马十乘”，就是说陈文子有10部马车，40匹骏马，差不多就是现在的10多部高级劳斯莱斯。他对崔子的叛变十分不满，“弃而违之”，就是把自己的巨额财富丢掉，只身逃离齐国。“至于他邦”，他来到别的国家一看，则曰：“犹吾大夫崔子也。”他说，这个国家的高级管理者，和齐国的崔子一样，都不是什么好东西。“违之”，就又离开了。“之一邦，则又曰：犹吾大夫崔子也。违之。”后来他又来到另外一个国家，发现这个国家的大臣也和崔子一样，同样不是什么好东西，天下“乌鸦”一般黑，就又离开了。子张就问孔子：“何如？”老师觉得陈文子的表现怎么样？“子曰：‘清矣！’”孔子觉得陈文子非常清高。“曰：‘仁矣乎？’曰：‘未知，焉得仁？’”子张又问，他这样做算不算是达到了“仁”的境界，孔子就说他不知道，这怎么能算是“仁”呢？你理解错了，我所说的“仁”是天人合一的境界，就是“一”，这是不能用语言来表达的。

就目前我国的大多数企业来说，真正实现“以人为本”的企业不多。正如杨沫女士在《青春之歌》第一部第五章所说：“天下乌鸦一般黑，这儿黑暗、龌龊，别处还不是一样。”如果像陈文子那样去谋职，必然会大失所望。不如先改变自我、完善自我。

如果决定跳槽，一定要注意处理好与原单位的关系。《史记·乐毅列传第二十》记载的乐毅应该成为所有跳槽者的榜样。

公元前314年，燕国因为相国篡位，发生了内乱，齐国趁火打劫，派兵

---

① 南怀瑾：《易经杂说》，复旦大学出版社1997年版，第181页。

② 《论语·公冶长第五》。

镇压了叛乱，也灭了燕国。后来燕人造反，发动了复国运动，找到了从前的太子，推举他即位，这就是历史上的燕昭王。为了复仇，他就在当时的“国际人才市场”上，广泛招聘人才。

当时有一个叫乐毅的人，品行高洁，而且具有非凡的军事才能，投奔了燕昭王。在他的谋划下，燕国与赵国、楚国、韩国、魏国结盟，共同攻打齐国。乐毅带领五国联军，在济水西边大败齐国军队。之后，各路诸侯的军队都停止攻击，撤回本国，而燕国军队在乐毅指挥下单独追击败逃之敌，一直追到齐国都城临淄。齐湣王在济水西边被打败后，逃跑到莒邑据城固守。乐毅带领燕国军队巡行占领的地方，齐国各城邑都据城坚守不肯投降。于是乐毅就集中力量攻击临淄，拿下临淄后，把齐国的珍宝财物及宗庙祭祀的器物全部夺取过来，并把它们运回燕国。燕昭王大喜，亲自赶到济水岸上奖赏并用酒肉犒劳军队将士，把昌国封给乐毅，封号叫昌国君。燕昭王把战利品带回燕国后，让乐毅继续带兵进攻还没拿下的齐国城邑。

乐毅留在齐国巡行作战五年，攻下齐国城邑七十多座，这些城邑都划为郡县归属燕国，只有莒邑和即墨两座城池没有收服。就在这个时候，燕昭王死了，他的儿子被立为国君，这就是燕惠王。惠王做太子时就对乐毅有所不满，他即位后，齐国守卫即墨的将军田单了解到他与乐毅有矛盾，就对燕国施行反间计，造谣说：“齐国城邑没有攻下的只有两个城邑罢了。这两座城邑之所以不能及早拿下来，听说是乐毅与燕国新即位的国君有怨仇，乐毅断断续续用兵故意拖延时间留在齐国，准备在齐国称王。齐国所担忧的，是别的将领来。”燕惠王本来就已经怀疑乐毅，又受齐国的挑拨，就派骑劫代替乐毅任将领，并召回乐毅。乐毅心里明白燕惠王派人代替自己是不怀好意的，害怕回国后被杀，便向西去投奔了赵国。赵国把观津这个地方封给乐毅，封号望诸君。赵国对乐毅十分尊重优宠，借此来威慑燕国、齐国。

后来，齐国田单与骑劫交战，设置骗局用计谋迷惑燕军，结果在即墨城下把骑劫的军队打得大败，接着辗转战斗追逐燕军，向北直追到黄河边上，收复了齐国的全部城邑，并且把齐襄王从莒邑迎回都城临淄。

这时的燕惠王非常后悔派骑劫代替乐毅，同时也怨恨乐毅投奔赵国，更害怕赵国任用乐毅乘着燕国兵败疲困之机攻打燕国。于是燕惠王就派人去赵国责备乐毅，同时向他道歉说：“先王把整个燕国委托给将军，将军替先王报了深仇大恨，天下人没有不震动的，我哪里有一天敢忘记将军的功劳呢！正遇上先王辞世，我刚刚即位，是左右人误导了我。我所以派骑劫代替将军，是因为将军长年在外，风餐露宿，想召回将军暂且休整一下，也好共商朝政大计。不想将军误听传言，认为跟我有不融洽的地方，就抛弃了燕国而归附赵国。将军为自己打算那是可以的，可是又怎么对得住先王待将军的一片深情厚意呢？”

各位读者，如果您是乐毅，会怎么处理这件事呢？本来您在某公司兢兢业业，忠心耿耿，为公司立下了汗马功劳，可是董事长无故免了您的职，让您无家可归。这时候，猎头公司找到您，把您介绍到另外一家实力雄厚的公司，重新受到重用。原先免了您职务的公司，因为你的离开，濒临倒闭。这时候，他们又找到您，希望您能回去。您会怎么做呢？

乐毅是这么做的。他给魏惠王回了一封信，信中是这么说的：

“臣下没有才干，不能恭奉您的命令，来顺从您左右那些人的意愿，我恐怕回国有不测之事因而有损先王的英明，有害您的道义，所以逃到赵国。现在您派人来指责我的罪过，我怕先王的侍从不能体察先王收留、宠信我的道理，又不清楚我用来奉事先王的诚心，所以冒昧地用信来回答。

我听说贤能圣明的君主不拿爵禄偏赏给亲近的人，功劳多的就奖赏他，能力胜任的就举用他。所以考察才能然后授给官职的，是能成就功业的君主。衡量品行然后交往的，是能树立声誉的贤士。我暗中观察先王的举止，看到他有超出一般君主的心志，所以我借为魏国出使之机，到燕国献身接受考察。先王格外抬举我，先把我列入宾客之中，又把我选拔出来高居群臣之上，不同父兄宗亲大臣商议，就任命我为亚卿。我自己也缺乏自知之明，自认为只要执行命令接受教导，就能侥幸免于犯罪，所以接受任命而不推辞。

先王指示我说：‘我跟齐国有积久的怨仇，深深恼恨齐国，不去估量燕国的弱小，也要把向齐国复仇作为我在位的职分。’我说：‘那个齐国，至今保留着霸国的基业，而又有多次作战取胜的经验。士兵训练有素，谙熟攻战方略。大王若要攻打它，必须与天下诸侯联合共同图谋它。若要与天下诸侯图谋它，不如先与赵国结盟。而且淮北，原属宋国的地区是楚、魏两国都想得到的地方，赵国如果答应结盟就约好四国联合攻打它，这样齐国就可以被彻底打败。’先王认为我的主张对，就准备了符节派我南去赵国。很快我就归国复命，随即发兵攻打齐国。靠着上天的引导，先王的神威，黄河以北地区的赵、魏两国军队随着先王全部到达济水岸上。济水岸上的军队接受命令攻击齐军，把齐国人打得大败。我们的轻快精锐部队，长驱直入直抵齐国国都。齐王只身逃跑奔向莒邑，仅他一人免于身亡；珠玉财宝战车盔甲以及珍贵的祭祀器物全部缴获送回燕国。齐国的祭器摆设在宁台，大吕钟陈列在元英殿；被齐国掠去的原燕国宝鼎又从齐国取来放回磿室，蓟丘的植物中种植着齐国汶水出产的竹子，自五霸以来功业没有赶上先王的。先王认为自己的志向得到满足，所以划出一块地方赏赐给我，使我能比同小国的诸侯。

我听说贤能圣明的君主，功业建立而不废弛，所以能写在《春秋》一类的史书上；有预见的贤士，名声取得而不毁弃，所以能被后人称颂。像先王那样报仇雪耻，平定了具有万辆兵车的强大国家，缴获了齐国八百多年所积存的珍贵宝物，等到先王辞世之日，还留下政令训示，指示执政掌权的臣属，修整法令，慎重地对待庶出子弟，把恩泽推及到百姓身上，这些都可以用来教导后代。

我听过这种说法，善于开创的不一定善于完成，开端好的不一定结局好。从前伍子胥的主张被吴王阖闾采纳，吴王带兵一直打到楚国郢都；吴王夫差不采纳伍子胥的正确建议，却赐给他马革囊袋逼他自杀，把他的尸骨装在袋子里扔到江里漂流。吴王夫差不明白先前伍子胥的主张能够建立功业，所以把伍子胥沉入江里而不后悔；伍子胥也不能预见君主的气量、抱负各不相同，因此被沉入江里而死不瞑目。

免遭杀身之祸而建功立业，彰明发扬先王的事迹，这是我的上策。遭到侮辱以至诽谤，毁坏先王的名声，这是我所最害怕的事情。面临难以预测的罪过，把幸免于杀身之祸作为个人渔利的机会，这是恪守道义的人所不敢做出的事情。

我听说古代的君子，绝交时不说别人的坏话；忠良的臣子离开原来的国家，不洗雪自己的罪过和冤屈。我虽然无能，但多次聆听君子的教导。我恐怕先王侍从听信左右近臣的谗言，不体察被疏远人的行为，所以献上这封信把我的心意告诉您。希望君王留意吧。”

太史公说：“当初齐人蒯通和主父偃读乐毅给燕王的那封信时，都曾放下书信掉下眼泪来。”燕惠王看了乐毅这封言辞恳切的信，很受感动，就把乐毅的儿子乐间封为昌国君。在此后的日子里，乐毅往来于赵国、燕国，与燕国重新交好，燕、赵两国都任用他为客卿。乐毅最后在赵国去世。

第二节　利见大人　庸行之谨的内在修养

一、庸言之信，庸行之谨

孔子在解释“见龙在田，利见大人”的“内圣”心法时，用了四个字：“龙德中正”。要做到“中且正”极难，要做到“中正”有三个必要条件：庸言之信，庸行之谨；闲邪存其诚；善世而不伐。

为了解决国民失信突出的问题，2004 年 2 月，中国人民银行启动了个人征信系统。制度建设是必须的，心灵约束同样重要。儒家有许多关于诚信的教诲，对于建立国人的诚信体系，能够起到如虎添翼的作用。如“与朋友交，言而有信。”[①] “人而无信，不知其可也。”[②] “民无信不立。”[③] “言必信，行必果。”[④] 除了子路“无宿诺”的经典案例之外，我国古代“言必信，行必果”的例子比比皆是。

唐朝时有一位兵部外郎叫李约，有一次他坐船外出，晚上船停在江边。他在船舱中听到水手与人交谈中提到自己的名字，就走上了船头。“这位就是李大人。”水手向一个人介绍。那人就说：“拜见李大人，我家主人想请李大人过船相见。”“素昧平生，见我有什么事呢？”李约边想边跟那人上了旁边那只大船。

进舱之后，他看见一个人躺在床上，气息十分微弱，显然是重病在身。病人费力地请李约坐下。谈了一会儿，李约知道他是西北部少数民族商人，这次是带着两个女儿到内地经商的。谈到女儿，商人又将女儿从后舱叫出来见李约。李约一见，两个女孩年岁都不大，但长得美丽异常。商人说：“这次经商很顺利，获利特别大。谁料想，我忽然得了重病。虽然吃了不少药，可就是不见一丝功效。我是不久于人世了，就是这巨万的资财和这两个女儿，实在叫我闭不上眼睛啊！”“怎么不想办法通知亲属呢？”李约问。“我的亲属远在万里之外，山高路远，来不及了。我想把资财和女儿托付给他人。”“想来已经有了托付之人？”“轻易托付，巨万资财难保不被侵吞。两个女儿也难免，难免……”李约点头叹息。“今天，听说李大人的船就停泊在这里，这也是我命中幸运。我恳请将这些俗务托付给李大人。”商人说着，就拉住了李约的袖子。李约说：“两个未谙世事的女儿，还有巨额财富，怎么能够托给一个素不相识的人？”商人说：“我早就听说李大人的信用了，只是没有缘分同李大人相见相识。”商人恳求再三，李约就说：“别人托办事情，能办到才能应承。一旦承诺就必须办到。不知你要我办什么？”“这些资财，请暂时代为保管。”“这可以办到，我决不动一丝一厘。”“两个女儿，烦大人为她们寻找合适的夫婿，免得……”“这也可以，我绝不会有非分之想。”商人听了李约说的话之后，费力地从怀中掏出一个小布包，拿出一颗闪闪发亮的夜明珠，说：“请大人将它放入我的口中，不要让任何人知道。”商人说完就死了。

商人的资财，李约碰也没碰，就让商人的女儿把它们连同账簿一起封好，

---

① 《论语・学而第一》。

② 《论语・为政第二》。

③ 《论语・颜渊第十二》。

④ 《论语・子路第十三》。

请官府收去保管。商人的女儿，李约为她们找到了丈夫。过了很长时间，商人亲属赶来清理商人的遗产。他们到官府将商人的财产与账簿一一对照，发现除了一颗宝珠外，其他的一丝不差。他们知道那颗宝珠价值连城，便用询问的眼光看着李约说：“酬谢大人也是应该的。”李约不说什么，只让官府派人与商人的亲属一起去将商人的坟墓挖开。只见宝珠在商人尸骸的口中。李约说：“因为我答应他，将这颗珠子放入他的口中。”

“庸言之信”指的是言语上要讲信用，而在行为上要做到“庸行之谨”。言行其实是互为表里的。

“病从口入，祸从口出”，这样的例子数不胜数。

马援是东汉初年著名的将军，一生战功卓著。直到现在，三亚“天涯海角”景区还有他的雕像。他有两个侄子，一个叫马严，一个叫马敦，很小就成了孤儿，他们哥俩“交结诸贤，并知名当世”。这哥俩的思想都很活跃，喜欢指点江山，臧否人物，口无遮拦，对于议论别人会不会触犯忌讳，从来不加考虑。

马援为此非常忧虑。他关心这两个侄儿，就像关心自己的儿子一样，于是在万里之外的交趾（今广东、广西一带及越南中部、北部），给他们写了一封家书《诫兄子严、敦书》，后为世人传诵：“吾欲汝曹闻人过失，如闻父母之名，耳可得闻，口不可得言也。好议论人长短，妄是非正法，此吾所大恶也；宁死，不愿闻子孙有此行也。汝曹知吾恶之甚矣，所以复言者，施衿结缡，申父母之戒，欲使汝曹不忘之耳！龙伯高敦厚周慎，口无择言，谦约节俭，廉公有威。吾爱之重之，愿汝曹效之。杜季良豪侠好义，忧人之忧，乐人之乐，清浊无所失，父丧致客，数郡毕至。吾爱之重之，不愿汝曹效也。效伯高不得，犹为谨敕之士，所谓刻鹄不成尚类鹜者也；效季良不得，陷为天下轻薄子，所谓画虎不成反类犬者也。”

马援在信中说：“我希望你们听到别人的过失，就像听到自己父母的名字；父母的名字，耳朵可以听，但嘴不能说。好议论别人长短，议论时政，是我特别讨厌的，我宁死不愿子孙有这种行为。龙伯高这个人，忠厚谨慎，讲出来的话，没有一句疏失，我敬重他，希望你学他。杜季良豪侠好义，以他人之忧为忧，以他人之乐为乐，我敬重他，但不希望你们学他。为什么呢？因为学龙伯高即使学不到，还能做一个谨慎的人，所谓‘刻鹄不成尚类鹜’，画天鹅不像还能像野鸭，虽不逼真，但有些相似；学杜季良如果学不到，那就不免沦为轻薄之人了，所谓‘画虎不成反类犬’。”

这封教育侄儿的家信，用意很好，观点也不错。但是马援始料不及的是，这封信后来为杜季良的仇家所得。马援关起门来对家里人讲的话，一旦泄露出去，便为人所乘。杜季良的仇家于是上书朝廷，说杜季良“为行轻薄，乱群惑众”，并且拿出马援诫侄书作为证据。仇家又说梁松、窦固两人与杜季良勾结，将有不利于朝廷的行动。光武帝刘秀信以为真，免去了杜季良越骑司马的官职，梁松、窦固免于处分。因为这封诫侄书，马援无意中跟梁松等人结下怨仇。可这位梁松，并非等闲之辈，他是皇上的乘龙快婿，公卿大臣都畏惧他几分。有一次，马援卧病在床，梁松前来看望他。在病床前，驸马向马援行礼，马援没有还礼。梁松走后，马援的儿子问父亲：为何不向梁松还礼？马援说：我和梁松他爹是朋友，梁松虽然当了驸马，但也不能乱了长幼之序啊！马援以为自己做得对，完全符合礼义，可梁松则以为，马援倚老卖老，小瞧了自己，因而怀恨在心。

马援一死，梁松就开始报复他。因为马援生前领兵打的最后一仗失利，朝廷对他不满。梁松看准了这个机会，向朝廷举报马援，说他生前从交趾返回时，带了一军车“明珠文犀”（文犀是有纹理的犀牛角，特别珍贵）。其实马援带回的是一车薏苡种仁。中医学认为，薏苡的种仁有清热利湿和健脾的功效。马援在交趾时，就常吃薏苡。马援想把种子引进内地，予以推广。这本来是一件可以惠及内地民众的好事，然而梁松告状使龙颜大怒。马援家人得知后十分惶恐，不敢将马援遗体葬于自家墓地，与祖先葬在一处，只得在京城西郊草草掩埋。亲友们都害怕受到株连，不敢前往吊唁、送葬。这桩冤案之所以发生，固然是奸邪小人捏造和歪曲事实，挟嫌报复。但是从另一个角度看，如果马援在劝诫侄儿不要随便议论旁人的时候，自己率先垂范，言语谨慎一些，不授人以柄，当然就能够避免这场悲剧的发生。但是，谁又能想到会有这样的后果呢？

《鬼谷子·本经符》中也说：“言多必有数短之处。”不管在什么时代，谨言慎行永远是正确的。

二、吾日三省吾身

根据孔子的体会，做到“龙德中正”的第二个要点是“闲邪存其诚”，也就是“慎独”。

欧美大多数国家的民众信奉天主教、基督教、东正教，上帝对他们的影响是无与伦比的。在我国古代，人们从小学习的是“四书五经”，而欧洲学习的却是《圣经》。于连[①]第一次到市长家教小少爷们学习，他要孩子们背诵的就是《圣经》。“‘各位少爷，我来这儿，’他结束开场白时说，‘是来教你们

① 《红与黑》的主人公。

识拉丁文的。想来你们都知道什么叫背书。这是部《圣经》，’他说着拿出一本三十二开黑面精装的小书，‘书中特别讲到吾主耶稣的事迹，通常把这一部分称为《新约》。以后我会经常布置功课，要你们逐段背诵。’”①

于连在市长家做家庭教师期间，逐渐爱上了市长夫人瑞纳。我们从小说中可以看出，瑞纳夫人也是非常喜欢于连的。和于连做了情人之后，她一直是惶恐不安的，因为她害怕得罪上帝。“于连走后，使她神魂失据的云情雨意并未消歇，同时令她撕心裂肝的悔恨交迸也未中止。”小儿子斯丹尼的发烧，更使她悔恨不迭。“你先避一下吧，”有一天她对于连说，“主是公道的，我唯有低首归心。我犯的罪太可怕了，从前一直没有引起良心责备！这是主弃绝我的第一个暗示，我该加倍受罚”。但是她对于连的爱又是非常深刻的，儿子的病刚一减轻，俩人就如胶似漆。一方面是情深似海，一方面是悔恨交加：“在最快活、表面上最舒坦的时刻，瑞那夫人会突然像抽风一样，攥着于连的手，惊呼：‘啊！我的天，我看到了地狱！多怕人的刑罚！我真是罪有应得！’”“可怜的孩子并没有违忤你；我，只有我，才是唯一的罪人：我爱上一个男人，可叹这男人不是我丈夫。”② 人们害怕得罪上帝，基督教对西方人所起的约束作用，我们无神论者无论如何想象，都是不会过分的。

下面我们就来看看儒学是如何要求我们自省的，这些是中国传统文化的精髓之一。部门经理作为最前线的管理者，如能常常检讨自己的日常思想与行为，于己于人于企业，都是善莫大焉的。

子夏曰：“小人之过也必文。”③

子夏说：“一个小人有了过错，总是要粉饰一下，掩护一下，总是想办法说出一套理由，把过错掩盖起来。”这种心理状态在日常工作中是司空见惯的，工作中出现了问题，不是从自身找原因，首先想的是推卸责任。我们学了这句话后，如果自己在工作中出了问题，我们就必须首先从自己的身上找一下原因，所谓“静坐常思己过，闲谈莫论人非”。

子贡曰：“君子之过也，如日月之食焉；过也，人皆见之；更也，人皆仰之。”④

---

① ［法］司汤达：《红与黑》，罗新璋译，中国戏剧出版社 2005 年版，第 32 页。

② ［法］司汤达：《红与黑》，罗新璋译，中国戏剧出版社 2005 年版，第 101–106 页。

③④ 《论语·子张第十九》。

子贡说："一个大丈夫有过错，没有什么关系，好像日月一样，一个本来发亮的东西，即使有错误只要不是大错，并不会因此掩盖住他的光辉；君子有了错误，与小人不一样，小人是尽量掩盖，而君子则是敢于承认自己的错误，让大家都知道自己错了；君子有了错误，他一方面承认，一方面也会尽量改正，他改正之后，人们会更加敬仰他。"

曾子曰："吾日三省吾身——为人谋不忠乎？与朋友交而不信乎？传不习乎？"①

曾子说，我每天都从三个方面进行自我反省。"为人谋不忠乎？"替人家做事是不是竭尽全力了，是否有敬业精神？"与朋友交而不信乎？"与朋友相交是不是言而有信？有没有失信的地方？"传不习乎"，孔子交给我的为人处世之道，我有没有做到知行合一？

现在很多企业都设立了诸如监察室、风纪部、督导办一类的机构，这些机构要谨记"为人谋不忠乎"这句话。它们学习的应该是古代公正的御史，而不是为了耍威风。

李靖，唐朝初期杰出的军事家，唐高祖时屡立战功，太宗时历任兵部尚书、尚书右仆射等职，后被封为卫国公。唐高祖李渊早年在山西起兵造反，李靖便是他的左右，曾经拼死救过李渊的性命。后来，李渊灭了隋朝，建立大唐基业，封李靖为岐州刺史。李靖到岐州后，安抚百姓，鼓励工商业，对官吏制定了严格的纪律，没过多久，便把岐州治理得井井有条。

谁知李靖早年结下的一个仇敌在京城为官，他日夜想着报复李靖，欲把李靖置于死地，而李靖本人对此毫无察觉。一天，那人在上朝时向皇帝李渊上奏，说李靖在岐州招兵买马，准备造反，还列举出种种看似有力的罪证，这令李渊大为震惊，因为李靖是大唐的开国元勋，假如真的造反，必然有很大一部分人起兵响应，他的号召力和影响力是不可小视的。于是李渊就派了一个监督官员的御史来审理这个案子，并下旨一定要查个水落石出。御史与李靖是多年的故交，深知李靖的为人，他心里很清楚李靖是遭到了小人的诬陷，因此就想办法要救李靖，替他解了这个不白之冤。御史向高祖请旨说："陛下，由于原告最清楚李靖的罪行，臣恳请陛下特许我和原告一起去调查取证，这样微臣办起案子来才会得心应手！"李渊一听有道理，就派遣原告和御史一起办理李靖谋反的案子。

---

① 《论语·学而第一》。

御史此时已经想好了对付原告的计策，他假装非常高兴，拿着原告的状子和原告一起上路了。过了几个驿站之后，御史假装非常懊悔地对原告说：“坏事了，我昨晚上把你的状子给弄丢了，今天早上找了半天也没见踪影，这下可怎么办啊?”说完，御史还显出非常惊恐的样子，命令手下兵士用鞭子抽打随行的官吏，责骂他们粗心大意，如此重要的证据都不好好看管。原告一看状子没了，一下子也没了辙，在那里垂头丧气，因为他知道，没有了所谓的“证据”，他也拿李靖没有办法。这时御史对原告说：“我看不如这样吧，劳烦大驾，你再重新写一份状子吧，反正都是一样的。”原告一想也对，于是命人准备笔墨，很快又写了一份状子，写完之后，御史就把状子拿走了。回到自己的住处，御史拿出两份状子一对比，发现两者内容大不相同，因为诬陷李靖的罪名本来就是捏造的，自然状子上的内容不会完全一样。

御史拿着两份状子返回京城向李渊报告，高祖知晓后大为震怒，于是对诬陷李靖的元凶判处死刑，御史也长舒了一口气。

三、善世而不伐

实现“龙德中正”这一“君德”的第三个要点是：“善世而不伐”。无论是职能部门的经理还是业务部门的管理者，如果对一个企业做出了突出贡献，希望企业为其立“牌坊”，并抓住一切时机进行自我宣传，这是正常的心理，也无可厚非。但是，如果能重温先贤的教诲，那么在为人处世上，就可以更上一层楼了。

子曰：“孟之反不伐，奔而殿，将入门，策其马，曰：‘非敢后也，马不进也。’”①

孟懿子和孟之反是父子，都是孔子的学生。他们之所以奉孔子为师，是为了遵从祖先孟僖子的遗命。孟僖子是孟懿子的父亲，孟之反的祖父。孟僖子是鲁国司空，主管礼仪、祭祀、道德教化工作，类似今天的宣传部长、文化部长、教育部长。春秋时期的中华民族就是礼仪之邦，诸侯之间要根据不同情况，行“遇、会、聘、誓、盟”等不同的礼节，还要奏乐。鲁昭公七年(前 535 年)，孟僖子陪国君鲁昭公出访楚国。楚国在郊外举行了盛大的欢迎仪式，因为孟僖子不懂礼，洋相百出，有辱使命，无地自容。临终之前嘱托

① 《论语·雍也第六》。

自己的两个儿子孟懿子和南宫叔敬拜孔子为师。后来，孟之反也多次向孔子请教，在某种程度上深受孔子教诲的影响。

孟之反在鲁哀公时任大夫。鲁哀公尽管是一位悲剧性国君，不得善终，但是他颇有自知之明，按照叔孙豹“太上有立德，其次有立功，其次有立言，虽久不废，此之谓不朽”的立论，鲁哀公也有“立言”之论。有一次鲁哀公请教孔子：“寡人生于深宫之中，长于妇人之手，寡人未尝知哀也，未尝知忧也，未尝知劳也，未尝知惧也，未尝知危也。”① 这当然可视为千年一问，希望建功立业的鲁哀公面临的确实是内忧外患的“家业”。

鲁哀公十一年（公元前484年），齐国伐鲁，孟之反作为统帅之一参加了卫国战争。这次战争鲁国惨败，撤退的时候，孟之反掩护大军撤退，走在最后面。孔子称赞他：“孟之反不伐，奔而殿，将入门，策其马曰：非敢后也，马不进也。”“伐，夸功也。”自己夸自己的功劳，就叫“伐”。孟之反“不伐”表现在哪里呢？俗话说兵败如山倒，打了败仗十分可怕，在敌方穷追不舍之下，军队斗志早已被瓦解，跑在后面的人，九死而一生。当鲁国军队“奔”，就是争先恐后逃亡之时，孟之反“殿”，就是在鲁军后面殿后，奋勇抗敌。“将入门”，指的是孟之反快要进到自己国家的城门时，“策其马”，他才赶紧用鞭子，抽在马屁股上，赶到队伍的前面去。然后告诉大家：“非敢后也，马不进也。”他说，不是我英雄孤胆，敢在大家背后挡住敌人，而是这匹马实在是跑不动了。

如果今天的部门经理，尤其是立有“战功”的职能部门经理或者是业务部门经理，能够仔细领略并效法孟之反的言行，就会避免很多悲剧。

现任“融创中国”的董事会主席、行政总裁孙宏斌在企业界是一位家喻户晓的人物，尤其是自2007年以来，因为救乐视、买万达等，火遍大江南北。叱咤风云的孙总，早年也有折戟沉沙的岁月。

初出江湖的孙宏斌先生慕名进入联想集团工作，由于具有“齐天大圣”的战斗力，便在两年的时间里脱颖而出，被破格提拔为联想集团企业发展部的经理。“春风得意马蹄疾，一日看尽长安花”的孙经理，风华正茂，利剑频出。1990年，联想“教父”在干部培训班上批评孙宏斌自我思想严重。但是，意气风发的孙经理没有意识到“山雨欲来风满楼，黑云压城城欲摧”的危机。培训班结束后，柳传志先生专程到企业发展部给全体成员上课，既肯定了孙经理的成绩，同时也批评孙经理在管理企业发展部时有帮派做法，缺乏“大船”意识。让柳传志先生吃惊的是，孙经理在企业发展部具有呼风唤

① 《荀子·哀问》。

雨的能量，孙经理的部下力挺“孙大圣”：“柳总，我们不是帮会，你说我们有帮会成分，能不能具体说一下？我们直接归孙宏斌领导，孙宏斌骂我们爱听，这与总裁何干？”柳传志真没想到会是这样一种局面①。1990 年 5 月 28 日，孙宏斌因“挪用公款”罪被刑事拘留，于 1992 年 5 月被判处有期徒刑 5 年。“孙大圣”被关进了太上老君的“八卦炉”：“他住的牢房最多时住了 30 多个人，他见识了另一个社会。每天的生活就是划掉一个日子，一天一天地划。因为他是清华大学的硕士——那时硕士还少，特别是清华的硕士，人们惊异他会进来，因此他在号子里面挺受尊重，也学了不少黑话。四年后（应为两年后），1994 年 3 月 27 日，孙宏斌刑满释放，走出监狱的大门时，他看到了自由世界的第一抹阳光。”②

出狱后的“孙大圣”在某种程度上有了“孙悟空”的智慧，主动与“玉皇大帝”柳传志取得联系，在北京新世界饭店顶层的川菜馆相见。这时的“孙悟空”亦非昔日“扬眉剑出鞘”的孙经理，他向昔日的知己、总裁、“玉皇大帝”诉说了自己所悟的“道”：“我原来有一个误区，我如果不那样做，就不是我了。后来再想想，才觉得情况不是这样，其实你不需要改变你的性格，你只是要把环境分析得清楚一点，把事看得更明白，就有可能不至于把事情搞糟。”柳传志先生听了孙宏斌的肺腑之言，也动容地说道：“宏斌，你记住我说的话，以后，什么时候你都可以对别人说，柳传志是你的朋友。如果需要什么帮助的话，我个人，包括李总，包括张总，我们都可以提供，入点股也行。”③

写到这里，笔者想到了鲁迅先生的一句名言：“渡尽劫波兄弟在，相逢一笑泯恩仇。”孙宏斌与柳传志两位企业家都是不世之才，才能有如此相视一笑的雅量。可是世间有几位立有大功的“孙经理”又有几位叱咤风云的“柳主席”，能如此握手言和呢？又有几位“功高盖世”的部门经理能如“孙大圣”这样东山再起呢？还是多提前温习温习孔夫子“善世而不伐”的教诲，如此方能防患于未然。

---

①②③ https：//finance. qq. com/a/20170711/018550. htm。

第四章

如履薄冰的分公司总经理之道

按照一般集团公司的组织框架，分公司总经理与集团职能部门经理同属一级，均为中层管理者。但是，由于远离集团总部，大型集团公司，特别是跨国集团，分公司总经理的位置类似于古代的“封疆大吏”，重权在握，对于其“内圣外王”之道提出了更高的要求。

就其“内圣”之学而言，分公司总经理对于乾卦九三爻的爻辞“行则在囊，卧则在席”，差不多就能够做到高枕无忧了。“君子终日乾乾，夕惕若，厉，无咎。”“乾”是通假字，自强不息的意思。这句话的意思是：品德高尚的君子白天应该自强不息，晚上应该如履薄冰，谨慎戒惧，这样的话，尽管身处险境，也不会有大的灾难。孔子门人记载了孔子对这句话的解释：“九三曰：‘君子终日乾乾，夕惕若，厉，无咎。’何谓也？子曰：‘君子进德修业。忠信，所以进德也。修辞立其诚，所以居业也。知至至之，可与言几也。知终终之，可与存义也。是故居上位而不骄，在下位而不忧，故乾乾因其时而惕，虽危无咎矣。’”

在甲骨文中，“德”字的左边是“彳”（chì）形符号，表示道路，亦是表示行动的符号；右边是一只眼睛，眼睛之上是一条垂直线，表示目光直射之意。所以这个字的意思是：直视“所行之路”的方向，遵循本性，这就是“德”。孔子认为，君子应该首先把品德的培育放在第一位，这是建功立业的前提和根据。培养良好品德的要点可以用两个字来概括：“忠信”，“忠”指的是为人谋事，不自欺欺人，竭尽全力，不懈不怠；“信”指的是“言必信，行必果”。建立功业的核心是：“修辞立其诚”，为人处世、言谈举止要诚恳。时机来了就大干一番，时机不对，仍然甘心情愿做“潜龙”。如果能有这种心境，在“位”时没有觉得自己高人一等，下“台”后也不会自惭形秽。在位时是“我”，下台了还是“我”，“我”就是“我”。所以，处于尊贵的地位而不骄傲，处于卑微的地位而不忧愁，随时警惕自己富贵而骄、贫贱而卑的心境，虽然处境危险也没有灾害。

对于分公司总经理来说，其应牢记坤卦六三爻的爻辞：“含章可贞。或从王事，无成有终。"孔子对这句话的理解是："阴虽有美含之，以从王事，弗敢成也。地道也，妻道也，臣道也。地道'无成'而代'有终'也。""阴"指的是太阴，太阴就是月亮。分公司总经理永远要明白，月亮是靠太阳光的反射才发光的。因此，即便自己功劳很大，也不可据为己有。大地就是大地，不要梦想成为天；做妻子的一定要顾及丈夫的面子，尊重他的人格；助理就是助理，时刻牢记自己是月亮而非太阳。当然，我们所言"内圣外王"管理者阶梯，是一项系统工程，对于不符合甚至与"进德修业"背道而驰的分公司总经理，未必要行此"臣道"。

第一节　分公司总经理商场驰骋的外王之道

对于集团公司的分公司总经理，尤其是实行事业部制的分公司总经理而言，子公司其实也是集团公司。分公司总经理的"外王"之道，无论是《周易》九三爻系辞，还是孔子及其门人所著《文言》都语焉不详，只是提出了"修业"的大原则。我们不妨本着"洋为中用"的原则，采用"拿来主义"的态度，将明茨伯格的管理者角色纳入其中。由于《管理学》是获得"管理学"学位所有专业的专业基础课，对明茨伯格的管理者角色了如指掌。因此，我们只是适当借鉴，并非简单背书。

一、纵横捭阖的人际技能

分公司总经理的人际技能可以用管理的通用概念进行概括："管理是指组织为了达到个人无法实现的目标，通过各项职能活动，合理分配、协调相关资源的过程。"① 如果以军队的一个团级建制来比喻，部门经理类似于班、排长或营、连长，分公司总经理就是团长。就通常情况而言，团长的角色定位是指挥协调，提高部队的整体战斗力，而非亲自上阵杀敌。分公司总经理如何履行职责，在中华民族上下五千年的历史中，有着丰富的经验可借鉴。

《吕氏春秋》里有这样一个故事：鲁哀公请孔子推荐一弟子去单父任县令，孔子就举荐了巫马期。《韩诗外传》里说，巫马期"与星入，与星出，废寝忘食，身不下堂"，巫马期上任之后，对工作极为投入，披星戴月，废寝忘

① 周三多、陈传明：《管理学》，高等教育出版社 2018 年版，第 4 页。

食，辛辛苦苦干了一年，将单父治理得颇有起色，鲁哀公很满意，巫马期却因拼命工作积劳成疾，一病不起。鲁哀公只好请孔子再举荐个弟子，孔子将子贱推荐给鲁哀公。子贱比孔子小 30 多岁，那时候也就 20 多岁，子贱长歌而入，却再不似巫马期那样没日没夜地干，令人称奇的是，到了年底单父路不拾遗，夜不闭户，古人云“单父大治”。

孔子很高兴，问子贱是怎样做的。子贱说，我把他们当父亲看待的有三人，把他们当兄长看的有五人，把他们当朋友看的有 11 人，比我贤能的有五人，我非常尊敬他们，经常与他们探讨治理单父的方法。

子贱和巫马期先后主政单父，虽然都取得了政绩，但劳逸差别很大。表面看子贱很轻松，白天坐堂，晚间弹琴，就使单父得以大治，而巫马期披星戴月，鞠躬尽瘁，以致积劳成疾。巫马期工作叫“用力”，子贱工作叫“用贤”。子贱说过非常著名的一句话：“用贤者易，用力者劳，易则久，劳则伤。”①

分公司总经理的人际技能可以分为对内与对外两大类，子贱的上述做法在今天仍值得效法。对外人际关系，主要是与当地政府领导的关系。在建立“亲清”政商关系的新时代，孔子对子贡的教导可谓及时，具有十分重要的现实意义。

子贡是中国历史上第一位儒商。在孔子三千弟子七十二贤人中，夫子最得意的门生有十人，史称“孔门十哲”。在这十位得意弟子中，最富有的是子贡。子贡是集文人、商人、官员为一身的牛人，是集诚信、仁义、贵和、乐施为一身的一代“儒商先祖”。司马迁在《史记·货殖列传》中一共描写了 17 位善于生财的“货殖家”，为他们立传，其中名列前三甲的是范蠡、子贡和白圭。子贡曾任鲁、卫两国之相，后弃官经商。“子贡好废举，与时转货资……家累千金。”② “结驷连骑，束帛之币以聘享诸侯，所至，国君无不分庭与之抗礼。”③子贡所到之处，国君与他只行宾主之礼，不行君臣之礼。其显赫的地位可与今日之工商巨子李嘉诚、比尔盖茨不相上下。“山姆·沃尔顿曾意味深长地对人说：‘沃尔玛最初的灵感来自中国的古老商号——端木子贡！’”④

子贡问为仁。子曰：“工欲善其事，必先利其器。居是邦也。事其大夫之贤者，友其士之仁者。”⑤

---

① 韩婴：《韩诗外传》。

② 《史记·仲尼弟子列传》。

③ 《史记·货殖列传》。

④ 马承钧：《沃尔玛的灵感来自子贡》，《羊城晚报》2009 年 8 月 20 日。

⑤ 《论语·卫灵公》。

子贡请教孔子什么是“仁”，孔子回答：“工欲善其事，必先利其器。”之后，孔子通过比喻来说明道理：你在哪个诸侯国经商，就要与大夫一级的官员搞好关系，对于他们所做的有利于民众的善举，你要积极支持。同时，还要与尽管没有官位，但很有影响的社会名流交朋友。现在我们明白了，子贡之所以能够做到“亿则屡中”、洞察商机、料事如神，就是把孔子的教导落到了实处。

孔子的这句话对中国商人产生了巨大影响。

香港最知名的别墅区非“深水湾”莫属，20 世纪后半叶，世界船王包玉刚、世界华人首富李嘉诚的豪宅都在这里。船王包家大客厅的墙壁上，镶嵌、悬挂着主人与多位世界名人、权贵握手言欢的合影：瑞典国王古斯塔夫、美国总统里根、日本首相海部俊树等。其中，最引人注目的是安置在豪华客厅中央的那幅巨照：1989 年邓小平与包玉刚及两家眷属在北京聚会时的合影。这就体现出，包玉刚晚年深刻懂得：他的后半生是资本商界使他成为船王，而最后是邓小平使他成为热爱祖国的船王，成就了他在国内外的历史地位①。

改革开放之后，为了报效祖国，他率先向中国船舶工业总公司订购了首批价值一亿美元的六艘巨轮，增强了国内造船业的信心。1983 年 6 月 2 日，香港《大公报》头版头条做了详细报道：“中国沪东造船厂为香港环球集团建造的 3.6 万吨‘东星’号，圆满完成半年 3 万多海里的环球航程；主机运行 2 万 2 千多小时；各种机电设备，均正常工作。该厂随船保证工程师已提前回国。该轮船长在他的述职报告书上，高兴地写道：‘东星’号不愧为东方升起的新星。”随后，香港东方海外航运公司的董建华、实业家赵世光、曹文锦等都向国内订船。从 1978 年到 1996 年，中国船舶总公司累计出口民用船 700 多万吨。

中国船舶总公司副总经理潘曾锡说：“包玉刚先生向国内订船，实际上起到了活广告的作用，为我们闯出了一条新路。近年来，在国际航运不景气的情况下，一些国家的大船厂接连倒闭，挪威船厂出租当仓库……我们这几年出口船只一百多艘，共计 160 万吨，接船的国家有美国、挪威、法国、波兰、意大利、澳大利亚、马来西亚、罗马尼亚、古巴、捷克、俄国等。现在我国造船业在国际上的信誉比较好，技术上信得过。凡是船东要什么船，我们都能够制造；任何国家的船级社标准检验，我们都能合格。按 1987 年世界劳氏船级社统计，造船出口吨位，我国仅次于日本和韩国，名列世界第三位。过

① https：//www.xzbu.com/7/view-4713117.htm。

去，我国根本排不上号，在中国的船舶出口方面，包玉刚的环球航运集团是有贡献的，应该在中国造船史上好好记上一笔!”

有一次，邓小平在会见包玉刚时，兴奋地说：“我听说你多次表示愿在造船、租船等方面同国内合作，为祖国四化建设尽力。”

包玉刚感慨地说：“是啊，我无论走到哪里，都是中国人。祖国富强，我在海外腰杆也挺得直了！二次世界大战后，日本取代英国成为世界最大造船国，过去我们环球航运集团的新船，一般都在日本订造，现在以实际行动支持国内的造船业发展。我和弟弟都在国内订造了一批新船。船买回去，航行全世界，到各国码头停靠，这就是中国造船能力的活广告，一定能吸引更多的外国船东，来中国订购新船。”

邓小平热烈地紧握包玉刚的手：“你是实干家!”①

笔者认为，孔子告诫子贡这句话的关键是“事其大夫之贤者，友其士之仁者”中的“贤”与“仁”两个字，如果反其道而行之，结交大夫之非贤、非仁之辈，一荣俱荣、一损俱损的结局基本上是无法避免的。

二、破军杀将的为将之道

当一家企业的年营业收入达到10亿元人民币，在国际商战中就会感受到“商战”的真实含义：尔虞我诈是常态，充满了腥风血雨。“商战”被称为没有硝烟的战争，其惨烈程度绝不亚于战场上你死我活的拼杀！“货币战争”的背后掩藏了多少不为人知的幕后秘密？那条看不见的战线，永远“隐藏着永不消逝”的电波！在此情况下，兵家融入未来管理学系列教材，是时候了！自中国原始社会末，到辛亥革命，成规模的武装冲突发生了3000多次。在战场上，不是你死就是我亡，国破家亡之际，性命攸关之时，把人的智慧发挥到了极致，我们今天所遇到的管理问题，很多都能在“武经七书”中找到答案。即便是没有出现在“武经七书”中的《太公兵法》，今天读来，也让我们叹为观止!

目前，绝大多数企业面临的突出问题是员工敬业度不高。多年以前，盖洛普公司对全球雇员的敬业调查就发现中国员工的敬业精神不强。中国员工敬业精神普遍较低，问题不在员工身上，而在管理者身上！《太公兵法》就蕴涵着让属下“死不旋踵”的带“兵”之道。

① https：//www. xzbu. com/7/view-4713117. htm。

武王问太公曰：“吾欲令三军之众，攻城争先登，野战争先赴，闻金声而怒，闻鼓声而喜，为之奈何？”

太公曰：“将有三礼。”武王曰：“敢问其目。”太公曰：“将冬不服裘，夏不操扇，雨不张盖，名曰礼将；将不身服礼，无以知士卒之寒暑。出隘塞，犯泥涂，将必先下步，名曰力将。将不身服力，无以知士卒之劳苦。军皆定次，将乃就舍，炊者皆熟，将乃就食，军不举火，将亦不举，名曰止欲将。将不身服止欲，无以知士卒之饥饱。将与士卒共寒暑、劳苦、饥饱，故三军之众，闻鼓声则喜，闻金声则怒。高城深池，矢石繁下，士争先登；白刃始合，士争先赴。士非好死而乐伤也，为其将知寒暑、饥饱之审，而见劳苦之明也。”①

周武王问姜太公：“我期待三军将士，攻城时不避矢石，争先登城；在野外会战时，不顾生命危险，争先打头阵，啃硬骨头；听到撤军的命令就十分愤怒，听到进军的号令就欢欣鼓舞。怎么样才能做到这样呢？”

太公回答：“为将之道有三个克敌制胜的要领。”

武王说：“能否请先生谈谈三个具体要领吗？”

太公回答：“身为将帅，能冬天不穿皮衣，夏天不用扇子，雨天不张伞篷，与士兵同甘共苦，这样的将军叫礼将。如果为将者高高在上，锦衣玉食，乘肥马，就无从体会士卒的冷暖（他们的命令就如“何不食肉糜”那样可笑，反而对不遵守者格杀勿论）；翻越险阻关隘，通过泥泞道路，为将者必先下车马，亲自步行，与士兵同甘共苦，这样的将军叫力将。为将者不能与士兵风雨同舟，就无从体会士卒的酸甜苦辣；军队安营扎寨时，为将者要等到士兵全部安歇，自己才进入自己的宿舍歇息。全军的饭菜做好，士兵们都已进餐，将军方可用餐。军队没有举火照明，将帅也不举火照明，这样的将军叫止欲将。将帅不能克制自己的欲望，不能与兵士休戚与共，就不能体会他们的艰难困苦。将帅能同士卒同寒暑，共劳苦，同饥饱，那么全军官兵听到前进的号令就欢喜，听到停止的号令就愤怒。攻打高城深池时，即使面临箭石如雨的危境，士卒也会争先恐后奋勇登城；两军在野外会战时，双方刚一交锋，士卒就会前仆后继、勇往直前、奋勇杀敌。士卒并不是天性喜欢死亡、乐于伤残，而是由于将帅关心自己的冷暖和饥饱，体恤自己的劳苦，因此深受感动而甘心尽力报效。”

姜太公所言带兵之道的精髓是“爱兵如子”。现在，大大小小的分公司总

---

①《太公兵法·龙韬·励军》。

经理，不妨以上述为将之道为标准，扪心自问有几位能达到姜太公所言为将之标准？也许很多吧？究竟有多少？以《劳动法》《劳动合同法》为镜子，看一看公司“员工手册”中关爱员工的条款有几条，就一清二楚了！公司对员工是“投之以桃”，还是“投之以刀”？

姜太公的“选将”标准，对于如何选拔分公司总经理有着十二分的借鉴意义。目前，市面上很少见到专门论述如何选拔分公司总经理的专著，我们不用，实在可惜！

武王问太公曰：“论将之道奈何？”太公曰：“将有五材十过。”武王曰：“敢问其目。”太公曰：“所谓五材者，勇、智、仁、信、忠也。勇则不可犯，智则不可乱，仁则爱人，信则不欺，忠则无二心。

“所谓十过者：有勇而轻死者，有急而心速者，有贪而好利者，有仁而不忍人者，有智而心怯者，有信而喜信人者，有廉洁而不爱人者，有智而心缓者，有刚毅而自用者，有懦而喜任人者。

“勇而轻死者可暴也，急而心速者可久也，贪而好利者可遗（赂）也，仁而不忍人者可劳也，智而心怯者可窘也，信而喜信人者可诳也，廉洁而不爱人者可侮也，智而心缓者可袭也，刚毅而自用者可事也，懦而喜任人者可欺也。

“故兵者，国之大事，存亡之道，命在于将。将者，国之辅，先王之所重也。故置将不可不察也。故曰：‘兵不两胜，亦不两败。兵出逾境，期不十日，不有亡国，必有破军杀将’。”

武王曰：“善哉。”①

武王问太公说：“评论是否为杰出将帅的标准是什么？”

太公回答说：“将帅应具备五种才德，避免十种缺点。”

武王说：“请问它的具体内容是什么？”

太公说：“所谓将帅的五种才德就是：勇敢、智慧、仁慈、诚信和忠贞。如果为将者英勇无畏，敌人就不会贸然来犯；聪明睿智，就不会被敌人的阴谋诡计扰乱心智；仁慈就会爱护士卒，士卒就能同舟共济、视死如归；由于自己聪明多谋，所以，自己讲诚信就不会被蒙蔽；忠贞就不会对君王怀有二心。

“所谓十种缺点就是：勇敢而轻于赴死，急躁而急于求成，贪婪而好利，仁慈而流于姑息，聪明而胆小怕事，诚信而轻信别人，廉洁而刻薄部下，多谋而优柔寡断，坚强而刚愎自用，懦弱而依赖别人。

---

① 《太公兵法·龙韬·论将》。

“勇敢而轻死的，可以激怒他；急躁而急于求成的，可以持久而拖垮他；贪婪而好利的，可以贿赂他；仁慈而流于姑息的，可以骚扰而使他疲惫；聪明而胆小怕事的，可以胁迫他；诚信而轻信别人的，可以欺骗他；廉洁而刻薄的，可以侮辱他；多谋而寡断的，可以突袭他；坚强而刚愎自用的，可以算计他，懦弱而依赖别人的，可以愚弄他。

“战争，是国家的大事，它关系着国家的存亡，国家的命运掌握在将帅手里。将帅，是国家的辅佐，为历代君王所重视，因此任命将帅不可不认真审察。所以说，战争的双方不可能都取得胜利，也不可能都遭到失败。只要军队越出国境，不出十天，不是一方亡国，就必然是另一方破军杀将。”

武王说：“说得好啊！”

姜太公分析为将者“五材十过”的目的，不是就将论将、不是就事论事，他的重点是找到竞争对手的弱点，攻其软肋：“勇而轻死者可暴也，急而心速者可久也，贪而好利者可遗（赂）也……”在激烈的国际市场竞争中，不知道有多少分公司总经理中套而不知，实在可惜、可叹、可悲！如能仔细领悟姜太公的论将标准，分公司总经理仔细检讨自己的优点与劣势，就能在白热化的商战中“破敌军、杀敌将”，而不是被敌方“破我军、杀我将”。

三、成功出于众的信息角色

林印孙是正邦集团总裁，他的人生体现了乾卦“天行健，君子以自强不息”的精神。他出身农家，童年时代最大的印象是饥饿与贫穷。1984 年，他从江西省粮食工业学校毕业，被分配到江西临川饲料厂，该厂员工 20 多人，资产 10 多万元。改革开放初期的临川饲料厂在激烈的市场竞争中，经营状况每况愈下，形势岌岌可危。第二年，年仅 20 岁的他临危受命，被任命为厂长。经过 35 年的奋勇拼杀，在竞争激烈的饲料生产、生猪繁育与养殖、农药生产、种鸭繁育市场中脱颖而出，成为农业产业化国家重点龙头企业、国家高新技术企业、名列中国企业 500 强第 254 位、中国制造业 500 强第 112 位、中国民营企业 500 强第 86 位、江西省民营企业 100 强第一位。

中国饲料市场竞争之激烈，若非局中人，实难想象得到。为了在激烈的竞争中立于不败之地，早在 2008 年，正邦集团就提出了二次创业的构想。林印孙总裁在 2008 年度总结表彰大会上强调：“为了实现正邦二次创业的伟大事业，全体正邦干部员工在业务能力上要达到四点要求：一是对识人、用人、把握人具有较强功底，能够确定适当的班子、组织和团队。二是对社会、国家、地理、政策、法律和文化等宏观环境有全面了解和深度理解，运用好不同时期的关键要素及其之间的关系，包括：法律、政策、运输、供应、银行等。三是对行业即产业结构及其发展趋势有较多了解和认知，并及时找出这一时期的关键价值链，预测未来这一关键价值链的漂移方向及位置。四是对企业内外部资源及优劣势有一个全面的了解和把握，找到快速整合内外部资源做强做大的动态的商业模式。"

林印孙总裁对正邦全体干部员工提出的四点要求，全部涉及信息获取。信息是决策的重要依据，这个观念在管理学中基本上没有异议。明茨伯格将信息角色划分为三类：监督者角色、传播者角色和发言人角色；将决策角色划分为四类：企业家角色、资源分配者角色、冲突管理者角色和谈判者角色。至于如何获取比较准确的信息，大师没有名言。

关于信息对决战的重要意义，以及如何通过非正常渠道获取有价值的信息，在所有兵法书中，孙武所列最为翔实。

关于信息的重要性，孙武说：

凡兴师十万，出征千里，百姓之费，公家之奉，日费千金；内外骚动，怠于道路，不得操事者，七十万家。相守数年，以争一日之胜，而爱爵禄百金，不知敌之情者，不仁之至也，非人之将也，非主之佐也，非胜之主也。故明君贤将所以动而胜人，成功出于众者，先知也。[①]

大凡发生战争，必然劳师动众，千里驰骋，劳民伤财在所难免，国库大门日夜敞开，每天的开支恐怕要达到千金之巨，而且国家内外动荡不安，不知多少人日夜奔波在道路上，不能从事正常生产的，大约 70 万家。敌我双方相持数年，就是希望能够获取战争的胜利，如果为将者吝惜爵禄和钱财而不肯重用间谍，以至于无法获取有价值的敌情，可以说这样就太不仁道了。这样的将帅根本没有作为将军的资格，也不能视为国君的左膀右臂，更不可能取得战争的胜利。因此，那些明君和贤将之所以能够一出兵就战胜敌人，取得的功绩超越普通君主与将军，原因就在于他们能预先知道敌情。

孙武用短短 100 余字就把获取敌情的重要性讲得一清二楚，更重要的是他还对通过非正常渠道获取信息的渠道逐一进行了陈述：

故用间有五：有因间，有内间，有反间，有死间，有生间。五间俱起，莫知其道，是谓神纪，人君之宝也。因间者，因其乡人而用之。内间者，因

---

① 《孙子兵法 · 用间》。

其官人而用之。反间者，因其敌间而用之。死间者，为诳事于外，令吾间知之，而传于敌间也。生间者，反报也①。

孙武指出，间谍共有五种，即因间、内间、反间、死间和生间。如果这五种间谍同时使用的话，敌方必然眼花缭乱，感到高深莫测，茫然无知“我们所用、我们所知”，这是国君克敌制胜的法宝。所谓“因间”，就是利用老乡关系，把对方国家的人发展成间谍；“内间”，指的是利用人性的弱点，把对方的高级管理者发展为间谍；“反间”，指的是发现了对方的间谍，我方不动声色，透露真真假假的情报，使敌方间谍在一无所知的情况下成为我方间谍；“死间”，指的是安插在敌方用以向敌人散布假消息的间谍，这样的间谍“为国捐躯”之后，对其后人必须厚养或重用；所谓“生间”，就是获取了敌人情报能够逃生回来报告的间谍。

孙武在最后强调了使用间谍的重要性，指出了使用间谍的三项基本原则：“莫亲于间，赏莫厚于间，事莫密于间。”特别强调了未能正确使用间谍的三大忌讳：“非圣智不能用间，非仁义不能使间，非微妙不能得间之实。”对于保密工作，孙武斩钉截铁、杀气腾腾：“微哉微哉！无所不用间也。间事未发而先闻者，间与所告者皆死。”间谍工作尚未开展，却有人先得到了消息，那么间谍和被告知的人，无论是谁，必须六亲不认：“皆死”，立即全部处死！

2009 年 7 月 5 日，胡士泰等四名澳大利亚力拓公司员工，被上海市国家安全局刑事拘留；2009 年 7 月 9 日，上海市国家安全局称胡士泰等四人采取不正当手段刺探窃取中国国家秘密；2010 年 3 月 22 日，上海市第一中级人民法院对力拓案作出一审判决，认定胡士泰、王勇、葛民强、刘才魁四人犯非国家工作人员受贿罪、侵犯商业秘密罪，分别判处其有期徒刑十四年到七年不等；2018 年 7 月 4 日，力拓案中被判在华服刑的澳大利亚商人胡士泰刑满释放。

第二节　分公司总经理如履薄冰的内圣之道

一、兢兢业业

《周易·象上·乾》对九三爻的解释是：“终日乾乾，反复道也。”《象

① 《孙子兵法·用间》。

传》说：整天勤奋不息，需要始终坚守正道。

“终日乾乾”是乾卦“天行健，君子以自强不息”的具体体现，尽管九三爻“多凶”，但还是要“生命不息，战斗不止”。因为到这里，是没有退路的。分公司总经理要想把工作干得出色，必须找出自己的学习标杆。“他山之石，可以攻玉”，应该借鉴他人的成功实践。标杆理论从20世纪70年代末80年代初产生以来，曾经使无数企业由小变大、由弱变强。首先开辟标杆管理先河的是施乐公司，其将标杆管理定义为“一个将产品、服务和实践与最强大的竞争对手或是行业领导者相比较的持续流程”。

利用标杆理论的经典案例是埃克森美孚公司寻找三个标杆。

“速度—微笑—安抚”的金三角标杆管理，让美孚加油站的平均年收入得到10%的回报。美孚石油（Mobil）公司是世界上最著名的公司之一，1992年它的年收入就高达670亿美元，这比世界上大部分国家的收入还高，真正是富可敌国。不过，美孚的进取心是很强的，还想做得更好。于是他们在1992年初做了一个调查，试图发现自己的新空间。当时美孚公司询问了服务站的4000位顾客什么对他们是重要的，结果发现，仅有20%的被调查者认为价格是最重要的，其余的80%想要三件同样的东西：一是快捷的服务，二是能提供帮助的友好员工，三是对他们的消费忠诚予以一些认可。

美孚把这三样东西简称为速度、微笑和安抚。美孚的管理层认为：论综合实力，美孚在石油企业里已经独步江湖了，但要把这三项指标拆开看，美国国内一定还有做得更好的其他企业。美孚于是组建了速度、微笑和安抚三个小组，去找速度最快、微笑最甜和回头客最多的标杆，以标杆为榜样改造美孚遍布全美的8000个加油站。

经过一番认真地寻找，三个标杆都找到了。速度小组锁定了潘斯克（Penske）公司；微笑小组锁定丽嘉·卡尔顿酒店作为温馨服务的标杆；全美公认的回头客大王是“家庭仓库”公司，安抚小组把它作为标杆。

至于“反复道也”的典范，我国历史上也有很多，明朝的开国元勋徐达就是其中之一。

朱元璋登基以后，分封了一些功臣，其中的胡惟庸、李善长、蓝玉等人骄奢淫逸，鱼肉百姓。比如大将军蓝玉，纵容干儿子强奸民女，还勾结地方官吏将受害者的家人处以死刑，像蓝玉这样的贪官污吏，无论过去有什么功劳，都是不杀不足以平民愤的。很多被诬陷死于庆功楼的功臣，其实都得到了善终，比如汤和、邓愈、郭英等。尽管“火烧庆功楼”的传说不可信，但是，朱元璋与赵匡胤相比，自然要“刻薄”得多。例如，明朝实行残酷的殉葬制度，朱元璋死后，有几十名侍寝妃嫔宫女为他生殉；锦衣卫制度，更是让大臣们如临深渊、如履薄冰。有一次，学士宋濂上朝，朱元璋问他昨天在家喝酒没有，请了哪些客人，宋濂一一照实回答。朱元璋听后满意地说：“你果然没有骗朕。”被朱元璋授予“国子助教”的钱宰有一天退朝回家，随口吟道：“四鼓咚咚起著衣，午门朝见尚嫌迟。何时得遂田园乐，睡到人间饭熟时？”第二天，朱元璋对他说：“昨天的诗写得好啊，但朕何曾嫌你迟？改用‘忧’字如何？”钱宰一听，吓得连忙磕头请罪。由此可见，在朱元璋手下为官，着实不容易。不过，“指挥皆上将，谈论半儒生”的开国第一功臣徐达因为践行了“反复道也”，得以善始善终，其值得所有功臣效法。

人都有表现自己聪明的欲望，但这种欲望，常使自己陷入困境，招来灾祸。真正的智者都懂得藏智。大智若愚、韬光养晦实在是人生最高境界，这样做的人也总有更多成功的机会。低调处世才能平安做人。

徐达，出生于濠州一个农家，儿时曾与朱元璋一起放牛。其有勇有谋，用兵如神，为明朝的创建立下赫赫战功，是中国历史上著名的谋将帅才，深得朱元璋器重。

但是，就是这样一位战功赫赫的人，却从不居功自傲。徐达每次挂帅出征，都是回来后立即将帅印交还，回到家里过极为俭朴的生活。按理说，这样一位儿时与朱元璋一起放过牛的至交，且战功赫赫，完全可以“享清福”。朱元璋为了奖励徐达，就把自己登基前当吴王时居住的府邸赏赐给他，可徐达死活不肯接受。万般无奈的朱元璋请徐达到旧邸饮酒，把他灌醉，然后蒙上被子，亲自把他抬到床上睡下。徐达半夜酒醒，当知道自己睡的是什么地方后，连忙跳下床，俯在地上自呼死罪。朱元璋见其如此谦恭，心里十分高兴，命人在此旧邸前修建一所宅第，门前立一牌坊，并亲书“大功”二字。

徐达功高不骄，还体现在他虚心好学、严于律己上。放牛出身的他，少年无读书的机会，但他十分好学，虚心求教，每次出征都携带大量书籍，一有时间便仔细研读，掌握了渊博的知识。因此每每临阵指挥，莫不料敌如神，进退自如，百战百胜，令人心服。

此外，身为统帅的徐达，还能处处与士兵同甘共苦。遇到军粮不济，士兵未饱，他也不饮不食；扎营未稳，他也不进帐休息；士卒伤残有病，他亲自慰问，送药治疗；如遇士卒牺牲，他更是重视而筹棺木葬之。将士对他无不感激和尊敬。

二、势高益危

人有“贪欲心、嗔恨心、愚痴心、傲慢心、猜疑心和忌妒心”。人生的境界高低大有不同，有人生活在贪欲中，有人生活在怨恨中，有人生活在迷茫中，有人生活在自高自大中，有人生活在猜疑中，有人生活在嫉妒中。地位被很多人当作自我价值实现的表现，又与名利相表里，自然成为众人竞相追逐的目标。“一家饱暖千家怨，半世功名半世冤”，一个人的地位越高，自然凶险越大。

汉文帝时，中大夫宋忠在大殿外遇到了博士贾谊，便避开其他人，两个人悄悄地说：“道高益安，势高益危。居赫赫之势，失身且有日矣。”意思是说，一个人道德越高尚越安稳，权势越高越危险。处在显赫的地位，又不注意修身养性的话，丧身将可以预见。

比如，吴起作为我国历史上著名的军事家，最后却丧命于竞争对手的仆人之手。

吴起曾求学于孔子的高足曾参，学习儒学的道理。曾参认为他人品有问题，就将他逐出师门。他后来想办法在鲁国谋了个官职。有一次齐国伐鲁，鲁君想任命吴起为将军，可是偏偏吴起的妻子却是齐国人，鲁君因此对他有所疑惧，怕他身在鲁营心在齐。当时吴起一心想成名，知道了鲁君的想法后，就拎起刀把自己的妻子给杀了，用行动来表明他绝不亲附齐国。鲁君见他决绝坚韧，就任命他做了将军，率领鲁军攻击齐军。吴起倒也争气，没用多少时间，就把齐军打得大败。后因为鲁君怀疑吴起的人品和用心，慢慢把他给“挂”了起来。吴起不甘心，他听说魏国文侯是个贤明之主，就想去他那儿谋个出路。文侯问李悝：“吴起这个人怎么样啊？”李悝答道：“吴起贪恋声名、爱好女色，然而论起带兵打仗，就是司马穰苴也比不过他。”司马穰苴是齐国人，“文能附众，武能威敌”，齐景公时代曾受命于危难，整饬了齐国军队，多次打败外敌，在列国间有了很高的声望。魏文侯一听李悝说吴起比司马穰苴还牛，于是就任用吴起为主将，让他攻打秦国。吴起果然很牛，一口气夺了秦国五座城池。魏文侯死后，魏武侯即位，一开始也重用吴起。到了公叔出任国相的时候，这个小气鬼虽然娶了魏武侯的女儿，却很是畏忌吴起，想把吴起弄走。他的仆人出主意说：“吴起骨头硬但好名望，您可以找机会对武侯说：‘吴起是个贤能之人，而您的国土太小了，又和强秦接壤，我私下担心吴起没有长期留在魏国的打算。’武侯就会问：‘那可怎么办呢？’您就趁机对武侯说：‘请用下嫁公主的办法试探他。如果吴起有长期留在魏国的心意，就一定会答应娶公主；如果没有，就一定会推辞。’然后，您找个机会请吴起到家里，故意让公主发怒而当面鄙视您，吴起见公主这样蔑视您，那就一定不会娶公主了。”

吴起后来见到公主竟公然地蔑视国相，果然婉言谢绝了魏武侯。后来各种谗言也慢慢就到了魏武侯那儿，又加上吴起功高震主的事实，就开始遭到怀疑，慢慢地又被魏武侯给“挂”了起来。

吴起知道，如果自己继续待在魏国，一定会招来杀身之祸，于是就找个机会偷偷离开魏国，投奔楚国去了。吴起奔楚的时候，楚国正是悼王执政，他一向仰慕吴起的贤能，所以吴起一到就得到了楚国国相的职位。吴起既然得了楚悼王的信任，就大张旗鼓地搞起了变法革新、大国崛起的运动。楚国国力在吴起的经营之下，一夜之间竟致强盛。然而吴起的变法是从打击权贵势力入手的，自然遭到了权贵们的忌恨。最倒霉的是，吴起执政还没多久，楚悼王就死了。这下子那些受到伤害的权贵们就捞着了反攻倒算的机会，他们发动了针对吴起的政变，集结力量猛攻吴起。吴起没有防备，就四处逃窜。他最后逃无可逃，只有躲到楚悼王停尸的地方，趴伏在悼王的尸体上。吴起自然被射成了马蜂窝。

当然，真正明白宋忠和贾谊“道高益安，势高益危。居赫赫之势，失身且有日矣”这个道理的人，古代也有不少。

娄师德是唐代名将，自幼才思敏捷，弱冠之年就考中了进士，被授予江都就是今天的江苏扬州县尉。娄师德的才能很快就得到了上司卢承业的赞赏，卢承业对娄师德礼遇有加，对娄师德说：“吾子台甫之器，当以子孙相托，岂可以官属常礼待也？”

公元677年，唐高宗李治鉴于吐蕃的威胁，颁发《举猛士诏》，在全国范围内招募勇士，以进行军事反攻。娄师德虽然身为文臣，却也应召入伍，唐高宗对娄师德的行为大为赞赏。第二年，唐朝以18万兵力攻击吐蕃，吐蕃听说后，以大论葛尔·钦陵为统帅，严阵以待。双方在青海展开血战，主帅李敬玄怯懦畏战，唐军大败，副帅刘审礼被俘。李敬玄率领唐军逃跑到青海西宁西南，唐军损失过半。此时的唐军毫无斗志，如果吐蕃再次攻击，唐军会有全军覆没的危险。危急时刻，娄师德挺身而出，收集散亡将士，使唐军士气大增。公元682年，吐蕃进犯唐朝边境，娄师德率军反击，“八战八捷”，战争结束后，娄师德被封为比部员外郎、左骁卫郎将。公元690年，娄师德又升任左金吾将军、检校丰州都督，依旧知营田事。武则天在位期间，非常重视储粮备战，所以娄师德在主管北方营田十余年间，“衣皮袴，率士屯田”①，取得储备粮食数万斛的巨大成绩。边镇兵士，粮食充足，免去了转运粮草的大事。武周时期之所以能够取得收复安西四镇等重大军事胜利，与此不无关系。武则天对娄师德的表现非常欣慰，并亲下诏书嘉奖娄师德：“卿素

① 宋祁、欧阳修等：《新唐书·娄师德传》。

积忠勤，兼怀武略，朕所以寄之襟要，授以甲兵。自卿受委北陲，总司军任，往还灵、夏，检校屯田，收率既多，京坻遽积。不烦和籴之费，无复转输之艰，两军及北镇兵数年咸得支给。勤劳之诚，久而弥著，览以嘉尚，欣悦良深。”① 武则天的喜悦之情溢于言表，对娄师德的厚爱跃然纸上。

就是这样一位战功显赫的边疆猛将，却深谙“势高益危”的道理。娄师德的弟弟被提升为代州都督，出发前娄师德嘱咐说：“我从小就没有什么才能，已经位居宰相。你现在又得了州牧，侥幸占据高位，人家会嫉妒的。这事怎么得了啊！”弟弟说：“从今以后，即使有人吐唾沫到我脸上，我也不敢争吵，只能自己擦掉它，总不会为兄长增添忧虑了吧？”娄师德说：“这恰好是我担忧的。那个人向你吐唾沫，是因为对你发火，你如今擦了它，是触犯他，更火上加油了。唾液不擦会自己干掉的，不如笑着来承受它。”弟弟大为折服，忙说：“谨受教。”

三、谨慎防凶

孔子在《论语·泰伯第八》中说：“直而无礼则绞。”人的个性是千差万别的，有的人刚正不阿，清正廉洁，是我们所推崇、褒扬的人。但是这样的人，做不了一把手。“绞”得太过分了就会断，担当不了大事。这种类型的人也有很多，在这里说一下大家都知道的海瑞。嘉靖皇帝乐于向神仙祈祷和寻找道家的秘方以求长生不死，对于国家大事独断专行，有时还干涉到细节。他非常虚荣，而且一点都不能接受批评意见，所以他听到的都是虚假的情况。他明明被奸臣蒙蔽，还以为自己像尧舜那样圣明。1565 年，海瑞在给嘉靖的奏折中说皇帝是一个虚荣、残忍、自私、多疑和愚蠢的人。“盖天下之人不直陛下久矣”，天下百姓瞧不起你这种情况已经很久了，只有你被蒙在鼓里，还沾沾自喜。

嘉靖皇帝读完奏折，非常震怒。把奏折摔在地上，大声喊道：“抓住这个人，不要让他跑了！”嘉靖的贴身太监黄锦说：“万岁不必动怒。这个人向来耿直，听说他已经知道自己必死无疑，所以他递上奏折之前就已经买好了一口棺材，召集全家人作了诀别，仆人们都已经吓得逃跑了。”嘉靖听了，长叹一声，又从地上捡起奏折，一读再读。第二年，海瑞被捕下狱，刑部决定按儿子诅咒父亲的罪名对海瑞处以绞刑，但是嘉靖始终没有批复。海瑞在狱里住了十个月后，有一天，狱卒忽然端上了好酒和大肉，他以为这是最后的晚

① 宋祁、欧阳修等：《新唐书·娄师德传》。

餐，但仍神色不变，视死如归，还像平常一样吃饭。狱长悄悄告诉他，老皇帝已经升天，新君马上就要即位了，你老先生乃是忠臣，一定会得到重用。海瑞听了之后，放声大哭。1567 年，隆庆皇帝登基。海瑞被释放后，对他如何进行安排，是吏部的一大难题。海瑞当然是极端的廉洁，极端的诚实，然而从另外的一个角度看，也是极端的粗线条，极端地喜欢吹毛求疵。这样的人不相信为人处世应该有阴阳的分别，会以自己的标准要求上司和下司。对他怎样安排呢？比较稳妥的办法就是让他只升官不做主。于是在不长的时间里，他的官连升了好几级。但他对于闲职一点都不满意，在他的一再要求下，被任命为南直隶巡抚，也就是现在的省长，驻扎在苏州。这一地区历来难治，以海瑞的性格就任此职，有见识的人早就预料到他待不长。事实不出所料，他上任不久就被迫辞职。

海瑞与北宋开国名将曹彬相比，从德行上讲，当然属于伯仲之间，但就才能而论，海瑞自然不可与曹彬相提并论。

曹彬一周岁的时候，其父母把许多玩具放在席子上，看他拿什么东西。他左手拿刀枪之类的玩具，右手拿一枚印章，其他的都不看，人们都认为他与众不同，长大以后，气质淳厚。周太祖贵妃张氏，是曹彬的从母（堂房伯母或婶婶）。周世宗柴荣登基后，召曹彬回京城。曹彬遵守礼节更加恭谨，公府宴会，他每天都端直严谨，眼睛从不斜视。河中节度使、检校太尉王仁镐对他的手下说：“老夫我自认为日夜辛劳不曾懈怠，等到见了曹监军庄重严肃，才觉得自己的散漫。”

公元 958 年，曹彬奉命出使吴越，使命完成后并没有借机游山玩水，而是立即回国。曹彬访问期间，对于吴越人私下里送给他的礼物，一概婉言谢绝。在他回国的路上，吴越人用小船追来送礼给他，他都不要，如此三番五次，他最终接受了，不过把礼物登记清楚后，全部交给了官府。周世宗强行退还给他，他才恭敬地接受了，但却又把这些礼物分赠给了亲戚朋友，自己不留一文钱。任晋州兵马都监时，有一天，他与主帅、宾客、侍从环坐野外，邻近的守将派人送信来要见曹彬，使者不认识他，暗中问他人说：“谁是曹监军？”有人指给他看，使者以为人家欺骗他，笑着说：“哪里有国戚重臣，而穿着普通、坐卧用具都没有装饰的呢？”仔细看了之后才相信这真的是曹彬。

曹彬性格仁义谦敬、和气厚道，将、相兼于一身，不因官场等级而自认为有什么特别之处，在路上遇到其他官员，必定先行避让。没有名气的小官，每每汇报事情，他必定要穿戴整齐后才召见。任职期间的俸禄供给宗族，没有剩余的积蓄。主管徐州工作时，一官员犯罪，过了一年之后才实施杖刑，人们都不知其中的缘故。曹彬说：“我听说这个人刚娶了妻子，如果给他实施杖刑，她的公婆必定会认为新媳妇不吉利，而经常打骂她，使她难以生存。所以我把这件事缓了一缓，但是没有违背法律。”

“九三重刚而不中，上不在天，下不在田，故乾乾因其时而惕，虽危‘无咎’矣。”这句话是孔子对九三爻所作的总结。关于履行“乾乾因其时而惕”的典范当属孔子的嫡系先祖正考父。

正考父是宋国大夫，几朝元老。当时连续辅佐宋戴公、宋武公、宋宣公三位君主，官位做到上卿，但是正考父的官位越高，他却更加谦恭有礼。他曾经在鼎上刻铸这样的铭文来警惕自己：“第一次任命，我鞠躬去接受；第二次任命，我弯腰去接受；第三次任命，我俯首去接受。我不敢在路中央大摇大摆地走，只跟一般人一样沿着墙边走路，这样也就不会有人冒冒失失地来侮辱我。不论稠的稀饭或稀的稀饭都可以用来糊口，填饱我的肚子。”正考父是这样谦恭又节俭的人。

第五章

或跃在渊的副总经理（副总裁）之道

无论是中等企业，包括一些小企业，还是规模以上的大企业，都设有副总经理（或副总裁）职位。尽管企业大小不一样，但是副总经理（副总裁）的内圣外王之道基本相同。对于初出茅庐的大学生来说，无论是本科生，还是MBA，如果没有任职副总经理（副总裁）的经历，绝大多数人会认为级别越高工作越轻松，这一误解在企业中低层管理者中也是普遍存在的。殊不知，随着职位的上升，工作越复杂，其内圣外王的要求也越高！我们如果能从《周易》乾坤二卦九四爻、六四爻以及《周易·文言传》中汲取智慧，即便不能完全做到游刃有余，也能如鱼得水。

乾卦九四爻的爻辞是："或跃在渊，无咎。""或"是不定词，要么飞起来，要么潜藏在深渊，永远不动，这样就没有咎害。如何理解这句话，孔子的门人记录了夫子的见解："九四曰：'或跃在渊，无咎。'何谓也？子曰：'上下无常，非为邪也。进退无恒，非离群也。君子进德修业，欲及时也，故无咎。'""中"是河南语言中最具特征的字，这个"中"字是中国优秀传统文化的核心思想之一，万事万物皆讲究一个"中"，"不中"就危机重重。《周易》讲究"当位"，六十四卦从下往上，一、三、五爻为阳位，二、四、六爻为阴位，阳爻居阳、阴爻居阴就是"当位"。反之，就是不当位。《周易》是天道规律的反映，不当位就违背了自然之大道，久而久之必然百害而无一利。"当位"还不是"中"，"中"指的是二爻和五爻，二爻居下卦中间，五爻居上卦中间。九四爻为阳爻，居阴位是不当位，而且也不居中，所以九四爻危机四伏。

"九四曰：'或跃在渊，无咎。'"这句话究竟是什么意思呢？孔夫子说："职位的升降变迁是一种常态，没有一成不变的事物，这没有什么不正常；究竟是进是退，也不是固定的，进与退都是无所谓之事。但是，无论是进还是退，心里想的都应是天下苍生的福祉，必须关心民生疾苦，不能只做'自了汉'。君子致力于培养品德，为国为民建立功业，随时准备着抓住时机全力以赴，所以没有灾难。"

如果副总经理（副总裁）能够达到这一境界，尽管“不当位”又“不中”，可是由于心中做到了“当位”与“中”，也就是心性修炼达到了“宠辱不惊，看庭前花开花落；去留无意，望天上云卷云舒”① 的境界，也是可以进退自如、游刃有余的。只是这一境界很难，但也正因为难，才能体现君子本色。

副总经理（副总裁）达到这样的修养境界不易，副总经理（副总裁）助理达到这样的修养境界恐怕更难。坤卦六四爻的爻辞是：“六四，囊括，无咎，无誉”。孔子对这句话的理解是：“天地变化，草木蕃，天地闭，贤人隐。《易》曰：‘括囊，无咎无誉。’盖言谨也。”如果副总经理（副总裁）是一位致力于进德修业的君子，那么副总经理（副总裁）助理与副总经理（副总裁）就是难得的黄金搭档，可以共进退，无论进退皆可心花怒放。反之，只有谨言慎行。孔子在这里说：“天地变化，草木蕃。”春天来了，百花齐放，欣欣向荣，可以大干一番事业；秋天来了，天地闭塞，万物凋残衰落，充满肃杀之气。这时候，凭“比干”一己之力，怎可力挽狂澜，只好委曲求全，暂避锋芒。“易曰：括囊，无咎无誉，盖言谨也。”委曲求全是心中尚有不平，尽管口服心不服，但绝不可以信口开河，最为重要的是把嘴巴闭上。

按照章学诚先生“不知古人之世，不可妄论古人之辞也”的读书方针，我们只有感受周文王撰写九四爻爻辞时的情景，才能明了“或跃在渊，无咎”的真实含义。

西伯侯继位之后，称周文王。他遵照父祖王天下的遗训，笃行仁义，尊敬长者，慈爱幼小。他礼贤下士，废寝忘食，伯夷、叔齐、太颠、闳夭、散宜生、鬻子、辛甲大夫等前来投奔的志士仁人络绎不绝。作为诸侯王，相对于殷纣王，就是副职。纣王天资聪颖，能言善辩，行动敏捷，领悟能力天下少有。而且能文能武，力大无穷，能徒手与猛兽格斗。纣王“知足以距谏，言足以饰非”，常常在大臣面前夸耀自己的才华，在天下人面前宣传自己。他认为自己文武双全，天下所有人都无法与他相提并论。他嗜好喝酒，放荡作乐，宠爱女人。他特别宠爱妲己，唯妲己之命是从。百姓怨声载道，有些诸侯也背叛了他。为了惩处逆党，他发明了炮烙之刑，让人在涂满油的铜柱上爬行，下面点燃炭火，爬不动了就掉在炭火里。纣王任用西伯侯、九侯、鄂侯为三公。九侯有个美丽的女儿，被献给了纣，她不思淫欲，纣王大怒，杀了她，同时把九侯也施以醢（hǎi 海）刑，剁成肉酱。鄂侯极力强谏，与纣王争辩激烈，结果也遭到脯（fǔ 斧）刑，被制成肉干。西伯侯闻及此事，暗暗

① 陈继儒：《幽窗小记》。

叹息。在崇侯虎的挑拨下，纣王囚禁了西伯侯。在文王被囚禁期间，长子伯邑考为救父，甘为人质，为纣王驾车。为了试探周文王是否真懂易经、懂天道，纣王就烹杀了伯邑考，将他做成肉羹赐给周文王。文王在牢狱中，把伏羲八卦演绎成六十四卦，将自己对天道的感悟浓缩成治国理政的经验。可以说，《周易》是我国历史上最早的管理学书籍。周文王以其悲惨离奇的人生经历、天人合一的人生体悟，写出的融合天、地、人的旷世管理学书籍，可以说是字字血泪中浓缩了悲天怜人的救世情怀：救世大无畏、淑世大智慧、悯世大慈悲、广世大威仪。

武王即位之后，承父业、尊父命，师尚父，经过九年的励精图治，兴师伐纣，灭纣兴周。

“或跃在渊，无咎”所厘定的原则，更适合国与国之间天下争霸、企业之间的群雄逐鹿。在下面的章节中，职位划分不如员工、部门经理、分公司经理那样清楚明白。就集团组织的分工而言，因为种种原因，万有不齐：有的总裁长居国外，由执行副总裁代理总裁行使职权；有的没有设立总裁，由常务副总裁主持工作；有的集团公司由董事长兼任总裁；有的集团公司设有董事局主席、董事长、总裁、执行总裁等职务。因此，下面的分析只是相对而言，比如我国古代的宰相对于皇帝来说，就是副职；总裁相对于董事长来说，也是副职；相对于股东大会来说，董事长就是副职。副总经理（副总裁）要根据总裁的授权确定自己的角色。同理，总裁要根据董事长的授权确定自己的角色。

第一节　上佐总裁的外王之道

如果您是某公司总经理（总裁），开年终总结会时，董事长问您公司有多少员工？您回答：对不起，我不知道。董事长的脸色一下子就会由晴天转多云。董事长又问您：公司去年的销售额是多少？您回答说：“很抱歉，也不知道。”董事长会脸色铁青，更加不高兴。会议室的空气顿时紧张起来，山雨欲来风满楼，黑云压城城欲摧。作为总经理（总裁）的您急得直冒汗，等待董事长发作。这个时候，董事长问副总经理（副总裁），假如您是副总经理（副总裁），您怎么回答？

历史上有惊人相似的一幕，让我们穿越到2000多年前，看看陈平是怎么回答这个问题的。汉文帝有一次问右丞相（右丞相为正职）周勃：“全国一年之中要审理、判决的大大小小案件一共有多少件？”周勃一听愣了一下，低着头，回答汉文帝说不知道。文帝又问：“那么全国上下每年收入和支出的金钱又是多少？”周勃急出一身冷汗，汗水多得把脊背的衣服都弄湿了，因为他还是回答不出来。汉文帝又问左丞相（左丞相为副职）陈平，陈平说：“这些事情都分别有掌管的人，问审理案子的事，有廷尉，问财务的事，有内史，只要把他们都找来，一问就知道了。”皇上说：“如果各自有主管的人，那么您所主管的是些什么事呢？”陈平谢罪说：“主臣！陛下不知其驽下，使待罪宰相。宰相者，上佐天子理阴阳，顺四时，下育万物之宜；外镇抚四夷诸侯，内亲附百姓，使卿大夫各得任其职焉。”意思是，“为臣诚惶诚恐！陛下不知我才智低劣，使我勉强担任宰相的职位。宰相一职，对上辅佐天子调理阴阳，顺应四时，对下养育万物适时生长，对外镇抚四夷和诸侯，对内爱护团结百姓，使公卿大夫各自能够胜任他们的职责。”孝文帝于是称赞他回答得好。右丞相周勃大为惭愧，退朝后埋怨陈平说：“您怎么不在平时教我对答这些话！”陈平笑着说：“您身居相位，难道不知道丞相的职责吗？陛下如若问起长安城中盗贼的数目，您也要勉强凑数来对答吗？”这时绛侯周勃始知自己的才能比陈平差远了。过了一段时间，绛侯周勃托病请求免去右丞相的职务，陈平便独自负责丞相的事务①。

陈平认为宰相的工作要点有两个：一是“上佐天子理阴阳，顺四时，下育万物之宜”。就今天的企业管理而言，上佐总裁的要点是燮理阴阳，“阴阳”指的是企业管理要双管（制度+文化）齐下，企业文化建设要顺其自然。二是“外镇抚四夷诸侯，内亲附百姓，使卿大夫各得任其职焉”，用今天的企业管理语言，就是作为辅佐“天子”的总裁的工作目标有三个，即用管理王道平天下，员工管理达到“近者悦，远者来”的目标，使各个职能部门、业务部门（分公司）总经理、子公司总经理“各负其职，各尽其责”。

一、上佐“天子”的角色定位

关于副职的角色定位，目前国内各大商学院（管理学院）所开设的管理类课程没有相关说明。工商管理本科学生没有工作经验，对学校开设的课程是否有用，没有分辨力，只是被动学习。这种局面在即将到来的跨界竞争中，能持续多久呢？倒是在对管理者的实战培训中早已开发了不少相关课程，这些课程必须经受市场的洗礼，因此“干货”不少，值得商学院（管理学院）

① 《史记·陈丞相世家》。

学习。

朱立言先生是中国人民大学公共管理学院教授，博士生导师，全国公共管理硕士（MPA）教育指导委员会秘书长。由于朱教授常年与公务员队伍中的高级管理者打交道，在日常交往中汲取了他们丰富的实战经验，并将之上升到理论高度。所以，朱教授关于如何处理上下级关系的系列讲座深受公务员的喜爱。其中的管理经验与企业管理是一脉相承的，在很大程度上可供企业管理者借鉴。

上下级关系可以从纵横两个方面揭示，纵向来说，从历史上看，许多年幼君王继承王位后往往除掉那些顾命大臣，这些大臣是罪有应得，因为他们不知道在政治链条中处于什么位置。资本主义社会，美国的专家作出大量调查，那些被解职、被解聘的领导，80%以上是因为不能与同事和睦相处，主要是不能和上级和睦相处。领导学小组跟踪调查15位总经理，其中有一位总经理被迫离开领导岗位，虽然他很有能力，但就是因为没有和董事会搞好关系[①]。

关于如何做一位称职的副职，笔者认为在现有的著作中，没有比朱立言教授总结得更到位的。朱教授认为优秀副职有三个工作要点：一是认清角色地位，出力而不越位，这是副职的位置观；二是自觉维护领导集体的权威；三是坚持有限忍耐与合理斗争相结合的原则。关于副职的角色定位问题，朱教授认为："成熟的副职应该配合不争权，用权不专断，处事不越位，尽责不争功，核心问题是处处维护尊重正职的领导地位。……当遇到复杂的矛盾、尖锐的难题的时候，副职应当主动出面，为正职最终出面解决问题提供一个缓冲的机会，这时候的副职，越是艰险越向前。最后，关键时刻挺身而出，为正职遮风挡雨。"朱教授的总结可谓字字珠玉，关于如何体现"坚持有限忍耐与合理斗争相结合的原则"，朱教授认为副职不是好好先生，如果没有原则，没有独立的见解，这样的副职在群众中没有威信，在正职眼里也没有地位。[②]

副职清楚了自己的角色定位，还必须明白自己的工作内容：协助正职"定战略、搭班子、带队伍"。[③]说起定战略，西方战略管理工具非常有用，如VRIO、五力模型、7S模型、PEST、BSE分析等。这些战略工具在进行市场战

①② http://blog.sina.com.cn/s/blog_13b618aab0102voxk.html。

③ http://www.360doc.com/content/15/0520/12/15661687_471921242.shtml。

略制定时作用巨大，但是在进行更高层次的战略规划时，就力不从心了。

明茨伯格在其《战略历程：纵览战略管理学派》中写道："我们对战略形成的认识就如同盲人摸象，因为从未有人能够具备完整地审视大象的眼光。每个人都紧紧地抓住战略形成的某一部分，同时对认识不到的其余部分则是一无所知。我们当然不能把大象的各个部分简单地加以拼凑来得到完整的大象，因为一只完整的大象远非简单的局部相加。"① 尽管明茨伯格指出了西方战略管理的局限，但是，中国人民大学工商管理学院教授、博士生导师邓荣霖仍然在推荐序中写道："自20世纪90年代以来，世界范围内又掀起一次研究战略管理的高潮，各国企业开始重新重视战略管理的作用，战略管理方面的著述和研究成果层出不穷，某些战略管理名著一版再版。……本书不仅对管理学院的在校生和研究战略管理理论的学者具有指导作用，而且对于企业界和管理咨询业的朋友，以及所有从事管理工作和关心战略管理理论的人士都具有参考作用。"②

请大家注意明茨伯格的这句话："我们对战略形成的认识就如同盲人摸象，因为从未有人能够具备完整地审视大象的眼光。"他所说的"我们"指的是西方研究战略管理的学者，他没有料到的是中国学者也被塑造成了"我们"。其实，如果对阴阳家有所研究，不必太深入，就知道西方"从未有人能够具备完整地审视大象的眼光"，而中国却有。陈平所言"上佐天子理阴阳，顺四时，下育万物之宜"是最大的企业战略。阴阳家是最接近《周易》"天道"的一个门派。西方人在认识世界时善于"化简为繁"，而中华民族的古圣先贤却善于化繁为简。

就企业管理的大战略而言，孔子在《周易》中早已告诉了我们答案："刚柔交错，天文也；文明以止，人文也。观乎天文，以察时变；观乎人文，以化成天下。"③ 孔子认为治理天下的要诀是"观乎人文，以化成天下"，要充分发挥道德教化的作用。这一思想成为中华民族治国理政的重要原则，被广泛接受："圣人之治天下也，先文德而后武力。凡武之兴为不服也，文化不改，然后加诛。"④ 党的十七届六中全会也强调："当今世界正处在大发展大变革大调整时期，文化在综合国力竞争中的地位和作用更加凸显，增强中华

---

① ［加］亨利·明茨伯格、布鲁斯·阿尔斯特兰德、约瑟夫·兰佩尔：《战略历程：纵览战略管理学派》，刘瑞红、徐佳宾、郭武文译，机械工业出版社2002年版，第3页。

② ［加］亨利·明茨伯格、布鲁斯·阿尔斯特兰德、约瑟夫·兰佩尔：《战略历程：纵览战略管理学派》，刘瑞红、徐佳宾、郭武文译，机械工业出版社2002年版，推荐序。

③ 《易·贲卦·彖传》。

④ 刘向：《说苑·指武》。

文化国际影响力的要求更加紧迫。”

“一阴一阳之谓道。继之者善也，成之者性也。”[①] 按照孔子的见解，世间万事万物，无论多么错综复杂，最后都可以找到两个此消彼长、互为一体的根本因素，只要找到了这两个核心要素，一切问题都会迎刃而解，因为它们体现了“天道”，这一思想渗透到了中国传统文化的方方面面。按照“一阴一阳之谓道”的理念，尽管具体的企业管理活动纷繁复杂，但是归根到底是由两个部分组成的，那就是制度建设和文化建设。这是企业管理的最大战略，将这个大战略落到实处，企业一切现有的问题都可以迎刃而解。“子曰：道之以政，齐之以刑，民免而无耻。道之以德，齐之以礼，有耻且格。”[②] 孔子认为，如果仅仅靠规章制度来约束百姓，百姓就会只求不触犯刑律，甚至会钻法律的空子，以逃避法律的制裁而沾沾自喜。大家在没有羞耻之心的情况下，会把这些善于钻营的人视为能人，而瞧不起老实本分的人。如果能够用道德来引导百姓，用礼节来规范百姓的内心与行为，百姓不仅会有羞耻之心，而且会自我管理、自我完善、自我提高。就企业管理来说，如果只在制度的圈子里转悠，问题就会越来越多，解决一个问题却又引发一个更大的问题。由此看来，《中国公民科学素质基准》中的第八个规定是科学的：“知道可能有多种方法分析和解决问题，知道解决一个问题可能会引发其他的问题。”

目前，真正了解企业文化作用以及如何实施企业文化的副总裁（总裁）并不多见，副总裁（总裁）应该率先补课，向总裁（董事长）谏言，铸就中国企业管理之道，并贡献于世界管理学界，推动世界企业管理水平的提高。

二、近者悦，远者来

副职要协助正职“带队伍”，带队伍的最高理想是什么？主流西方管理学著作语焉不详，而中国传统文化中有关此的名言警句比比皆是。

“叶公问政。子曰：‘近者说（悦），远者来。’”[③] 所谓“得人心者，得天下”，是管理的最高境界。

劳资双方的心境是一对矛盾，员工希望工作越轻松越好、福利待遇越高越好，而资方希望员工越努力越好、待遇越低越好。那么，该如何调节这一对矛盾呢？古圣先贤早已给出了答案。

---

① 《周易·系辞上》。

② 《论语·为政第二》。

③ 《论语·子路第十三》。

曾子说："财聚则民散，财散则民聚。"① "人君"如果刻薄寡恩，眼睛紧盯员工的腰包，能少发则少发，从绩效工资、五险一金等方面克扣员工，那么人才就会离你而去，结果便是自己的利益最终也无法保证。反之，如果对员工能"舍"，员工队伍就比较稳定，人才济济，企业蒸蒸日上，"人君"也能最终获得更大的利益。这样的劳资关系就实现了良性循环。

如此简单的道理，"人君"不可能不懂。之所以"知"而不"行"，主要有两个原因：

一是小气。小气不分庶民与英雄，庶民中乐善好施者大有人在，英雄中锱铢必较的也不乏其人。韩信在评价楚霸王项羽时就说："项王见人恭敬慈爱，言语呕呕，人有疾病，涕泣分食饮，至使人有功当封爵者，印刓敝，忍不能予，此所谓妇人之仁也。"② 韩信评价项羽说，项王待人恭敬慈爱，言语表达温恭有礼，态度十分温和。看到部属生病，就心疼地流泪，把自己饮用的物品分给生病的人。可是，每当将士立下战功，按规定应该加封进爵时，无论如何也舍不得，把印信放在手里玩磨得失去了棱角，还舍不得给人，这就是所说的妇人的仁慈啊。今日，像项羽这样的董事长有没有？恐怕不在少数。

二是认为没有必要。我国不少行业属于资源型经济、关系型经济，"董事长"认为企业之所以能够得到发展是因为自己与有关部门相处融洽，员工的作用很小，董事长深陷误区而不知。

管理有"大道"，有"小道"，有"无道"。只有"有道"之管理才能在未来跨界竞争中取胜。管仲深明此理："夫争天下者，必先争人。明大数者得人，审小计者失人。得天下之众者王，得其半者霸。是故圣王卑礼以下天下之贤而王之，均分以钧天下之众而臣之。"③ 管仲认为，要想争夺天下，首先必须争夺天下人才。善于算大账的人，知道有舍才有得，就能得到天下人才的拥护；只会打小算盘的，将会失去人心。得到天下大多数人拥护的，就能王天下；能够得到半数拥护的，就能成就霸业。因此，圣明君主总是谦恭卑礼来对待天下贤士并加以任用，均分禄食来吸引天下民众作为自己的部属。

陈平做左丞相时，他的上级右丞相周勃是忠厚之人。周勃退职之后，陈平的直接上级变成了汉文帝。两任上级都如此温厚，陈平自然工作起来顺风顺水。但是今天的副总裁（总裁）如果遇到了昏庸之总裁（董事长）呢？只

---

①《大学》。

②《史记·淮阴侯列传》。

③《管子·霸言》。

要没有昏庸到纣王的水准，还有“可教”的希望，就应该尝试做“大臣”“忠臣”或“直臣”。

唐朝赵蕤在《臣行第十》中列出了六种正派的治国之才：圣臣、大臣、忠臣、智臣、贞臣和直臣；六种奸邪的亡国之臣：具臣、谀臣、奸臣、馋臣、贼臣和亡国之臣。

“虚心尽意，日进善道；勉主以礼义，谕主以长策；将顺其美，匡顺其恶。如此者，大臣也。”自己对江山社稷有大功，但是仍然十分谦恭，鞠躬尽瘁，甘当配角，且为骨鲠之臣，即使被罢官也要直言劝谏，劝勉人主守礼行义，告诫帮助自己的“老板”高瞻远瞩，好的地方更好，坏的毛病去掉，这叫作大臣。

“夙兴夜寐，进贤不懈，数称往古之行事，以厉主意。如此者，忠臣也。”自己为国（公司）办事，披星戴月，进贤不懈，源源不断地为国家（公司）输送新鲜血液，绝不嫉贤妒能，并以历史为镜辅佐人主，这就叫忠臣。

“或问袁子曰：故少府杨阜，岂非忠臣哉？对曰：可谓直士，忠则吾不知。何者？夫为人臣，见主失道，指其非则播扬其恶，可谓直士，未为忠也。故司空陈群则不然，其谈语终日，未尝言人主之非，书数十上而不知，君子谓陈群于是乎长者，此为忠矣。”这里是对“忠臣”作进一步的阐述。有人问袁子说，故少府杨阜难道不是忠臣吗？他答复说，像杨阜这样的人只能称直士，算不得忠臣。（杨阜是三国时魏人，因打马超有功，被封为关内侯，魏明帝时又升了官。史称其“敢抗疏”，就是说敢反对皇帝的意见，时常让魏帝下不了台。）袁子之所以说杨阜算不上忠臣，是因为身为大臣，发现主人错了，当面让“领导”难堪，提意见对，但方法错了，只不过是自己出风头。魏朝时的另外一位大臣陈群与杨阜就不一样，他与高层管理者相处时，十分注重口德，从来不讲自己君王的错误，只提书面意见，绝不让其他人知道他写了什么，他提意见并不是为了进行自我标榜。所以后世的人，都认为陈群是一位有道德、有修养、有学问的忠厚长者。这样才是真正的忠臣。

“国家昏乱，所为不谀，敢犯主之严颜，面言主之过失。如此者，直臣也。”国家昏乱的时候，对上面不拍马屁，不当面恭维，而且当上面十分威严，气愤之极，谁都不敢讲话的时候，他仍敢碰硬，当面指出领导的错误，这叫直臣。

身为“人臣”在劝诫“人君”时还要讲究策略：“子贡问友。子曰：‘忠告而善道之，不可则止，毋自辱焉。’”① 子贡请教老师交朋友之道。孔子开

① 《论语·颜渊第十二》。

导子贡说：“对于朋友的过失，要尽心劝告他，开导他。如果对方坚持己见，不听劝导，那就不要再劝告了，不要自取其辱。”孔子在这里指出的朋友之道，同样适合“君臣”相处。孔子还教育学生说：“可与言而不与之言，失人；不可与言而与之言，失言。知者不失人，亦不失言。”[①] 夫子认为，进谏一定要看对象，对于具有闻过则喜的人君，当知无不言，言无不尽；而对于“观之察之不似人君”者，要三缄其口。孔子为什么要人们特别注意提意见的问题呢？我们看看唐太宗在其《贞观政要》中的分析：“彼难受者，药石之苦喉也；此易从者，鸩毒之甘口也。明王纳谏，病就苦而能消；暗主从谀，命因甘而致损。可不诫哉，可不诫哉！……昏主则不然，说者拒之以威，劝者穷之以罪；大臣惜禄而莫谏，小臣畏诛而不言；恣暴虐之心，极荒淫之志。其为壅塞，无由自知，以为德超三皇，才过五帝，至于身亡国灭，岂不悲哉！此拒谏之恶也。”尽管唐太宗也有拒谏之失，但是在秦皇汉武、唐宗宋祖、成吉思汗等英明神武的封建帝王中，在虚怀若谷、从善如流、闻过则喜这方面，唐太宗还是首屈一指的！

三、赦小过，举贤才

作为副职，第三个工作要点是协助正职“搭班子”。“知人”是副职非常重要的工作，而“善任”则是正职的工作。

仲弓为季氏宰，问政，子曰：“先有司，赦小过，举贤才。”曰：“焉知贤才而举之？”曰：“举尔所知，尔所不知，人其舍诸？”[②]

孔子的学生仲弓被聘用为季氏家的总管之后，去孔子那里请教应该注意哪些问题，孔子就告诉他：“首先要把组织机构建立起来，使人们各司其职，做到事事有人干，人人有事干。其次对人们小的过错不要太计较，要注意赦免部下小的过失。最后就是要把德才兼备的人提拔上来。”

我们看一看历史就知道，季氏家在当时是非常有权势的。季氏家拥有的财力，在今天就是一个非常大的集团公司，仲弓被聘为总管，也就等于今天一家集团公司的执行总裁 CEO。我们从孔子的话中可以看出，他既深知高层管理者的工作重点，同时又在因材施教。子路向他请教如何处理政务时，孔

① 《论语·卫灵公第十五》。

② 《论语·子路第十三》。

子对他说首先要带头干，其次要不辞劳苦。当他要求孔子再多讲一些的时候，孔子就只说四个字：“坚持不懈。”孔子的回答为什么是不同的？那是因为仲弓在某种程度上干的是“一把手”，虽然上边还有“股东”，但是在许多事情上他必须自己“拍板”，用今天的话讲叫作“决策”，作为一名决策者，他不可能事必躬亲，能够发挥别人的长处才是最重要的。所以才告诉他首先要建立起高效运转的组织机构，并且把人才选拔出来作为自己的左右手。子路则不同，他还没有被别人“聘用”，所以孔子就告诉他作“高级白领”的一些基本原则。孔子的因材施教在这里还有另外一层意思，他是根据仲弓和子路的性格与特长才做出不同回答的。子路是直脾气，为人非常正直，做什么事情都干劲大、热情高，但相对而言，他的韧性比较差，所以孔子才告诉他无论做什么事情一定要坚持不懈。仲弓就不一样，他的德行在孔门子弟中排行第四，而德行高的人往往会有对人要求过严的特点，总希望别人也像自己那样，所以孔子就对他说要注意不要在小节上苛求大家。

仲弓听了孔子的话后，就说我怎么知道谁是人才，又怎么发现人才呢？孔子说，你可以就你听到的、所知道的去选拔，了解了才敢用。如果你还没有了解他，就不能随便用一个人，也就是我们现在说的，先要放心，才能放手。孔子在这里强调，用人一定要慎重，用错一个人，比让一个位子空着的危害更大。

孔子在这里明确了做辅佐型职位工作的两个要点：一是要做好组织建设工作，建立一种良好的运行机制；二是总管的主要任务与部门经理不同，部门经理必须事必躬亲，但是辅佐者的主要任务是识别人才、举荐人才，为组织培养和选拔后备人才。

王旦是北宋著名宰相，他有一次问几个儿子：“我在朝廷为相，外边的议论怎么样？”他的儿子们回答说：“大人担任宰相后，四方无事，政绩很好。只是有人说大人无能，许多事都被他人争去了。”吕蒙正说：“我诚然无能，但却有一能，就是善于用人，这才是做宰相最大的能事。”

唐太宗曾经对房玄龄、杜如晦说：“公为仆射（宰相），当广求贤人，随人授任（根据每个人的情况，量才使用），此宰相之职也。比闻听受辞讼，日不暇给，安能助联求贤乎！”就副职而言，“知人”是一项极为重要的工作，如何“知人”是副职一项非常重要的技术技能。

庄子借用孔子的话说：“凡人心险于山川，难于知天。天犹有春秋冬夏旦暮之期，人者厚貌深情。故有貌愿而益，有长若不肖，有慎狷而达，有坚而缦，有缓而悍。故其就义若渴者，其去义若热。故君子远使之而观其忠，近使之而观其敬，烦使之而观其能，卒然问焉而观其知，急与之期而观其信，委之以财而观其仁，告之以危而观其节，醉之以酒而观其侧，杂之以处而观其色。九征至，不肖人得矣。”① 意思就是，孔子说：“人心比山川还要险恶，比预测天象还要困难；自然界尚有春夏秋冬和早晚变化的周期，可是人却面容复杂多变情感深深潜藏。有的人貌似老实却内心骄逸；有的人貌似长者却心术不正；有的人外表拘谨内心急躁却通达事理；有的人外表坚韧却懈怠涣散；有的人表面舒缓而内心却很强悍。所以人们趋赴仁义犹如口干舌燥思饮泉水，而他们抛弃仁义也像是逃离炽热避开烈焰。因此君子总是让人远离自己任职而观察他们是否忠诚，让人就近办事而观察他们是否恭敬，让人处理纷乱事务观察他们是否有能力，向人突然提问观察他们是否有心智，交给期限紧迫的任务观察他们是否守信用，把财物托付他们观察是否清廉，把危难告诉他们观察是否持守节操，用醉酒的方式观察他们的仪态，用男女杂处的办法观察他们对待女色的态度。上述九种表现一一得到证验，不好的人也就自然被挑拣出来。”

用庄子的“九征”法来观察人才，对于选拔中低层管理人才是十分有效的，如“卒然问焉而观其知”。魏文侯（公元前472~前396），战国时期魏国开国君主，战国七雄中最早实行变法。魏文侯派乐羊攻打中山国，攻破中山国后，魏文侯把中山封给他的儿子击。魏文侯与几位士大夫宴饮，席间他问大家：“我是一个什么样的君主？”大家赞仁称智，溢美之词不绝如缕。轮到任座发言时，他说：“与贤明的君主相比，您还有很大差距。夺取中山之后，不把它封给弟弟，而是分封给儿子，从这件事就可以看出您并不贤明。”文侯听了任座的话，脸色发青，准备处罚任座，任座吓得快步跑了出去。接下来轮到翟璜发言，翟璜说：“我觉得您是贤明的君主。因为我听说过这样一句话，只有贤明的君主，他的臣子才敢直言不讳。刚才任座说话非常直率，因此可知您很贤明。”文侯听了很高兴，急忙将任座从门口请过来，拜为上卿。

除了庄子谈的九种识人、辨人方法外，魏文侯的部下李克也有一套识人的方法。李克是孔子的学生子夏的学生，经翟璜推荐，李克任中山国国相，卓有政绩。

魏文侯谓李克说：“先生尝教寡人曰：‘家贫思良妻，国乱思良相。’今所置非成则璜，二子何如？”对曰：“卑不谋尊，疏不谋戚。臣在阙门之外，不敢当命。”文侯曰：“先生临事勿让。”克曰：“君不察故也。居视其所亲，富视其所与，达视其所举，穷视其所不为，贫视其所不取，五者足以定之矣，

① 《庄子·杂篇·列御寇第三十二》。

何待克哉！”文侯曰：“先生就舍，寡人之相定矣。”李克趋而出，过翟璜之家。翟璜曰：“今者闻君召先生而卜相，果谁为之？”李克曰：“魏成子为相矣。”翟璜忿然作色曰：“以耳目之所睹记，臣何负於魏成子？西河之守，臣之所进也。君内以鄴为忧，臣进西门豹。君谋欲伐中山，臣进乐羊。中山以拔，无使守之，臣进先生。君之子无傅，臣进屈侯鲋。臣何以负于魏成子！”李克曰：“且子之言克于子之君者，岂将比周以求大官哉？君问而置相‘非成则璜，二子何如’？克对曰：‘君不察故也。居视其所亲，富视其所与，达视其所举，穷视其所不为，贫视其所不取，五者足以定之矣，何待克哉！’是以知魏成子之为相也。且子安得与魏成子比乎？魏成子以食禄千钟，什九在外，什一在内，是以东得卜子夏、田子方、段干木。此三人者，君皆师之。子之所进五人者，君皆臣之。子恶得与魏成子比也？”翟璜逡巡再拜曰：“璜，鄙人也，失对，原卒为弟子。”①

魏文侯对李克说：“先生曾经教导寡人说：‘家贫思良妻，国乱思良相。’现在我想任命一位宰相，有两个人选，一个是魏成子，一个是翟璜，这两个人都很优秀，我不知道任命哪一位，先生您怎么看呢？”李克回答说：“我听说，卑贱的人不替尊贵的人谋划，疏远的人不替亲近的人谋划。我的职责在宫门以外，不敢承担这个使命。”魏文侯说：“先生是识人高手，就不要推辞了。”李克这才回答说：“您不知道选择谁做宰相，这是您平时不注意观察的缘故。平时看他亲近哪些人，富贵时看他结交哪些人，显贵时看他推举哪些人，不得志时看他不做哪些事，贫视其所不取（贫穷时看他不要哪些东西），通过这五条就足以断定谁可以担任宰相了，何需我李克多嘴呢！”魏文侯听了，马上说：“先生可以回家休息了，我的宰相已经决定了。”

李克出去后，到翟璜家里拜访。翟璜说：“我听说君主今天召见先生选择宰相，结果是谁当宰相呢？”李克说：“魏成子当宰相了。”翟璜听了气得脸色都变了，他说：“就凭耳目的所见所闻，我哪一点比魏成子差？西河的守将是我推荐的。国君对内地最忧虑的是邺郡，我推荐了西门豹。国君要攻伐中山国，我推荐了乐羊。中山国被攻灭以后，派不出人去镇守，我推荐了先生您。君主的儿子没有师傅，我推荐了屈侯鲋。我哪一点比魏成子差？”李克说：“您向国君推荐我的目的，难道是为了结党营私谋求大官吗？国君询问安排宰相‘不是成子就是翟璜，两个人怎么样？’我回答说：‘您不知选择谁做宰相，这是您平时不注意观察的缘故。居视其所亲，富视其所与，达视其所举，穷

① 《史记·魏世家》。

视其所不为，贫视其所不取，通过这五条就足以断定谁可以担任宰相了，何需我李克多嘴呢？’因此我就知道魏成子要做宰相了。您怎么能跟魏成子相比呢？魏成子有千钟俸禄，十分之九用在外面，十分之一用在家里。他从东方请来了卜子夏、田子方、段干木。这三个人，国君都把他们奉为老师。您所推荐的那五个人，君主都任命他们为臣下。您怎么能跟魏成子相比呢？”翟璜听了，迟疑了一会儿马上再拜说：“我翟璜是个浅薄的人，说话很不得当，我愿意终身做您的弟子。”

我们通过翟璜与李克的对话，知道这两个人都很了不起。但是在识人这方面，翟璜不如李克，翟璜没有看清楚李克，李克却对翟璜的为人了如指掌，他知道自己没有推荐翟璜，只要摆事实、讲道理，翟璜一定会原谅他的。“识人”是人生的一大学问，不仅翟璜识人水平有限，即便是孔夫子也有走眼的时候。

“以言取人，失之宰予；以貌取人，失之子羽。”①

孔子有一位学生名叫宰予，语言表达能力很强，能说会道，在修习“言语科”的诸位弟子中，名列第一，比子贡还厉害。他开始给孔子的印象不错，但是因为翘课躺在床上睡大觉，孔子骂他是“朽木不可雕也，粪土之墙不可圬也”②。

孔子的另一个弟子，叫澹台灭明，字子羽。子羽的体态和相貌很丑陋，想要侍奉孔子。孔子开始认为他资质低下，不会成才。但他从师学习后，回去就致力于修身实践。后来，子羽游历到长江，跟随他的弟子有三百人，声誉很高，各诸侯国都传颂他的名字。孔子听说了这件事，感慨地说：“我只凭言辞判断人，结果对宰予的判断就错了；我只凭相貌判断人，结果对子羽的判断也错了。”

识人难，难于上青天。以诸葛亮之明，犹有马谡之失，何况常人？上述识人方法只可用于一般情况，对于大奸大伪之人是不适用的。

白居易在《放言》中说：“赠君一法决狐疑，不用钻龟与祝蓍。试玉要烧三日满，辨材须待七年期。周公恐惧流言日，王莽谦恭未篡时。向使当初身便死，一生真伪复谁知？”

周公是周文王的第四个儿子，周武王的弟弟。周武王去世后，因为其儿

---

① 《史记·仲尼弟子列传》。

② 《论语·公冶长第五》。

子成王还小，就由周公摄政。武王的另外两个弟弟管叔和蔡叔心中不服，他们散布流言蜚语，说周公有野心，有可能谋害成王，篡夺王位。周公闻言，便对太公望和召公奭说：“我所以不顾个人得失而承担摄政重任，是怕天下不稳。如果江山变乱，生灵涂炭，我怎么能对得起列祖列宗和武王对我的重托呢？”周公旦摄政6年，待成王长大，便把王位彻底交给了成王。在国家危难的时候，不避艰辛挺身而出，担当起“王”的重任；当国家转危为安，其顺利发展的时候，毅然让出王位，这种无畏无私的精神，始终被后代称颂。

王莽，是西汉平帝的舅舅，其孝母尊嫂，生活俭朴，饱读诗书，结交贤士，声名远播。王莽对其身居大司马之位的伯父王凤极为恭顺。王凤临死嘱咐王政君照顾王莽。汉成帝时，王莽初任黄门侍郎，后升为射声校尉。王莽礼贤下士，清廉俭朴，常常把自己的俸禄分给门客和穷人，甚至卖掉马车接济穷人，深受众人爱戴。他的叔父王商上书愿把其封地的一部分让给王莽。汉哀帝即位后其祖母傅太后、母亲丁太后的外戚得势，王莽隐居新野。其间他的儿子杀死家奴，王莽逼其儿子自杀，得到世人好评。公元前2年，王莽回京城居住。公元前1年，汉哀帝无子而崩。王政君掌管传国玉玺，王莽任大司马，兼管军事以及禁军，立汉平帝，得到朝野的拥戴。公元1年，王莽推辞再三之后接受了“安汉公”的爵位，将俸禄转封两万多人。公元3年，王莽的女儿成了皇后。公元4年，加号宰衡，位在诸侯王公之上。其大力宣扬礼乐教化，得到儒生的拥戴，被加九锡。此时，王莽的野心已经极度膨胀。公元5年，汉平帝被王莽毒杀，立年仅两岁的孺子婴为皇太子，太皇太后命王莽代天子朝政，称“假皇帝”或“摄皇帝”。公元6年，有人不断借各种名目对王莽劝进。公元8年，王莽接受孺子婴禅让后称帝，改国号为新，改长安为常安。直到南阳刘文叔起兵复汉，被诛，王莽共做了18年皇帝。假如王莽早死18年，不就是一个完名全节贤宰相，能垂之史册了吗？

《菜根谭》有言：“德者才之主，才者德之奴。有才无德，如家无主而奴用事矣，几何不魍魉？”品德是一个人才能的主人，而才能是品德的奴婢。如果一个人只有才能而缺乏品德，就好像一个家庭没有主人而由奴婢当家，这样哪有不胡作非为，放纵嚣张的呢？一个人的能力越强，品性越差，对社会的危害就越大。

其实，我们从人性的角度分析，王莽早年未必有篡位之心，恐怕是客观形势使然。试问面对“大位”之诱惑，又有几人能做到不动心呢？只有经过不断修炼，才能“坐‘怀’不乱”。副职必须在实战中修炼自己，修炼“如如不动”之心：成性存存，道义之门。

第二节　放下“小我”的内圣心法

一、或跃在渊

党的十九大报告指出：“社会主义核心价值观是当代中国精神的集中体现，凝结着全体人民共同的价值追求。要以培养担当民族复兴大任的时代新人为着眼点，强化教育引导、实践养成、制度保障，发挥社会主义核心价值观对国民教育、精神文明创建、精神文化产品创作生产传播的引领作用，把社会主义核心价值观融入社会发展各方面，转化为人们的情感认同和行为习惯。坚持全民行动、干部带头，从家庭做起，从娃娃抓起。深入挖掘中华优秀传统文化蕴涵的思想观念、人文精神、道德规范，结合时代要求继承创新，让中华文化展现出永久魅力和时代风采。”

笔者认为，对于辅佐者来说，孔子在解释九四爻爻辞“或跃在渊，无咎”时，强调的就是“深入挖掘中华优秀传统文化蕴涵的思想观念、人文精神、道德规范”的举措：“君子进德修业，欲及时也，故无咎。”

“德”通常指好的品行，但如果仔细考察，便知孔子所言之“德”含有“天道”的精神。根据《汉典》的解释：“德，汉字，古同‘德’。本意是七曜（日月金木水火土星）的运行。后来引申为顺应自然、社会和人类客观规律去做事，不违背自然规律去发展社会，提升自己。德即是对道、对自然规律的认识和理解、践行、革命，是人文精神的一种传播。”尽管“德”的意境很高，遥不可及，但如果能够尽力而为，也就逐渐接近“道”的水准。“修业”指的是建功立业。培养工商管理人才，“修业”是必需的，修的是有利于民族复兴、有利于人类福祉的“大业”，而不是自己的“饭碗”。唯有如此，才能“欲及时也”，进退自如，宠辱不惊。

在中国历史长河中，这样的榜样有很多，在将帅领域，郭子仪就是其中的佼佼者。唐朝明将郭子仪担任中书令 24 年，家中珠宝堆积如山，七子八婿都是朝中高官，孙子数十人，孙子们向他问安时，他分辨不出大小，只能点点头。一人系国家安危近 30 年，功劳天下无双，皇上不猜忌，位及人臣顶峰，众人不妒忌，穷奢极欲，人们不非难，实在是难能可贵。这不是偶然，根本原因是郭子仪能以史为镜，观盛衰之源，察得失之兆，防微杜渐，所以能全功保身。

郭子仪（697~781），华州郑县（今陕西渭南市华县）人。武举出身，累积军功至九原太守，因上司嫉妒打压，一直未受朝廷重用。755年，安史之乱爆发，郭子仪率朔方军讨逆。757年，河东、河西、河南的大部分失地均已收复，郭子仪因军功被封为代国公。郭子仪入朝，唐肃宗命人在灞上迎接，并慰劳他道：“国家再造，是你的功劳。”后来，在讨伐安禄山的儿子安庆绪时，宦官、观军容宣慰使鱼朝恩嫉妒郭子仪，把唐军相州之败的责任强加给他。759年，肃宗招郭子仪回京，削去了他的兵权。761年，史思明攻陷洛阳。762年，肃宗再次启用郭子仪，晋封汾阳王。唐代宗即位之后，受宦官程元振蛊惑，郭子仪再失兵权。763年，吐蕃趁火打劫，进攻河西，危难之际，代宗启用郭子仪，可是郭子仪只有20个骑兵。部将王献忠率400骑兵叛逃回长安，计划迎接吐蕃军队。郭子仪遇到王献忠时，严厉呵斥王献忠的卖国行为，王献忠下马说：“现在皇帝东逃，国家无主，您身为元帅，废立就在您一句话。”郭子仪没有回应，派兵将宗室诸王护送到唐代宗那里。然后收复唐朝散兵游勇4000人，合击吐蕃军，代宗返回长安。这时，代宗对郭子仪说：“我任用你太晚，才到这个地步”，并赐郭子仪铁券，将他的画像挂在凌烟阁上。764年，仆固怀恩反叛，他游说吐蕃、回纥、党项、吐谷浑、奴刺等国，聚集30万军队进攻泾阳、邠州、凤翔等地。郭子仪到泾阳时，敌军已经围城。郭子仪率领2000名骑兵冲入敌阵。回纥原以为郭子仪去世，代宗驾崩，才与吐蕃军联合进犯，而今看到郭子仪健在，方知上了仆固怀恩的当。郭子仪又单骑去见回纥首领，回纥答应退兵。吐蕃军见郭子仪与回纥来往，心中猜疑，连夜退走。郭子仪与回纥军联合追击吐蕃军，大破吐蕃10万人军队，斩首5万人，生擒万人。766年，华州节度使周智光反叛，代宗命郭子仪率军讨伐。同州、华州将领闻听郭子仪出兵，便杀死周智光，将其首级送往朝廷。767年，吐蕃入侵泾州，郭子仪奉命移驻泾阳。郭子仪在灵州截击吐蕃，斩首2万人。

774年，郭子仪入朝，在延英殿朝见代宗，谈到吐蕃强大时，流涕不止，又上表“乞骸骨”（退休），但未得到代宗允许。779年，唐德宗即位，郭子仪被调回朝廷，进位太尉，仍兼中书令，赐号“尚父”，并加食邑至两千户。至此，郭子仪所领使职、副元帅等职务全部被罢免。781年，郭子仪去世，享年85岁。郭子仪的一生，历经玄宗、肃宗、代宗、德宗四朝，是历史上“福禄寿考”四字俱全的少数名臣之一，部下60余人皆为国之将相。

“权倾天下而朝不忌，功盖一代而主不疑，侈穷人欲而君子不之罪”① 的

① 《旧唐书·列传第十七·郭子仪传》。

秘诀何在？秘密就是老子所言八字："挫其锐，解其纷，和其光，同其尘。"①

如平"安史之乱"之时，他手握重兵，程元振、鱼朝恩等百般诋毁，皇上削其兵权，他没有一次恋官。担任朔方节度使时，士兵知道他要离任后，拦马痛哭，洒泪恳留，但郭子仪哄骗将士说送一下朝廷官员就回来了，上马飞驰而去，但只要一纸诏书征召，没有一次恋家，无不当日起程，赶赴沙场。郭子仪大事如此，小事也从不马虎。如当时担任御史中丞的卢杞，面如蓝靛，相貌丑陋，但是因为"会说话"，唐德宗十分喜欢他。有一次，郭子仪患病，德宗派卢杞前去探望。当时郭子仪正与一群歌伎谈笑，一听到卢杞来访，马上命令所有女眷包括歌伎，全部退到屏风后面，他单独和卢杞交谈。卢杞走后，家眷问他，平时见客，都不避讳我们在场，一起谈笑风声，为什么今天接见一个书生却如此慎重？郭子仪说：你们不知道，卢杞这个人很有才干，但心胸狭窄，睚眦必报。长相又难看，半边脸是青的，如庙中鬼怪。女人爱笑，如果你们看见卢杞的半边蓝脸，一定会笑，他就会怀恨在心，一旦得志，你们和我的儿孙，就没有一人活得成了。不久，卢杞做了宰相，凡是过去看不起他、得罪他的，都未能免掉杀身抄家的冤报。只有郭子仪全家，稍有些违法之事，卢杞不仅不予追究，还曲意保全，认为郭令公非常瞧得起他，要报郭子仪的知遇之恩。

辅佐者读一读《韩非子》等法家作品，方能对人性有入木三分的认识。可以说，郭子仪的"人情世故"是生来就有的，而大多数辅佐者尤其是立有大功的辅佐者，因为没有郭子仪这种天生的"忠骨义胆、慈心智慧"，只有详加品味儒家的仁德、道家的智慧，方能来去自如。

身处辅佐位置，如何看待人情冷暖呢？其实按价值规律或者用交易方式来看待就可以了。双方是客户和买主的关系。买卖存在，关系就存在；买卖不存在了，还要这个关系做什么呢？对这个问题，古人冯谖早就看得很透彻了，并做过精辟的总结。

冯谖是孟尝君田文的门客。田文是一位大贤士，受到国君宠爱，被封为相国。各地有才能的人纷纷来投奔他，谋一只饭碗。

不料，田文的名气太大，国王起了疑心，撤掉了他的职务。无奈，他只好离开国都，回到自己的封地去。让他万万没有想到的是，那几千个平时说仰慕他、愿意终生追随他的食客，一下子全走了，只有冯谖愿意继续跟着他。在冯谖的策划下，国君对田文重新产生了信任，让他官复原职，尊荣更胜从前。那些当初弃他而去的食客，这会儿都跑回来，向他表示想继续追随他的

① 《道德经·第四章》。

意思。

田文听说那些人还想找回饭碗，恨恨地对冯谖说：“他们当初弃我而去，现在还有脸回来？谁好意思走到我面前，我一定要将唾沫吐在他脸上！”

冯谖不以为然地说：“事物有他必然的规律，事情有它本来的道理，您何必生气呢？”田文说：“我比较愚蠢，不明白您的意思。”冯谖说：“活着的人一定会死，这是事物必然的规律。富贵了，宾客自然多；贫贱了，宾客自然少，这是事情本来的道理。您一定见过菜市场的情景吧？早上，人们争先恐后地挤进去，因为里面有他们需要的东西；傍晚，人们甩开大步走过去，不会多看一眼，因为里面没有他们需要的东西了。这是很正常的事情。以前，人家争先恐后地来投奔您，是因为您这儿有他们需要的东西；后来他们离开您，是因为您这儿已经没有他们需要的东西了，有什么可抱怨的呢？”

田文恍然大悟，心里的怨气顿消。后来，那些食客陆续前来投奔，他一如既往地接待他们，毫无芥蒂。

二、行己也恭

子谓子产：“有君子之道四焉：其行己也恭，其事上也敬，其养民也惠，其使民也义。”[①]

子产是历史上有名的好宰相、政治家，孔子非常佩服他，说他有四点君子之道。他说子产对自己要求非常严格，一点都不马虎，这一点最为难得。我们常常说做人要严以律己、宽以待人，可做起来我们总是宽以待己、严以律人。别人有一点小毛病就不能原谅，可是对自己，总是有一千个一万个理由来为自己辩护，总认为自己是对的，都是别人对不起自己。所以说，孔子认为子产能够严格管理自己，是非常了不起的君子之风。不仅如此，其事上也敬，子产做宰相时，对主上也就是对自己的领导非常尊重，他对国家做出了贡献，一点都不骄傲，始终不居功自傲。这一点也是说起来容易做起来难，做出成绩特别是做出重大成就了沾沾自喜，这是人之常情。但发展到目空一切时，麻烦就会来了。

《三国演义》我们都是非常熟悉的，下面就看看许攸的故事。许攸从小和曹操、袁绍就是好朋友，先是在袁绍帐下做谋士，但是因为袁绍愚钝，对许攸言不听计不从，再加上许攸“贪而不智”，家人犯法，妻子被抓，就投奔了

① 《论语·公冶长十六》。

曹操。曹操听说许攸来了，大喜过望，“跣足而出”。什么叫跣足呢？就是光着脚，那么曹操这个时候跣足而出迎接许攸有两重意思：一是来不及穿鞋，可能在洗脚，一听说许攸来了光着脚就往外跑，大喜过望；二是尊敬，因为古礼光脚代表尊敬。曹操光着脚冲出去以后，抚掌而笑说，子远（许攸字子远）你来了，“吾事济矣”，即我的事情就好办了，然后把许攸请到军帐里坐下。曹操与许攸携手共入，“操先拜于地”。许攸感动地说：“公乃汉相，吾乃布衣，何谦恭。”曹操说：“公乃操故友，岂敢以名爵相上下。”曹操用了许攸的计谋，给袁绍以毁灭性的打击，打赢了官渡之战。随后，乘胜追击，势如破竹，攻破了袁绍的老巢冀州。曹操统率众将军快要进入冀州城门楼时，许攸快马加鞭，跑到队伍前面高叫：“阿瞒（曹操小名），如果不是我，你能够入这个城门吗？”曹操听罢大笑。诸将看到许攸如此无礼狂妄，都忿忿不平。过了几天，许攸遇许褚于东城门，又耐不住旧事重提：“你们没有我，能这样出入此城门吗？”许褚愤怒地驳斥道：“我们出生入死，浴血奋战，才夺得城池。你怎么胆敢这样夸口呢！”许攸这个时候还不知死活，骂道：“你们都是匹夫，没有什么了不起。”许褚大怒，拔剑把许攸杀死。许褚杀了许攸，提头来见曹操：“许攸无礼，我杀之矣。”

与许攸相同，贺敦是后周的一名大将，立有大功，因感朝廷赏赐不公心怀不满，就口出狂言，结果被迫自杀。临死的时候，他把儿子贺弼叫来说：“我因为口舌而死，你不能不记住。”接着就用锥子把儿子的舌头刺出血来，以此来告诫他不要居功自傲。其儿子开始的时候还能记住，可是随着他对隋朝功劳的增大，地位的增高，就逐渐把父亲的话忘在了脑后，总是牢骚满腹，被免去官职之后，他不仅不接受教训，怨言反而更多了，结果又被捕下狱。隋文帝斥责他说：“我用杨素为宰相，你在下面散布说他只配吃干饭，这是什么意思？”并告诉他：“你有三太猛：心眼太小，嫉妒心太猛；自以为是，看不起别人的心太猛；目无君上的心太猛。”

我们从上面两则故事可以看出，子产在为国家做出重大贡献时，还能对上尊重有礼的确是了不起。更为了不起的是，这样做并不是为了自己得利，“其养民也惠，其使民也义”。他能促使经济繁荣，使老百姓能得其所养，过上安定的生活，对社会有所贡献，有恩惠于人民，老百姓感恩于他，他有命令下达时，大家都服从。

天下事，有以刚胜者，以强胜者；也有以柔胜者，以弱胜者。老子就推崇柔弱守雌之道。春秋时，著名思想家老子的老师商容病重了。老子前去看望他，问道：“先生病得如此重，有什么遗教可以告诉弟子吗？”商容说：“就是你不问，我也要说了。”他对老子说：“经过故乡要下车，你记住了吗？”老子回答：“经过故乡下车，就是要我们不忘旧。”商容说：“对呀。”又说：“看到乔木就迎上前去，你懂吗？”老子说：“看到乔木迎上去，就是让我们要尊敬长者。”商容说：“是这样的。”然后，他又张开嘴给老子看了看，问道：“我的舌头还在吗？”老子说：“当然还在。”商容又问：“我的牙齿还在吗？”老子说：“早就没有了。”商容又问老子：“你知道原因是什么吗？”老子回答说：“那舌头所以存在，岂不是因为它是柔软的吗？牙齿的不存在，岂不是因为它是刚硬的吗？”商容说：“好啊！是这样的。世界上的事情都已包容尽了，我还有什么可以再告诉你的呢？”

三、囊括无咎

“天地变化，草木蕃，天地闭，贤人隐。《易》曰：‘括囊，无咎无誉。’盖言谨也。”生逢其时，“君臣”际会，自然可以成就一番事业；时不我与，那就心甘情愿与草木同朽，沉浸于自己的内心世界。这种人物道家最多，十分可敬。儒家尽管追求的是杀身成仁，修身齐家治国平天下，但修炼后，也可以达到进退自如的境界。

子谓颜渊曰：“用之则行，舍之则藏，惟我与尔有是夫！”①

孔子对颜渊说：“如果遇到明君用我，我就去干一番轰轰烈烈的事业，否则，我就隐藏起来，只有我和你才能做到这样吧！”“子贡曰：‘有美玉于斯，韫椟而藏诸，求善贾（价）而沽诸？’子曰：‘沽之哉！沽之哉！我待贾者也。’”②春秋时期，孔子带领弟子到各国去游说推行他的政治主张，没有人接受并重用他，他并不灰心。弟子子贡以得到美玉如何处理问孔子，孔子毫不迟疑地回答：“卖掉它，卖掉它，我正在等待识货的人出现呢。”

每一位志存高远、才华出众而又不得志的千里马往往发出：“伐木丁丁，鸟鸣嘤嘤”“嘤其鸣矣，求其友声”“鸿雁于飞，萧萧其羽”的感叹，如果生不逢时，又该如何自处呢？

东汉史学家班固在《汉武故事》里记载了这样一件事：汉武帝到郎署见一老翁，白发苍苍，步履蹒跚，衣衫不整。武帝奇怪，一般郎官都是20几岁的年轻人，而这位须鬓皆白的老者为什么还当郎官呢？于是就问他：“公何时

① 《论语·述而第七》。

② 《论语·子罕》。

为郎，何其老也?”答曰：“臣姓颜名驷，江都人也，以文帝时为郎。”帝问曰：“何其老而不遇也?”驷曰：“文帝好文而臣好武，景帝好美而臣貌丑；陛下好少而臣已老。是以三世不遇，故老于郎署。”听颜驷这么一说，武帝深为震惊，这么一位三朝为官的老者，就是因为不符皇帝所好，得不到提拔重用，干了大半辈子还是个郎官，这不是颜驷的过错，而是用人上的疏误，武帝考察了颜驷的才识，即任命他为会稽都尉，也就是会稽郡的军事首领。此后，“颜郎老”的典型成为生不逢时、老而不遇的代名词。王勃在《滕王阁序》中引用了“冯唐易老，李广难封”的典故。李广一生屡建奇勋，却始终不得封侯，后人以此形容一个人时运不济。此种境遇，除了选择“万人如海一身藏”之外，别无他途。韩信也是如此。他在项羽帐下，做了三年执戟郎，得不到重用，不得已投奔刘邦，若不是萧何慧眼识英才，月下追韩信，历史上也就没有了“韩信将兵，多多益善”的故事。

《战国策·楚策四》记载了这样一个故事：“夫骥之齿至矣，服盐车而上大行，蹄申膝折，尾湛胕溃，漉汁洒地，白汗交流，中阪迁延，负辕不能上。伯乐遭之，下车攀而哭之，解纻衣以幂之。骥于是俯而喷，声达于天，若出金石声者。”有匹千里马老了，拉着盐车来到太行山。它吃力地伸着蹄子，弯着膝盖向前走，尾巴下垂，脚掌也烂了，盐水洒在地上，浑身汗水直流，拉到半山坡便走不动了，驾着车辕不能继续上山。正巧被伯乐遇到了，他赶忙下了车，抚着这匹马心疼地哭起来，并脱下自己的麻布衣服盖在它身上。这时，千里马低着头喷着鼻子，仰起头长鸣了一阵，宏亮的声音直达天际，好像是从钟磬之类乐器发出的声音一样。

人生的悲欢离合，起起伏伏，是非常常见的。一个人的才能很高，本事很大，但可能会因为经济动荡、单位倒闭等原因，屈居人下，犹如一只雄鹰被一只鸡领导，其心情可想而知。“落地的凤凰不如鸡”这句话就道出了其中的酸甜苦辣。人生其实是一个过程，是一个不断反思的过程，有此际遇，智者自然会一笑置之。

无论是在位还是退位，作为副总裁（或副总裁助理），都必须注意自己的口德。

《易经》节卦关于“初九”的爻辞说：“不出户庭，无咎。”子曰：“乱之所生也，则言语以为阶。君不密则失臣，臣不密则失身，机事不密则害成。是以君子慎密而不出也。”[①] 孔子说：“之所以总有‘乱’发生，其根源是由言语。国君说话不慎密则失信于臣，臣说话不慎密则灾殃及身，重要的事情

① 《周易·系辞上》。

不慎密则造成祸害。所以，君子处世说话谨守慎密，不会乱说话。”“君不密则失臣”，指的是如果国君不注意保密的话，大臣们就不会再给你汇报真实情况了。原因是，大臣们的进言往往牵扯到群臣的切身利益，如果国君口无遮拦，进言的大臣会很难堪，那么国君再次问话时，大臣们就会三缄其口。“臣不密则失身”，意思是如果一个大臣把国君说给你的秘密，随意乱说，就会有性命之忧。

领导也是人，也有七情六欲，如果领导把你当作心腹，常说说心里话，那你务必要小心再小心，对于领导的秘密，要守口如瓶，即便自己的妻子儿女也不可说。

“九四重刚而不中，上不在天，下不在田，中不在人，故‘或’之，或之者，疑之也。故‘无咎’。”这是孔子对九四爻所做的总结。九四阳爻处在重叠的九三爻阳爻之上，没有处在上、下卦的中位，既没有占据天位，又没有占据地位，也没有占据人位，所以有不能断定的意思。如果既不把自己视为“官”，也不视为“民”，能够做到随时上下而坦然安心，就没有灾难。

笔者认为“或跃在渊”的心境，可以用郑板桥的诗歌来比喻：“风中雨中有声，日中月中有影，诗中酒中有情，闲中闷中有伴，非唯我爱竹石，即竹石亦爱我也。”①

---

① 《郑板桥集·竹石》。

第六章

飞龙在天的总裁之道

中小型企业大多设总经理，一般由董事长兼任总经理；大型企业包括跨国集团通常把总经理称为总裁，一般分设总裁与董事长（董事局主席）。前面我们曾介绍过龙由多种动物组成，是“天道”的象征。古人将“龙”作为中国文化的代表，其核心是中国文化是反映“天道”的文化。这是中国传统非线性思考的来源，按照非线性思考方式，我们用乾卦九五爻代表总经理（总裁），用坤卦六五爻代表总经理（总裁）助理，也是一种方便说法，不可拘泥。

《周易》九五爻的爻辞是：“飞龙在天，利见大人。”“九五曰：‘飞龙在天，利见大人。’何谓也？子曰：‘同声相应，同气相求。水流湿，火就燥。云从龙，风从虎，圣人作而万物睹。本乎天者亲上，本乎地者亲下。则各从其类也。’”“龙飞腾在天，有利于会见有大家风范的人。”这是什么意思？孔子说：“声息相同就互相应和，气味相投就互相追求。水向低湿的地方流动，火向干燥的地方蔓延。云萦绕着龙，风追随着虎。圣人兴起，万物景仰。根基在天上的附丽于天空，根基在地上的依附着大地，万物都归属于各自的类别。”

孔子把“飞龙在天，利见大人”中的“利见大人”解释为利于会见有大家风范的人。他心目中的王公贵族，当然不是等闲之王公贵族。他的学生卜商[①]认为老师的服务对象应该是这样的：“阳升而万物相见也，以圣人之大德而为乎天下，明以周之、神以化之，而莫见其状，则智惘辨其处，万物咸仰其宜，利见大人而赖其治也。”[②] 孔子一生不得志，是因为他不肯低就。即便任职后，发现“董事长”不似人君，也会飘然离去。孔子经历“陈蔡之厄”时，他与子贡有一段对话：

---

① 卜商就是子夏，今河南温县人。孔门十哲之一，深得孔子真传。“好与贤己者处”，曾为莒父宰，李悝、吴起都曾师事子夏。

② 《子夏易传·卷一·乾上乾下》。

子路出，子贡入见。孔子曰："赐，诗云'匪兕匪虎，率彼旷野'。吾道非邪？吾何为于此？"子贡曰："夫子之道至大也，故天下莫能容夫子。夫子盖少贬焉？"孔子曰："赐，良农能稼而不能为穑，良工能巧而不能为顺。君子能修其道，纲而纪之，统而理之，而不能为容。今尔不修尔道而求为容。赐，而志不远矣！"①

子路退出，子贡进来见孔子。孔子对子贡说："赐啊，《诗经》上说'不是犀牛也不是老虎，然而它却徘徊在旷野上'。难道是我们的学说有什么不对吗？我们为什么落到这种地步呢？"子贡说："老师的学说博大到极点了，所以天下没有一个国家能容纳老师。老师何不稍微降低一些您的要求呢？"孔子说："赐啊，好的农夫虽然善于耕种，但他却不一定有好的收获；好的工匠虽然有精巧的手艺，但他的所作却未必能使人们都称心如意。有修养的人能研修自己的学说，就像网一样，先构出基本的大纳统绪，然后再依疏理扎。但不一定被世人所接受。现在你不去研修自己的学说，反而想降格来苟合取容。赐啊，你的志向太不远大了。"

孔子希望"云从龙，风从虎"，这是他自己对"飞龙在天，利见大人"这一职业生涯阶段的理解。周三多教授在《管理学》中把马萨诸塞州车祸②之后所有权与管理权的分离，作为职业经理人获得社会认可的起点，也直接助力了工商管理专业的产生。美国职业经理人的发展历史实在太短了，职业经理人在中国的出现历史悠久。我们从孔子的一生可以看出，他的理想一直是做一位高级职业经理人，实现他的仁政思想。

如果我们站在《周易》作者周文王的角度，就会有不同的答案。文王作为诸侯王，他看到商王朝气数已尽，早已萌发取而代之的大志。"飞龙在天"指的是他理想中的君王，这样的君王是全心全意为人民服务的君王。他希望自己成为这样的君王，也希望他的子孙后代成为这样的君王。

我们每个人都是站在自己的角度来理解《易经》的。笔者认为，只要符合"天道"，所有的解释都可以为后人提供指路明灯，都是对中国文化有贡献的。

---

① 《史记·孔子世家》。

② 1841 年 10 月 5 日，在美国马萨诸塞至纽约的西部铁路上，两列火车迎头相撞，造成近 20 人伤亡。事件发生后，舆论哗然，对铁路公司老板低劣的管理工作进行了猛烈的抨击。为了平息公众的怒气，在马萨诸塞州议会的推动下，这个铁路公司进行了管理改革。老板交出了企业管理权，只拿红利，另聘具有管理才能的人员担任企业领导。这是历史上第一次在企业管理中实行所有权和管理权的分离。

坤卦六五爻的爻辞可以视为总经理（总裁）立身处世的法则："黄裳，元吉。"孔子的理解是："君子'黄'中通理，正位居体，美在其中，而畅于四支，发于事业，美之至也！"君子内心美好，通达事理，整肃职守，恪守礼节，美德积聚在内心，贯彻在行动上，扩大在事业中，这是最为美好的。

第一节　总裁的治"企"平天下之道

一、陶朱事业

孔子说"举而措之天下之民，谓之事业"[①]，孟子也说"穷则独善其身，达则兼济天下"，[②] 就是说真正的实业家要用自己的力量，为天下人民谋福利，这才是事业！很多人都把事业理解错了，如果仅仅是为了一家之利，那是家业而不是事业。在公司里，老板要求员工既勤奋，又敬业、有能力，却不打算为他们的能力、勤奋、敬业付出太多；员工希望老板慷慨、仁慈、重视人才，却不想为老板的仁慈、慷慨表现太多。双方都希望对方迁就自己，利益就发生冲突了。双方斗智斗勇，能不失败吗？

当一个人以"自利"的心态经商，不管是赚了100万元、1000万元还是数十亿元，都只不过是一个商人，真正的企业家都是胸怀天下的，以"天下为公"的心态经商，其实也是一种大智慧。"四书五经"之一的《大学》被称为帝王修心之学，一点不为过。曾子有言："德者本也，财者末也。外本内末，争民施夺。是故财聚则民散，财散则民聚。是故言悖而出者，亦悖而入；货悖而入者，亦悖而出。"凡是真正懂得"财聚则民散，财散则民聚"的才有资格被称为企业家，才会建立利益分享机制，企业也才会有更大的发展。从事商业必须修炼自己的第二颗心，也就是"举而措之天下之民"之心，否则，赚钱越多，不论对自己还是家人，其危害也许就可能越大。

过去，商人们流行在自己的店堂内悬挂"陶朱事业，端木生涯"八个大字。

"陶朱"指的是春秋时的范蠡，春秋末期楚国宛邑（今河南南阳市）人。大约生于公元前536年，辞世于公元前448年，享年88岁。他出身贫寒，但

---

① 《周易·系辞上》。

② 《孟子·尽心上》。

是聪敏睿智、胸怀韬略，年轻时就学富五车，满腹经纶，文韬武略，无所不精。可是在当时权贵专权、政治紊乱的楚国，范蠡却没有用武之地。他分析天下大势之后，认为越国有机会施展自己的才华，就在自己24岁时，邀请好朋友文种共同去了越国，待时而动。43岁时，越王勾践兵败于会稽山，范蠡终于得到越王重用。后来用20年时间，范蠡63岁时，辅佐越王彻底消灭吴国。“吴王亡身余杭山，越王摆宴姑苏台。”在举国欢庆之时，范蠡急流勇退，给越王写了一封信：“臣闻主忧臣劳，主辱臣死。昔者，君王辱于会籍，所以不死，为此事也。今即已雪耻，臣请从会稽之诛。”即在信中说：“我听说如果主上忧愁，臣下就必须辛劳工作，如果主上被羞辱，臣下就应该自杀谢罪。过去，君王您在会稽山受辱于吴王面前，我之所以没有自杀谢罪，就是为了今天的胜利。现在您已经报仇雪恨，就请您也杀了我，因为当时在会稽山我建议您做吴王的奴隶，使您蒙受了奇耻大辱。”越王勾践看了范蠡的信就对他说：“孤将与子分国而有之，不然将加诛于子。”意思是：“我要把越国一分为二，咱兄弟俩共同治理，如果你不同意，我就杀了你。”范蠡后来辗转来到了齐国，在海边结庐而居。一面开荒种地，一面从事商业活动，没有几年，就积累了数千万家产，发家致富后，他仗义疏财，声名远播，齐王就把他请到国都临淄，拜为相国。他感慨地说：“居官至于卿相，治家能致千金，对于一个白手起家的布衣来说，已经到了极点。久受尊名恐怕不是吉祥的征兆。”于是，他在相位上干了三年之后，再次急流勇退，向齐王归还了相印，散尽家财给朋友和乡亲。一身布衣的范蠡，第三次来到陶（今天的山东定陶西北），没有几年，又成为巨富，自称陶朱公。

当初，他到达齐国后，曾经给文种修书一封：“蜚（同‘飞’）鸟尽，良弓藏；狡兔死，走狗烹。敌国破，谋臣亡。越王为人长颈鸟喙，可与共患难，不可与共乐。子何不去?”即在信中告诫文种：“飞鸟打尽了，弹弓就被收藏起来；野兔捉光了，猎狗就被杀了煮来吃；敌国灭掉了，谋臣就被废弃或遭到迫害。越王为人，只可和他共患难，不宜与他同安乐。你至今不离他而去，不久难免有杀身之祸。”“种见书，称病不朝。人或谗种且作乱，越王乃赐种剑曰：‘子教寡人伐吴七术，寡人用其三而败吴，其四在子，子为我从先王试之。’种遂自杀。”文种没有听从范蠡的劝告，最后被越王赐死。

史学家司马迁称：“范蠡三迁皆有荣名”；史书中有语概括了他的平生：“与时逐而不责于人”；世人称赞他说：“忠以为国；智以保身；商以致富，成名天下”。

范蠡在事业上，进能立国兴邦，退能富济天下，位极人臣而能急流勇退，富贵满堂却敢散尽千金。在民间，范蠡则被公认为“商圣”，被经商者顶礼膜拜。北京首都钢铁集团的厂区内建了座仿古建筑“陶楼”，纪念陶朱公。日本某大学副校长酒井甫，还专程到陶山范蠡墓参拜，并刻下“陶朱公金玉良言”的石碑等。在李嘉诚先生看来，范蠡通过改变自己人生轨迹而成为富甲天下之人，并将从商所得馈赠别人，后人应多推崇。

“端木”指的是端木赐，也是春秋时期人，字子贡。子贡是中华儒商始祖，生于公元前520年，卒于公元前456年，春秋时卫国黎地（今河南鹤壁市）人，比孔子小31岁。子贡17岁时拜孔子为师，深得孔子学说真谛和儒家思想精髓，成为孔门高徒。孔子说他：“赐不受命而货殖焉，亿则屡中。”[①]意思是，子贡不做官而去从商，猜测行情，竟然每每猜中。他是孔子三千弟子中最富有的人，史称子贡“结驷连骑，束帛之币，以聘享诸侯，所至，国君无不分庭与之抗礼。使孔子名布扬于天下者，子贡先后之也”。子贡到各国做买卖，各国的君主都以平等的礼节来会见他。他经常散发家财救济困窘，连孔子也自叹弗如。子贡曰：“如有博施于民而能济众，何如？可谓仁乎？”子曰：“何事于仁？必也圣乎！尧舜其犹病诸。”子贡说：“假若有一个人，他能给老百姓很多好处又能周济大众，怎么样？可以算是仁人了吗？”孔子说：“岂止是仁人，简直是圣人了！就连尧、舜尚且难以做到呢。”在孔子的不断培育下，子贡成长为一个“博施于民而能济众”的儒商。

“子贡以著积显于诸侯，陶朱公以货殖尊于当世。富者交焉，贫者赡焉。故上自人君，下及布衣之士，莫不戴其德，称其仁。”[②]这就是说，子贡和陶朱公都因货殖发财而名扬于世，他们交往富者，同时也帮助和抚恤贫者，所以上自君王，下至平民，没有一个不得到他们的好处，从而也都称颂他们的仁德。子贡曾自己出巨资，赎回一批鲁国奴隶。有人称赞他比孔子还贤明，他谦逊地说：“我好比是砌着矮墙的院落，人们站在墙边一眼就能看清屋内所藏；先生则是高墙深宫，只有走进去，才知富丽堂皇。”孝道是儒学核心，孔子逝世后，子贡在孔子的墓地坚持守孝六年，身体力行，遵守孝道。

被誉为近代实业第一人的张謇可以说是近代名副其实的儒商，张謇在41岁的时候，得中一甲第一名状元，授以六品翰林院修撰官职。喜讯传到家乡不久，他父亲就撒手人寰，按照清朝规矩，他在家守孝三年。张謇曾经说：“愿成一分一毫有用之事，不愿居八命九命可耻之官。”1898年他到北京销假，正值“百日维新”，恩师翁同龢被罢官，心知官场险恶难测的张謇，决心远离官场，走实业救国的道路。

---

① 《论语·先进第十一》。

② 桓宽：《盐铁论·贫富》。

在20年间的实业人生中，他所参与的企事业数量高达180余家，囊括工业、垦牧、交通运输、金融商贸、商会民团、文化教育和公益事业。当时的中国制度缺失，前途茫茫无着，张謇却在江苏南通建成了相当完备的经济、文化、交通水利、医疗和慈善体系，并创造了大量就业机会。许多社会学者被吸引，前往南通考察，南通因此被誉为“中国近代第一城”。即使到现在，大多数南通人的小学、中学，甚至大学生涯还都是在张謇创办的学校里渡过的；大多数南通人家都至少有一个亲戚在张謇创办的工厂里工作过；大多数南通人最常去的电影院是更俗剧场，张謇当年在这里接待欧阳予倩、梅兰芳、袁克文等；大多数南通人都在濠河岸边的公园里散过步，晒过太阳，打过水漂，这个公园是张謇当年规划的5个城市公园之一，公园里有座叫“濠阳小筑”的宅院，是张謇晚年的家。

二、决胜千里

西方主流管理学中关于“知人善任”的内容十分匮乏，而中国是文明古国，关于知人善任的智慧可谓取之不竭，我们可以信手拈来。

论及知人善任，汉高祖刘邦是当之无愧的高手，其知人善任的能力达到了出神入化的境界。他打败项羽夺取天下后，有一次在洛阳南宫摆设宴会，对群臣说：“列侯和各位将军不要隐瞒我，都要说出实情。我之所以拥有天下，原因在哪里？项羽之所以失去天下，原因又在哪里？”高起、王陵回答说：“陛下仁厚而爱护别人，派人攻城略地，就把所攻克降服的地区封给他，这是与天下人共享利益。项羽嫉贤妒能，立有功劳就要加以迫害，有贤能就怀疑他，作战胜利却不给胜利者授功，攻取了城池却不给予别人利益，这就是他失去天下的原因。”高祖说：“你们只知其一，不知其二。要说运筹帷幄之中，决胜千里之外，我不如张良。镇守国家，安抚百姓，供应粮饷，保证粮道不断，我不如萧何。统领百万大军，战必胜，攻必取，我不如韩信。这三人，都是人中的豪杰，我能够任用他们，这就是我能够取得天下的原因。项羽只有一个范增，却不能任用，这就是他被我擒获的原因。”

汉高祖刘邦的识人水平，罕有人能比。他讨伐黥布的时候，被飞箭射中，在回来的路上生了病，吕后为他请来了一位好医生。医生进宫拜见，高祖问医生病情如何。医生说：“可以治好。”于是高祖骂他说：“就凭我一个平民，手提三尺之剑，最终取得天下，这不是由于天命吗？人的命运决定于上天，纵然你是扁鹊，又有什么用处呢！”说完并不让他治病，赏给他五十斤黄金便让他走了。不久，吕后问高祖：“陛下百年之后，如果萧相国也死了，让谁来接替他做相国呢?”高祖说:“曹参可以。”又问曹参以后的事,高祖说:“王陵可以。不过他略显迂愚刚直,陈平可以帮助他。陈平智慧有余,然而难以独自担当重任。周勃深沉厚道,缺少文才,但是安定刘氏天下的一定是周勃,可以让他担任太尉。”吕后再问以后的事,高祖说:“再以后的事,也就不是你所能知道的了。”历史的演变一如汉刘邦所预言。

关于如何组建高层管理团队,古人言:“贤者居其上、能者居其中、工者居其下、智者居其侧。”

贤者也就是胸怀天下、以天下苍生的福祉为己任的人高高在上做统帅;能者也就是具有坚强意志,勇于承担,能干肯干,遇到不平、受了委屈又不叫苦、不诉苦的人站在中间位置;工者也就是做事勤勤恳恳、兢兢业业,进而甘之如饴的人处在组织的最下层。工者也就是广大基层员工,工者居其下,并不是要把员工当成下等人,可以随意轻视,恰恰相反,他们是最重要的,普通消费者所接触的是普通员工,善待员工、把员工看成内部客户是必须的,得员工心者得天下,永远是颠扑不破的真理。

《易经》鼎卦九四爻:“鼎折足,覆公𫗧,其形渥,凶。”鼎在古代是家庭用的饭锅,王勃《滕王阁序》中就有“钟鸣鼎食之家”的句子。这一爻的意思是说,鼎断了一只脚,一锅热饭洒了出来,弄得脸上、身上都是,洒了一地,不仅一顿饭吃不成,还弄得非常狼狈,严重的还会被烧伤。孔子引申到人生之道上说:“德薄而位尊,知小而谋大,力少而任重,鲜不及矣!易曰:‘鼎折足,覆公𫗧,凶’。言不胜其任也。”德者居其上,说的是无论是一个国家、一家企业,还是家庭,居上位者必须有德,这是长盛不衰的基本条件,如果刻薄寡恩,甚至无恩,是无法持久的。如果再犯了“知小而谋大,力少而任重”这两戒,那就“鲜不及矣”,一定倒大霉,很少有例外。所以孔子说“其形渥”,不仅一锅饭倒掉没法吃,还把自己弄得满身水泡。

翻阅古今中外的历史,领袖人物绝不是世界上最有才能的,任何一个集团的成功靠的都是团队力量。秦王嬴政集团,文有吕不韦、李斯和尉缭等,武则有白起、王翦、蒙恬、蒙武、蒙毅、李信和王贲等。汉武帝集团文有公孙弘、汲黯、董仲舒、窦婴、主父偃、东方朔、司马相如、桑弘羊、金日殚、霍光等。武则有卫青、霍去病、李广、李广利、荀彘、杨说等。宋太祖集团的文臣武将有赵普、赵光义、曹彬、潘美、石守信及王全斌等。李世民集团文有杜如晦、房玄龄、长孙无忌、魏征、于志宁、苏世长、姚思廉等,武将有李孝恭、尉迟敬德、段志玄、刘弘基、屈突通、殷峤、长孙顺德、张亮、侯君集、张公瑾、程知节、李绩、秦叔宝等。毛泽东在评价古代领袖人物的军事才能时说:“历代君王无出世民者,朱元璋次之。”在帝王之中,李世民的军事才能名列第一，但是还需要向李靖请教，可李靖认为诸将之中，真正懂得兵法的只有李绩一人而已。请问各位读者，如果秦皇汉武唐宗宋祖相遇，您认为谁能称孤道寡？恐怕非李世民莫属。

在上述“九五”飞龙在天的过程中，他们身边的谋士们所起的作用是不可替代的。

伊尹是我国历史上有文字记载的第一位谋臣。姜太公是我国历史上久负盛名的谋臣，姜太公之文韬武略在《太公兵法》中一目了然。春秋战国时期，是谋士们最为活跃的时期之一，该时期最负盛名的谋士是范蠡。在秦惠王的谋臣樗里子之前，我国的谋士们基本上都是作为智囊单打独斗，没有真正的智囊团。我国历史上具有真正意义的智囊团应该是战国时代齐宣王的稷下学宫。

齐宣王看到秦国广泛招贤纳士，人才济济，国力日益增强，非常着急，真诚地说：“寡人忧国忧民，因愿得士以治之。”他不惜花费巨资，建立稷下学宫，招揽了大批一流的人才。其中，邹衍、淳于髡、田骈、接予、慎到、环渊、儿说、告子、尹文、彭蒙、季真、孟子、荀子等 72 人最负盛名。荀子 15 岁就来到齐国，是资格最老的一位老师，孟子也常住稷下学宫 30 多年。稷下学宫集中了儒、墨、道、法、兵、刑、农、杂、阴阳等诸子百家。稷下学宫的学者们是受尊宠的，住的是“高级别墅”，坐的是“奔驰宝马”，而且政治地位非常高，位列大夫。稷下先生们作为齐宣王的外脑，所研究的范围非常广，“上至宇宙之洪荒，下及人事之幽微。举凡哲学、政治、经济、军事、道德伦理”都是他们的讨论话题。

齐宣王的智囊们不仅为他的政治、经济、军事出谋划策，更重要的是帮助他修身养性，自强不息。

我们上中学时都学过一篇课文《邹忌讽齐王纳谏》，从中可以知道，现在有太多的董事长都需要向齐宣王看齐。原文如下：

邹忌修八尺有余，而形貌昳丽。朝服衣冠，窥镜，谓其妻曰：“我孰与城北徐公美？”其妻曰：“君美甚，徐公何能及君也？”城北徐公，齐国之美丽者也。忌不自信，而复问其妾曰：“吾孰与徐公美？”妾曰：“徐公何能及君也？”旦日，客从外来，与坐谈，问之客曰：“吾与徐公孰美？”客曰：“徐公不若君之美也。”明日徐公来，孰视之，自以为不如；窥镜而自视，又弗如远甚。暮寝而思之，曰：“吾妻之美我者，私我也；妾之美我者，畏我也；客之美我者，欲有求于我也。”

于是入朝见威王，曰：“臣诚知不如徐公美。臣之妻私臣，臣之妾畏臣，臣之客欲有求于臣，皆以美于徐公。今齐地方千里，百二十城，宫妇左右莫不私王，朝廷之臣莫不畏王，四境之内莫不有求于王：由此观之，王之蔽甚矣。”

王曰：“善。”乃下令：“群臣吏民能面刺寡人之过者，受上赏；上书谏寡人者，受中赏；能谤讥于市朝，闻寡人之耳者，受下赏。”令初下，群臣进谏，门庭若市；数月之后，时时而间进；期年之后，虽欲言，无可进者。燕、赵、韩、魏闻之，皆朝于齐。此所谓战胜于朝廷。

透过历史，我们会发现齐宣王是个很有意思的人，如下这个故事就更是今天许多董事长所不及。

俗话说，“爱美之心，人皆有之”。可是贵为一国之君的齐宣王却娶了中国四大丑女之一的钟离春，还封钟离春为王后。钟离春长得高额深眼，长腰粗腿肥颈秃发，鸡胸驼背，皮肤黝黑。到40岁还没有嫁出去。那时候，40岁的女人，应该是“奶奶级”的人物了。但离春武术高强，天生聪慧，才智过人。

有一天，钟离春见到齐宣王时说：“我非常仰慕大王的美德，愿意为您端水倒茶，拖地洗衣，我会对您的话言听计从的。”

齐宣王的后宫佳丽，个个国色天香，千娇百媚，他听了钟离春的话，看着眼前这个奇丑无比的女人，竟然异想天开要嫁给自己做老婆，禁不住仰天大笑，泪水都流出来了。

这个时候钟离春一本正经地说：“危险啊！危险！”

齐宣王一愣，半真半假地说：“你说危险？什么危险？愿闻其详。”

钟离春便侃侃而谈：“齐国被秦国和楚国包围，虎视眈眈，可是齐国内政不修，忠奸不辨，既不立太子，也不好好教育其他儿子，齐王您每天都声色犬马，这是第一件危险的事情；您只顾玩物丧志，这是第二件危险的事情；贤良的人都躲避到山里，您周围都是些阿谀奉承、溜须拍马的人，听不到半句逆耳的忠言，这是第三件危险的事情；您每天花天酒地，夜以继日，歌女、舞女每天给您表演节目，外不修诸侯之礼，内不秉国家之治，这是第四件危险的事情。可以说是危机四伏，危险之至！”

齐宣王听得目瞪口呆，钟离春说完之后，过了许久才虔敬地说：“今天聆听了您的教诲，犹如暮鼓晨钟，如果我今后还有一点点进步，全是拜君所赐。”

刹那之间，齐宣王一惊而悟，即刻下令拆除渐台，罢去女乐，斥退谄佞，摒弃浮华，然后励精图治，从此齐国国势蒸蒸日上。

不过，通过下面两个故事，我们便知道齐宣王与唐太宗相比，高下强弱立刻就分辨出来。可惜，淳于髡、孟子、荀子生不逢时啊！

一次，齐宣王对手下大臣淳于髡说：“先生谈一谈寡人喜欢的是什么？”

淳于髡说：“古代王者所喜欢的有四，而大王喜欢的有三。”

宣王十分奇怪，禁不住问道：“这话怎么说呢？”

淳于髡说：“古代王者爱马，大王也爱马。古代王者爱美味，大王也爱美味。古代王者好美色，大王也好美色。古代的王者尊崇有才德的人，而大王却不尊崇才德之士。”

宣王摇了摇头说：“国中根本就没有杰出的才德之士，否则我也会尊崇他们，喜欢他们。怎么能说我不尊崇有才德的人呢？”

淳于髡说：“古时有骅骝等好马，可是现在没有，大王就从不惜花费重金，从所有的马中去挑选，可见大王真的喜欢马。古时有豹象等动物的肠肚或嫩脆可口的肉，可是现在没有，大王就命令手下人不辞辛苦从众多美味中去挑选，可见大王真的爱好美食。古时有毛嫱、西施那样的美女，可是现在没有，大王就从当今天下的众多美女中去挑选，可见大王真的喜欢美女。至于才德之士，大王就一定要等到有尧舜禹汤时代的贤德之士出现，然后才去尊崇他们、喜欢他们；那么如果禹汤时代的贤德之士知道了，会觉得大王不是真心喜爱人才，也不会喜欢大王的。”

宣王听了静默在那里，不知怎么答话。

还有一次，孟子对齐宣王说：“如果大王您有一个臣子把妻子儿女托付给他的朋友照顾，自己出游楚国去了。等他回来的时候，他的妻子儿女却在挨饿受冻。对待这样的朋友，应该怎么办呢？”齐宣王说：“和他绝交！”孟子说：“如果您的司法官不能管理他的下属，那应该怎么办呢？”齐宣王说：“撤他的职！”孟子又说：“如果一个国家的治理得很糟糕，那又该怎么办呢？”齐宣王左右张望，把话题扯到一边去了。

齐宣王与秦皇汉武相比，文治武功都相去甚远，可是当他听说王斗要来拜见他时，齐宣王：“趋而迎于门下”，是何等的谦恭！这是为什么呢？因为战国时代，群雄争霸，“一期之师，十年之蓄积殚（尽），一战之费，累代之功尽”；“师之所处，荆棘生焉，大军之后，必有凶年”。战败国处境十分悲惨，庄稼被收割，树木被砍伐，城郭被推倒，牲畜被掠杀，祖庙被烧毁，人民被屠杀，国破家亡，惨不忍睹。现在人们常说“竞争已经进入白热化”，和战国时期相比，远远不及。如果想参与全球化竞争，与世界一流高手同台竞技，春秋战国时代有很多用人智慧可供今天的企业家借鉴。

智囊团始终没有退出中国历史舞台，在今天中国历届政府的幕后，都有一大批默默无闻、尽心尽职奉献着自己的智慧和才华的“智囊”。国务院发展研究中心是中国最重要的官方政策研究和咨询机构之一，1981 年正式成立，直属国务院，下设 10 余个研究部和研究所。中心成立的初衷是在国民经济、社会发展及改革开放中的全局性、综合性、战略性、长期性问题上为国务院提供政策建议和咨询意见。国研中心诞生了许多中国最重量级的经济学家，吴敬琏、王梦奎、樊纲、卢中原等都出自国务院研究中心。

从 20 世纪 60 年代开始，国际上开始流行企业智囊团，一些世界知名的大公司如飞利浦等都建立起了自己的智囊班子。日本在 70 年代前期，一些公司和大企业曾出现设立智囊团的热潮。例如三菱综合研究所、未来工学研究所等。从 1985 年起，日本又出现了公司和大企业设立智囊团的热潮，这次设立智囊团热潮的特点与第一次有所不同。大多数公司和企业都把眼光瞄准市场变化方面，力求通过调整产业结构，来开拓新的事业。中国的一些知名企业比如海尔、TCL、联通等企业也逐步组建了自己的智囊团。2003 年 8 月 18 日，中国联合通信有限公司（中国联通）发展战略咨询委员会正式宣告成立，委员会的成员有中国联通前董事长杨贤足、知名经济学家吴敬琏、中国工程院副院长邬贺铨、中国工程院原副院长朱高峰，还有两院院士陈俊亮、北京大学经济研究中心主任林毅夫、清华大学经济管理学院院长赵纯均、清华大学法学院院长王晨光、国家会计学院院长陈小悦等。中国联通发展战略咨询委员会成立后，每年召开一次发展战略年会。咨询委员会的知名专家们将协助中国联通分析国内外社会、经济发展趋势，电信市场和电信技术的发展动态，揭示中国联通发展的战略机遇和挑战，拓宽中国联通发展战略决策思路。一般来说，目前中国企业的智囊团成员主要由经济学家、行业专家、金融专家等组成，这些智囊团所承担的任务与我国古代智囊团体相比，所研究的领域还局限在“政治、经济、市场（相当于军事战略与战术），缺少了两项重要内容。一是督促“齐宣王”提高修养，高尚其志；二是缺乏“谋人”的战略研究，而“谋人”是智囊团的最为重要的工作，可惜被忽略了。因为“天时不如地利，地利不如人和”，在天地人三者当中，人和最为重要，这早已被无数历史事实所证明。刘备年近半百，南征北战，东奔西跑，一事无成，与曹操、孙权相比，实力最弱，最后能够三分天下有其一，完全得益于诸葛亮的战略分析与战术制定。刘备三顾茅庐时，诸葛亮是怎么分析当时天下大势的？曹操“挟天子以令诸侯，拥有百万之众，拥有天时。孙权据有江东，已历三世，国险而民附，拥有地利”；要想成就霸业，应该“北让曹操占天时，南让孙权占地利，将军可占人和”。曹操击败袁术以后，面临着张绣、吕布和袁绍的威胁，郭嘉的“十胜十败”也是从“人和”上分析的。另外，在当年国共两党争霸天下的过程中，无论是外部国际环境，还是解放军的物质待遇，共产党与国民党相比都相去甚远，可是最终得天下的却是共产党，根本原因就是占了人和。

自古以来谋士何止千万，在芸芸谋士之中，共有三个层次。

最低级的谋士，出谋划策只不过是为了一己之利，偶有佳作，最终自身难保，比如许攸、杨修、庞统和袁绍的众多谋士都是这种谋士的典型例子。

谋士的第二个层次是谋人，为自己的主公鞠躬尽瘁，死而后已。这一类谋士以范蠡、郭嘉、荀彧、诸葛亮、鲁肃、范增为代表。这一类谋士大多能善终。

谋士的第三个层次是谋国、谋天下。他们所考虑问题的核心是为了天下苍生的福祉，这是谋士的最高境界，以伊尹、姜太公为代表。

对于第一个层次的谋士，属于“斯役之才”，只要给予厚禄，都可以呼之即来，挥之即去；对于第二个层次的谋士，除了丰厚的物质待遇之外，需要以礼相待，方可为己所用；对于第三个层次的谋士，只有道义才能请出。若非为了“道义”，他们是不会使用“阴谋”的。既为谋士，必然会根据形势、敌我双方的主客观情况，阳谋与阴谋相机使用，开展间谍战在所难免，杀人不见血，伤人于无形，比如陈平使用反间计驱逐范增。陈平感到深深自责，陈平临终时说：“我多阴谋，是道家之所禁。吾世即废，亦已矣，终不能复起，以吾多阴祸也。”

对于第二层次和第三层次的谋士，被“主人”识别、重用之前，常常寂寂无名，遇明主方能雄略大展。伊尹在出道之前，只不过是一个厨师而已，被成汤立为三公之后，方能大展宏图；管仲原来也只不过是一个披上狗皮假装小狗靠偷窃别人财物才能活命的人，“天下庸夫也”，齐桓公尊其为仲父之后，才能九合诸侯，成就霸业；范雎在被秦昭王封为应侯，成为秦国历史上智谋深远、继往开来的一代名相之前，只不过是一名隐名埋姓的逃犯而已；特别是姜太公，70 岁时在周文王拜为太师之前，当过屠夫卖过肉，做过农民工，因为生活难以为继，被老婆给休了。《诗经》里说：“绵绵之葛（连绵不断的葛藤），在于狂野，良工得之，以为絺纻（chizhù，细葛布和细麻布），良工不得，枯死于野。”按照现在的招聘标准，有了年龄和学历的限制，即使一个人有姜尚之才，也只能“儿行乞丐，枯死于野，譬犹绵绵之葛矣。”

如果人主能够寻访到第二、第三个层次的谋士，如果听不懂谋士的话，谋士也只能碌碌无为，了此残生而已。春秋时期，有个叫鲁丹的名士，学识渊博。有一天来到中山国，觐见中山国君，问道：“大王想让中山国强大吗?”中山君虽然荒淫昏庸，如果有简单的方法让国家强大，哪有不乐意的呢？他马上说："想啊！先生有何见教？"鲁丹就给他讲帝王之道、修德养性、罢歌舞、关心民间疾苦。中山君打个哈欠站起来说："寡人困了，先生请先回去，以后再讲吧！"又过了几天，鲁丹再次觐见，讲霸术：整肃法制，选贤任能。结果中山君鼾声大作。第三次晋见，鲁丹劈头就问："中山地处北国，与中原远离，与赵国近，赵国一直想吞并中山国，大王想不想早作打算？"中山君吓了一跳，马上敛容肃衣坐起来。一听又是叫他罢歌舞，便不耐烦。后来就被灭掉了。要用好谋士，"人主"还要用人不疑，疑人不用。倘若"上疑其下，下欺其上，将以求治，不亦难乎？"

房玄龄和杜如晦称得上是唐太宗李世民最得力的谋士，合称"房、杜"。房玄龄是齐州临淄（今山东淄博）人。他博览经史在隋朝末年就中了进士。唐兵进入关中后，房玄龄就投奔了秦王李世民，担任李世民的"办公室主任"，出谋划策，多次跟从秦王李世民出征。根据史料记载，每平定一个地方，别人争着求取珍玩，他是首先为秦王幕府收罗人才。李世民即皇帝位后，房玄龄就当了宰相，长达 20 年。房玄龄善于用人，录用人才不求全责备，也不问贵贱；恪尽职守，虽然功劳很大，但是他从来不居功自傲。太宗出征，他留守京师，有人告他的状，连状带人送到太宗营中，结果被太宗一句未问，便予以斩首。

杜如晦是京兆杜陵（今陕西西安）人。杜如晦少年时聪明伶俐，悟性极高，精神丰采超乎常人。他投奔李世民后，常常跟随李世民出征，参与机要、军国之事，剖决如流。大业十三年（公元 617 年）底，李渊父子攻克长安，第二年建立唐朝。因为唐朝刚刚建立，需要选派大量官员前往各地担任官员。有一次，房玄龄听说杜如晦也被选派到外地任职，就劝李世民道："王府僚属升迁外调的人很多，其他人都不足惜。唯杜如晦聪明过人，洞达事理，是辅佐您治国安邦的不可多得的人才。假如您仅想保住自己的封地，就可以不用他；如果一定要得天下的话，那么非用杜如晦不可。"唐太宗贞观初年，房玄龄、杜如晦任左右相，珠联璧合。杜如晦比房玄龄小 6 岁，却英年早逝。贞观四年（公元 630 年），杜如晦病重，李世民亲自去他家中探望，握着他的手，流泪不止，在他咽气前超升他的儿子杜构为尚舍奉御。杜如晦死时年仅 46 岁，唐太宗听说后，泣不成声。后来有一次唐太宗吃块美味的香瓜，忽然想起了杜如晦，怆然泪下，派人把剩下的半个西瓜送到杜如晦的灵牌前。在杜如晦的每年忌日，唐太宗都派人到他家里慰问其夫人、儿子。"终始恩遇，未之有焉。"贞观十七年（公元 643 年），李世民下诏在凌烟阁（后人称功臣阁）中绘功臣像，为二十四名开国元勋树碑立传，杜如晦名列第三，房玄龄列第五。

根据《旧唐书·房玄龄杜如晦传》的记载：唐太宗同房玄龄研究国事的时候，房玄龄总是能够提出精辟的意见和具体的办法，但是往往不能作决定。这时候，唐太宗就把杜如晦请来。杜如晦一来，将问题略加分析，就立刻肯定了房玄龄的某一意见和办法。房、杜二人，一个善于出计谋，一个善于作决断，史称“房谋杜断”，形容他们各具专长、各有特色。在当时看来，房、杜二人同心辅政，是合作得非常协调的，所以人们称赞他们“笙磬同音，惟房与杜”。

古代谋士就是“学而优”而不能“仕”的人，常常以门客、军师、幕僚的身份，为自己的主人、主公出谋划策。这才是谋士的位置，要想真正发挥谋士的作用，谋士永远都应该居于幕后，不能到台前。一旦到台前，陷于具体事务中，就会为琐碎的事务所绊，其谋士的作用就会大打折扣，诸葛亮就是典型的例子。没有走到台前，始终坚守谋士角色的，是真正的高人。这样的谋士，在历史上也有很多，只不过他们没有走到台前，所以很少为世人所知。淳于髡就是其中一位，他的一生学无所主，机智幽默，敢于直谏，能言善辩，出使不辱君命，是乱世之贤臣。

要做到知人善任，还表现在因竞争对手而用人，这一点往往被领导者所忽略。

春秋时，田忌离开齐国逃到楚国，楚王亲自到郊外迎接。田忌说：“如果齐国派申孺为将，楚国只需出兵5万即可凯旋而归。如果派田居为主将，楚国就要出兵20万，方得不分胜负；如果派眄子为将，楚国就要出动全国军队，就算这样，也仅仅能够免于亡国。”

楚王问为什么？田：“申孺这个人，狂傲自负，既慢待能人，又轻视庸人，能人和庸人都不愿为他效力，所以我料定他逢战必败。田居这个人，为人正直，礼遇能人，但轻视庸人。能人愿意为他效力，庸人却离心离德。所以我料定他胜负各半。至于眄子这个人，既尊敬能人，又爱惜庸人，所以上上下下都愿意为他出死力。”

后来，齐国派申孺攻楚。楚王听从田忌建议，出兵5万迎敌，大获全胜。眄子攻楚，楚王亲自挂帅，出动全国军队，仍然失败，仅免于亡国而已。

三、用人八策

1. 用人所长

俗话说：“骏马能历险，耕田不如牛。”这句话说的是在看待人才时，要明白尺有所短寸有所长，领导者要善于取长补短，用人所长。对于什么是人才，曾国藩的看法是："质地坚硬的木梁可以撞开牢固的城门，却不能用来堵住老鼠洞；强壮的水牛不会捕捉老鼠，日行千里的骏马也不能守住家门；价值千金的宝剑用来砍柴，不如斧头好用；三代传世的宝鼎，用来开垦荒地，还不如普通的木犁。"与曾国藩相比，凿壁偷光的经学大家、政治家、西汉丞相匡衡的说法比较文雅："聪明疏通者，戒于太察；寡闻少见者，戒于壅蔽；勇猛刚强者，戒于太暴；仁爱温良者，戒于无断；湛静安舒者，戒于后时；广心浩大者，戒于遗忘。"匡衡的这段话，形象地说明了"金无足赤，人无完人"，一个人的长处越长，相应的短处就越短，领导者必须"能知其长中之短，又知其短中所长"，只有这样，才能做到"补偏救弊"。

根据《贞观政要》记载，贞观二年（628 年），太宗对右仆射封德彝说："致安之本，惟在得人，比来命卿举贤，未尝有所推荐。天下事重，卿宜分朕忧劳。卿既不言，朕将安寄？"封德彝回答说："臣愚岂敢不尽情，但今未见有奇才异能。"太宗说："前代明王使人如器，皆取士于当时，不借才于异代。岂得待梦傅说、逢吕尚，然后为政乎？且何代无贤，但患遗而不知耳！"德彝感到十分惭愧。

在唐太宗看来，人才就如同器具的功用一样，不同的器具有不同的用处，求全责备就发现不了人才。才德之人历代都有，只看能不能发现，发现之后能不能见用罢了。

在一次宴会上，唐太宗对王珐说："你善于鉴别人才，尤其善于评论。你不妨从房玄龄等人开始，都一一做些评论，评一下他们的优缺点，同时和他们互相比较一下，你在哪些方面比他们优秀？"

王珐回答说："孜孜不倦地办公，一心为国操劳，凡所知道的事没有不尽心尽力去做，在这方面我比不上房玄龄。常常留心于向皇上直言建议，认为皇上能力德行比不上尧舜很丢面子，这方面我比不上魏征。文武全才，既可以在外带兵打仗做将军，又可以进入朝廷搞管理担任宰相，在这方面，我比不上李靖。向皇上报告国家公务，详细明了，宣布皇上的命令或者转达下属官员的汇报，能坚持做到公平公正，在这方面我不如温彦博。处理繁重的事务，解决难题，办事井井有条，这方面我也比不上戴胄。至于批评贪官污吏，表扬清正廉署，疾恶如仇，好善喜乐，这方面比起其他几位能人来说，我也有一日（识人）之长。"唐太宗非常赞同他的话，而大臣们也认为王珐完全道出了他们的心声，都说这些评论是正确的。

从王珐的评论可以看出唐太宗的团队中，每个人各有所长，唐太宗能将这些人依其专长安排到最适当的职位上，使其能够发挥自己所长，进而让整个国家繁荣强盛。

2. 示信于人

“信”字从“人”从“言”，人的言论应当是诚实的。《说文解字》：“信，诚也。”中华民族是一个重信义的国家，尾生守信而死，季布一诺千金，都是传承不绝的千古佳话。“信”既是儒家实现“仁”这个道德原则的重要条件之一，又是其道德修养的内容之一。儒家把“信”作为立国、治国的根本。“信”作为儒家的伦理范畴，意为诚实、讲信用、不虚伪。汉儒把“信”列入“五常”之中。“君子一言驷马难追”，意思是说出的话一定去兑现的人是君子，战国时魏国的国君魏文侯就是一个君子，有一次，魏文侯与掌管山泽园林的官员——虞人约好日期，要一起打猎。到了约定的那一天，魏文侯在宫中与大臣们饮酒非常高兴，而且外面下起了大雨。时间到了，魏文侯准备前去赴约，左右侍臣说：“今天饮酒这么高兴，天又下大雨，君王要到哪里去呢？”魏文侯说：“我同虞人已经约好要去打猎，虽然在这里高兴，但怎能不守约定呢？”于是便冒雨前去赴约。唐代诗人周昙对此赞叹道：“冒着大雨怎么出去打猎呢，国君考虑的是不能失信，魏文侯并不是嗜好打猎，而是认为君王要百姓信守约定，自己必须当样板。”

示信于人，所以得人也；示信于国，所以得国；示信于天下，所以得天下。①

晋文公攻打原国，只携带可供十天食用的粮食，于是和大夫们约定十天要攻下原国。可是到十天了，却没有攻下原国，便下令敲锣退军，准备收兵回晋国。这时，有战士从原国回来报告说：“再有三天就可以攻下原国了。”晋文公身边的群臣也劝谏说：“原国的粮食已经吃完了，兵力也用尽了，请国君再等待一些时日吧！”文公说：“我跟大夫们约定十天的期限，若不回去，是失去我的信用啊！为了得到原国而失去信用，我办不到。”于是撤兵回晋国去了。原国的百姓听说这件事，都说：“有君王像文公这样讲信义的，怎可不归附他呢！”于是归顺了晋国。卫国的人也听到这个消息，便说：“有君王像文公这样讲信义的，怎可不跟随他呢！”于是向文公投降。

3. 恕道得人

子曰：“参乎，吾道一以贯之。”曾子曰：“唯。”子出，门人问曰：“何谓也？”曾子曰：“夫子之道，忠恕而已矣。”②

---

① 冯梦龙：《东周列国志》。

② 《论语·里仁第四》。

孔子说："参啊，我讲的'道'是由一个基本的思想贯彻始终的，它不是用语言能表达出来的。"曾子说："老师，我明白了。"孔子出去之后，同学便问曾子："老师秘密传授给你的是什么？"曾子说："老师的道，就是忠恕罢了。"

什么叫"恕"呢？"恕"字从"如"从"心"，就是说无论对人对事，要有换位思考的意识，用心理学的概念讲就是用"同理心"处理人和事。"人非圣贤，孰能无过。"自己不是完人，对人就不能求全责备。

如何得到"六正"干部，范桓《世要论》说得非常清楚明白：

"臣有辞拙而意工，言逆而事顺，可不恕之以直乎？"有的干部不善言谈，像茶壶里盛饺子，肚子里有却倒不出来，而且说出来的话如六月的火、腊月的冰，"口剑腹蜜"让人十分难受。但他的建议高人一筹，一语中的，身为领导，要耐心倾听，不要因为他的笨嘴笨舌、言语带刺而疏远他。

"臣有朴呆而辞讷，外疏而内敏，可不恕之以质乎？"有的人表面看起来其貌不扬，不修边幅，反应鲁钝，可是他的内心聪慧敏锐，见解与众不同。对于这样的干部，身为领导者，难道不应该忽略他外表鄙陋的不足而看中他的质朴吗？

"臣有犯难以为上，离谤以为国，可不恕之以忠乎？"有的人天生喜欢冒险犯难，明知山有虎，偏向虎山行，越有困难，兴趣越高。让他做平平实实、规规矩矩的职员，他懒得动心思，十分懒散，但为了国家、民众的利益，能够忍受一切诽谤和屈辱，不怕冒险犯难。对于这样的官员，当领导的不是应当为了他的忠心而信任、重用他，原谅他的小节吗？

"臣有守正以逆众意，执法而违私欲，可不恕之以公乎？"在《周易》六十四卦中，屯卦紧接乾、坤二卦为第三卦，是天地已成之后的第一卦。"屯"是象形字，一横代表大地，大地上冒出的一点，代表花木已经萌生，弯钩代表花木深深扎根泥土之中。这样的花木是国色天香的牡丹、是高大挺拔的乔木，尽管刚刚萌芽，但是却充满生机与活力。万事开头难，自身生命力不强，环顾四周，强敌环伺，危机重重，开创新事业或者进行改革，可谓阻力重重。屯卦模拟了开创新事业的艰难曲折，孔子感叹道："《彖》曰：屯，刚柔始交而难生，动乎险中，大亨贞。雷雨之动满盈，天造草昧。宜建侯而不宁。"这里有三个关键词："难""险""不宁"，具体表现在屯卦爻辞中：从最初的"初九，磐桓，利居贞，利建侯"到最后的"上六，乘马班如，泣血涟如"，因为改革侵犯了部分人的既得利益，开创者守正以逆众意的结果必然是众口铄金。许多改革家的最后结果是"泣血涟如"，泪流满面，血流如注，英雄血泪沾襟，不堪入目。做领导的，切不可斩断花木之根，要体谅他这是为了公众的长远利益，宁可忍痛牺牲自己的利益，是难能可贵的。

“臣不屈己以求合，不祸世以取名，可不恕之以直乎？”有的人个性倔强，特立独行，让他违反自己的人格标准，去迎合上级、学阀的观点，他宁肯死也不会做。“不祸世以取名”就更难了：威武不能屈，富贵不能淫。如果做一件事情立马可以名利双收，但结果会给后世留下祸根，他坚决不会做，会放弃唾手可得的高名厚利。这样的人，常常会被人当作傻子，做领导的要了解他这种直道而行的操守十分可贵，加以重用。

“臣有从仄陋而进显言，由卑贱而陈国事，可不恕之以难乎？”有的人地位很低，身处基层，可是他爱动脑筋，有真知灼见，他提建议时，领导往往会说他越级报告，目无组织纪律。对于这种官员，做领导的要体察他们忠心为国的精神。

“臣有孤特而执节，介立而见毁，可不恕之以劲乎？”有些人个性孤僻，具有超然独立的节操，“道不同，不相为谋。志不同，不相为友”，如此一来就特别容易遭到毁谤，当领导的要了解他这是因为有特别的操守，应加以体谅、宽容。

“此七恕者，皆所以进善也”。当主管做领导的人，要具有对部下了解、体谅的七个恕道，切勿求全责备，否则，就不能得到“六正”的干部。①

曹操被称为“乱世之奸雄”，奸雄也是英雄，也能够推己及人，将心比心。官渡大战时，由于袁绍势力远远大于曹操，因此曹操很多部下与袁绍暗中勾结，来为自己留条后路。曹操打败袁绍之后，缴获了大量部下与袁绍来往的密函。按照常人的做法，曹操应该找出这些叛徒，消灭干净，以防后患，但是曹操拒绝查看这些书信，付之一炬。

历史上有同样做法的不止曹操一人，东汉开国皇帝刘秀也这样做过。

4. 大度容人

世人赞誉弥勒佛：“大肚能容，容天下难容之事；开口便笑，笑天下可笑之人。”凡是以不世之功名传青史者，大都能容、能忍。

“修身，齐家，治国，平天下”这九个字出自《大学》，是我们比较熟悉、经常挂在嘴边的一句话。但真正能够了解它的含义的人并不多。

我们要了解这句话所具有的丰富内涵，首先必须弄清楚曾子说的“家”绝不是现在的小家庭。古代讲究“五代”（高、曾、祖、考、子孙）同堂，富裕的家庭，三妻四妾极为常见，做皇帝的常常是三宫六院七十二妃。如果以一夫一妻来说，他们生了五个儿子，娶了五个媳妇。每个媳妇因在不同的

① 南怀瑾：《历史的经验》，复旦大学出版社 2002 年版，第 107-111 页。

社会和家庭环境中长大，个性脾气、心胸宽窄、慷慨悭吝、都是不同的，五个儿子也不一样，一件小事就可能产生矛盾。

在我国历史上，“五代同居”的大家庭历代都有，和谐相处的也不在少数。如在宋真宗大中祥符年间，“醴陵丁隽，兄弟十七人，义聚三百口，五世同居，家无间言”。最后一句“家无间言”，让人不能不闻之起敬。所谓“家无间言”，是说全家三百多口人，并没有因不和睦、不满意而吵闹起来，实在难能可贵，不能不服。公元660年前后，唐高宗到山东泰山时，听说有一个九代同居的老人，叫张公艺，很好奇，便去他家看了看。问他用什么方法能够做到九代同居而相安无事？张公艺便请求皇帝给他纸墨，要写出来。结果，他一连写了100个“忍”字。高宗看了，禁不住点头，十分高兴，并赏赐他许多锦帛。这便是有名的历史故事“张公百忍”[①]。

“张公百忍”说的就是，必须具备莫大的忍耐和包容胸襟才能做到“九代同居”而相安无事。当然仅仅靠“忍”是不够的，还必须运用智慧来调和。张公艺之所以只写“忍”而不写“智”，那是因为“忍”更难，“忍”本身就是一种境界，一种大智慧。

在唐太宗李世民的文臣武将中，尉迟敬德的个性非常突出。一方面为人憨直，具有万夫不当之勇；另一方面又棱角分明，居功自傲。对于尉迟敬德的弱点，李世民都能一一包容。

公元620年，李世民率领500骑兵巡视战场时，被王世充的数万骑兵包围。尉迟敬德护卫李世民杀出重围之后，又率领骑兵突入王世充军中，奋勇冲杀，如入无人之境。尉迟敬德精通武艺，他有一个“解避槊”的绝招，就是夺取敌槊反刺对方。每次单骑冲入敌阵，敌人持槊攒刺，都不能伤到尉迟敬德，而尉迟敬德常常夺取敌人之槊还刺敌军。所以当天救李世民出入重围，并没有受伤。

当时齐王李元吉也善于使马槊，听说尉迟敬德的本领后，很是不以为然，有一天见到尉迟敬德，要与尉迟敬德分个高低。比武之前，李元吉命令部下把槊刃去掉，只用槊竿刺杀。尉迟敬德说：“纵使加刃，终不能伤。请勿除之，敬德槊谨当却刃。”两人交手后，李元吉多次用槊刃刺向尉迟敬德，都不能刺中。在一旁观战的李世民说：“夺槊、避槊，哪个容易？哪个难?”尉迟敬德回答说：“夺槊难。”于是李世民命令尉迟敬德夺取李元吉之槊。李元吉执槊跃马，志在刺中尉迟敬德，不料尉迟敬德片刻之间就三次夺取了李元吉的槊刃。李元吉向来骁勇，虽然叹服尉迟敬德的武艺，但也甚以为耻。

---

① 南怀瑾：《原本大学微言》，世界知识出版社1998年版，第298-302页。

公元 621 年 3 月，夏王窦建德率领 10 万大军，与王世充部将郭士衡数千人会合，进军虎牢（今河南荥阳汜水镇西）东广武山，与王世充相呼应，威胁唐军侧背。李世民命令齐王李元吉等继续围困洛阳，自己亲自率领精兵步骑 3500 人进驻虎牢。有一天，双方对阵的时候，王世充的侄子王琬在窦建德军中，骑着隋炀帝的骢马，铠甲非常鲜亮，故意到阵前炫耀。李世民是爱马之人，不禁赞叹说：“彼之所乘，真良马也。”尉迟敬德听了李世民的话，便请求把马抢过来。李世民急忙制止说：“岂可以一马丧猛士？”但是，尉迟敬德决心已定，率高甑生、梁建方直入窦军，擒拿王琬，夺取宝马而归，窦军虽然人数众多，却无人敢挡。

李世民即位后，尉迟敬德被封为吴国公。为了感谢尉迟敬德的救命之功，唐太宗把齐王府的全部财产都赐给了尉迟敬德；还拜尉迟敬德为右武侯大将军；此外，尉迟敬德还实封 1300 户，与长孙无忌、房玄龄、杜如晦相同。唐太宗还对尉迟敬德说：“朕欲以女妻卿，何如？”尉迟敬德叩谢说：“臣妻虽鄙陋，相与共贫贱久矣。臣虽不学，闻古人富不易妻，此非臣所愿也。”李世民只好作罢。

尉迟敬德性情憨直，居功自傲，每次见到房玄龄、杜如晦、长孙无忌等人，常常当面讥讽他们，议论其长短，有时甚至在宫廷之上厉言争辩。后来，尉迟敬德离开京城出任地方官。公元 632 年 9 月 29 日，唐太宗大摆酒宴，已经是同州刺史的尉迟敬德也回京赴宴。席间，尉迟敬德见到有人的席位在他之上，大怒不已，说道：“汝有何功，合坐我上？”江夏王李道宗是李渊的侄子，李世民的堂弟，他 19 岁起跟随李世民南征北战，立下了不世功勋，坐在尉迟敬德的下首，反复劝解。尉迟敬德竟然勃然大怒，殴打李道宗，李道宗猝不及防，一只眼睛几乎被打瞎。唐太宗规劝尉迟敬德说：“朕览汉史，见高祖功臣获全者少，意常尤之。及居大位以来，常欲保全功臣，令子孙无绝。然卿居官辄犯宪法，方知韩、彭夷戮，非汉祖之愆。国家大事，唯赏与罚，非分之恩，不可数行，勉自修饬，无贻后悔也。”尉迟敬德听完这一席语重心长的话，赶忙磕头谢罪，从此才约束自己的行为。尉迟敬德晚年崇信道家方术，在家中享受晚年，同时谢绝宾客，16 年未与外人来往。

5. 以德牧人

任何一个组织的领导者，都希望下属忠心耿耿、众志成城，甘心情愿地“以厂为家，‘埋骨’公司”。从得人心这个角度上讲，世界上最成功的领袖，不是世界 500 强的领导者，也不是国家领导人，而是宗教领袖，是孔夫子，是老子。他们“合天下人为一心”“天下人不招而自来”的秘诀就是“爱人如己”“己所不欲，勿施于人”“己欲立而立人，己欲达而达人”。如果领导者能够“体天则地，守道行仁，天下为公”“以百姓之心为心”“如保赤子”“推己及人”“老吾老以及人之老，幼吾幼以及人之幼”，必然能够“得道多助”，建立一支“特别能吃苦，特别能战斗”的员工队伍。世上之人，无不“好富贵也，而我富贵之；无不欲尊誉也，而我尊誉之；无不恶贫贱也，而我为之去贫去贱；无不恶患难困顿也，而我为之解其患难困顿。如斯而不感我、德我、爱我、敬我、服我者，未之有也”。当一个领导者失去一切时，就得到了一切。这是最高的御人之术，最上乘的用人智慧。

怎么样才能成长为一名卓越的领导者？中国传统文化一向强调“作之君，作之亲，作之师”，“君”在这里并不是指皇帝。从文字的字形上看，“君”字上头是“尹”字，“尹”字的古写是“𢘑”，指一根拐杖；下面一个口，代表一个人，这个人年龄大了，学问道德很高，拿根拐杖，也等于指挥杖，所以凡是拿拐杖、指挥杖的，都是君，后来才转借变成皇帝的专用。过去，写信给平辈不好称他先生，也不好意思称他老弟，或者一位老师给学生写信，就会称对方为“某某君”。日本人学中国文化，写信通常都以君为尊称词。“作之君，作之亲，作之师”这句话说的就是，要想做好一名领导、做一个合格的长者——“作之君”，有两个必要条件，那就是后面的六个字“作之亲，作之师”。“作之亲”说的就是要把下属、同事当作亲人，把比自己年龄大的当作自己的兄长、姐姐、长辈来看待，要充分尊重他们，把比自己年龄小的当作弟弟、妹妹、儿女来看待，要给予必要的关心。这还不够，还要做他们的老师，给大家精神食粮，使大家都走上人生正道。从这个意义上讲，曾国藩是中国领导的表率。曾国藩的管理方法就是“精神+银子”，他不仅仅用丰厚的待遇激励部属，而且如父兄般对待属下，他给很多属下写信，给他们讲做人的道理，所以被许多“文官武将”顶礼膜拜。

曾国藩的手下有一名大将名叫鲍超，他不通文墨，只认识自己的名字，但打起仗来非常勇猛，善于指挥作战，立下了许多战功，从一个挑水夫一步步被提升为浙江提督。有一天他提笔学写字，写“门”字的时候没有钩，一位幕僚提醒他说：“门字右边还有一钩”，鲍超一听顿时火冒三丈，指着厅中大门说：“两边不都是直的吗？”正好墙上挂着曾国藩所赠的一副对联，中间有一个“门”字，这位幕僚就指着说：“曾大帅写门字亦有钩矣。”鲍超一看，果然如此，就马上仆倒在地叩头而言：“先生恕吾武人！”他为什么会对曾国藩如此敬重？曾国藩除了对他提拔重用，还把他当作自己的孩子一样，经常教育他，教他做人的道理。比如，有一次他升官之后，曾国藩就写信告诫他：“数年以来，您在水上、陆上打过数百次的战役，立下了赫赫战功，因而开府坐镇，国家对您的酬谢也可以说是很优厚了。您马上又要荣升为提军，功高位隆，一定要宽恕待人，要律己严，待人宽。恭敬则凡事小心翼翼，无论大事小事，都不要有丝毫的疏忽。宽恕则凡事都为别人留有余地，有功不独居，有过不推诿。如果能时刻牢记敬、恕两字，那么就可以长期承担大任，福祚无量了。”①

6. 因人而异

“夫主将之法，务揽英雄之心，赏禄有功，通志于众。故与众同好，靡不成；与众同恶，靡不倾。”② 南公怀瑾解释这段话时强调：“得人之要，首在得其心；如何得其心？则因人而异也。刘备之得诸葛，动之以义也。曹操之得庞德，养之以恩也。齐桓得管仲，示之以礼也。魏文侯得吴起，利之以禄也。高祖之用韩信，饵之以爵也。故‘以饵取鱼，鱼可杀，以禄取人，人可竭’。”③

清朝末年，山西商业金融资本家乔致庸，从哥哥乔致广手中接过一个烂摊子，经过努力，乔家最兴盛时，年收入五六千万两白银，清政府当时一年财政的收入也不过五六千万两白银。富可敌国，名副其实。一个人如果运气好，赚取一千万、一个亿、十个亿都有可能，但是要做到富可敌国，而且长盛不衰，仅仅靠运气是不可能的，一定有“道”在其中。乔家治家准则是：“经商处事要以‘信’为重，以信誉得人；其次是‘义’，不哄人，不骗人，该得一分得一分，不掐昧心钱；第三才是利，不能把利摆在首位；诫‘骄、贪、懒’三个字。一粥一饭，当思来处不易，半丝半缕，恒念物力维艰；求名求利莫求人，须求己。惜衣惜食非惜财，缘惜福，以此告诫儿孙，注重节俭，不要贪图安逸，坐享祖业；唯无私才可讼大公，唯大公才可成大器；气忌躁，言忌浮，才忌露，学忌满，胆欲大，心欲小，知欲圆，行欲方；为人作事怪人休深，望人休过，待人要丰，自奉要约；恩怕先益后损，威怕先紧后松。”乔家的致富兴盛之道，被称为中国的商道。在用人上，乔致庸当年在晋商中最先对普通员工实行股权激励，“利之以禄”；对待“跑街”的基层员工马旬，大胆提拔，“养之以恩”；马旬上任当天，乔致庸学习刘邦对韩信“封坛拜将”的做法，三拜马旬，“示之以礼”；亲自给孙茂才“穿鞋子”，同样是“示之以礼”；尤其对潘为严更是恩宠有加，除了“饵之以爵”，“义、恩、利、禄”全上场，使潘为严忠心耿耿，鞠躬尽瘁，把乔家推上顶峰，实现了老子的“无为而无不为”。

---

① 《曾国藩家书·与鲍春霆》。

② 《黄石公三略·上略》。

③ 南怀瑾：《历史的经验》，复旦大学出版社 2002 年版，第 237 页。

一枚勋章、一纸奖状、甚至是几句慰勉的话，是可以使人心悦诚服，鞠躬尽瘁的。2006年4月26号，中央电视台《东方时空》栏目采访了章子怡。章子怡说："我拍的第二部电影是《卧虎藏龙》，演员全是大腕，我当时只是一个小不点。导演也是鼎鼎大名的李安。拍戏时，我很卖命。每次拍完戏，我都多么希望李安像抱杨紫琼那样抱抱我。可是他一次也没有抱我。等到整部电影全部拍完，李安对我说：子怡，我知道你很努力，拍得真棒。李安一边说，一边抱抱我。当时我的眼泪一下子就涌了出来。"各位老总，您也不妨抱一抱努力工作的员工，有时候这个激励效果比发奖金要好多了。历史上最为善于使用"饵之以爵"这种激励手段的高手之一就是拿破仑，为了使部下鞠躬尽瘁，他对有功臣民颁发了1500枚以上的十字勋章，他重新启用"法兰西陆军上将"官衔，封赠给18位功臣，对士兵则授予"大兵"荣誉军衔。

7. 以人为本

1977年，日本宫城县海边发生大地震，位于该地的"大和和服"会社蒙受了很大损失。社长矢岛荣二闻讯，立即赶到工厂，他问的第一句话就是："有没有人受伤?"当得知没有人受伤后便兴奋地连声说："上天保佑，太幸运了，太幸运了。"这种以企业员工安危为第一的态度，使企业上下大为振奋，很快便完成了工厂重建工作。有人问他："为什么不先问公司的财产损失有多少，却问有没有工人是否受伤?"他说自己是受了孔子的影响："厩焚。子退朝，曰：'伤人乎?'不问马。"①

以人为本是儒家的基本思想之一。"孔子阐述原理，日本人实践原理"，钟纺名誉会长伊藤淳二说："我是捧着《论语》一步步前进的"，"节用而爱人"，"对于公司职员的命运我都看成是自己的事"。不得不裁减人员时，一是为员工写介绍信，如被雇用就给用人单位写感谢信；二是向每一位被优化掉的员工赠送股票。日本"人才开发中心"创办于1965年，1999年员工4000人，资产9.9亿日元。创始人江副浩很关心员工，经常问员工："怎么样，身体好吗?"每年要出席30多对员工的婚礼，提倡"公司问题，员工解决；员工问题，公司解决"。

8. 高薪诱人

我们在企业中进行传统文化培训，为的是"明明德"，少数人是"安而行之"，大部分人是"利而行之"或"勉强而行之"。历史学家司马迁曾经说："富者，人之情性，所不学而俱欲者也。"就是说，人类追求富裕而美好的欲

---

① 《论语·乡党第十》。

望几乎是与生俱来的，是一种本能性的特质。司马迁在《史记·货殖列传》中还说：“天下熙熙皆为利来，天下攘攘皆为利往”，因为大众无不“趋利”，所以“以饵取鱼”者，不胜枚举。

燕昭王即位后，对相国郭隗说：“我无时无刻不想到报仇，要是有这样的能人，我愿意去伺候他，请您替我出个主意吧！”郭隗就给他讲了一个故事。从前有一位国王想花一千两金子买一匹千里马，可怎么也找不到。后来，他派出去的人居然买回了一堆千里马的骨头，国王十分生气。那个人就说：“大王不久就会有千里马了。别人听说您连千里马的骨头都爱惜，怎能不把真的千里马送来呢？”果然，那个国君不久就得到了许多千里马。郭隗又说：“您如果能厚待像我这样的普通人，有才能的人会不趋之若鹜吗？”于是，燕昭王就筑起了一座精美的房子，像徒弟那样听从郭隗的教导，又在易山旁边建了一座高台，里面堆满了黄金，用作招待客人的礼物和费用，这个高台叫作“黄金台”。这样一来，燕王求贤若渴的美名就传遍了各个诸侯国，各国贤士纷纷来应聘。赵国来了居辛，周朝来了苏代，齐国来了邹衍，卫国来了屈景。其中最受重用的是魏国的乐毅，他带兵攻下齐国70多座城池，只差两座就灭了齐国。

曾国藩在对将帅进行精神教育的基础上，还实行了“前有千金，后有猛虎”的具体政策。与同行相比，湘军将士的福利待遇非常高，绿营兵月薪1两5钱；湘军正勇的月薪是4两2钱。较高的薪水，当然有很大的吸引力。每当湘军征兵的时候，许多人都“争出效命，无复绿营征调离别可怜之色。其后湘军战功遍天下，从戎者日益众。或募千人，则万人应之；募万人，则数万人应之；势不能尽收，甚至丐书干请而后得入。其随营待补客死他乡者，不可胜数，而湘人士迄无怨心”。①

第二节　总裁正位居体的修炼之道

一、总裁不是全裁

历史上有很多杰出人物乐于用人，而不显示自己的才能。但是也有很多人喜欢用己，而不喜欢用人。前者常常能够实现无为而无不为的“无为而

① 王定安：《湘军记》，朱纯点校，岳麓书社1983年版，第178页。

治”，后者则“劳身以为治”。前者身边“人才济济，各司其职”，后者“大权独揽，事必躬亲，日不暇给，万方咎罪”。好用己者，大多数是聪明睿智的人物，主要原因有如下三个：一是过分逞才、逞能、逞智；二是过分自负、自信、自恃；三是疑心大，认为天下没有不可疑之人，也没有可用之人，可信之人。

贞观四年，也就是公元630年，唐太宗问房玄龄和萧禹：“隋文帝是一个什么样的人?”他们回答说：“文帝勤于为政，每天都勤奋辛劳地思考着如何治理好国家。开会的时候，往往是太阳都已经西斜了还不散会。他召见五品以上的干部开会的时候，都赐座让他们坐下来交谈，如果错过了吃饭时间，就让卫士们把饭送上来，大家边吃边谈。他虽然不是一个仁厚的人，但是一个励精图治的皇帝。”

唐太宗听了他们的议论之后就说：“你们只知其一，不知其二啊。他性至察而心不明。心暗则照表不通，至察则事事怀疑。又因为他是用欺骗的手段得到天下的，所以唯恐大家不服，不肯信任百官，无论什么事情都要亲自决断。如此日理万机，又怎么能够全都合情合理?大家既然都明白他的心思，所以不管什么事情，都要等他决定了再执行，即使知道错了，也不敢直言。这就是他们只传二代就失败的原因。我的处理方法完全不同。因为天下太大了，人数也太多了，各地的政事千差万别，只有让官员各司其职，各尽所能，才能把事情处理得井井有条。天子怎么能够把天下所有的事情都包下来，一个人说了算呢?假若他每天对十件事情做出决策，其中有五件事处理得不恰当，对于处理得当的，大家都说还是我们的皇上英明，可是处理得不好的呢，谁也不说。就这样长年累月下去，错误必然越来越多，不灭亡是不可能的。我的办法是把天下的贤才选拔出来，分配给他们适当的官职，使大家都为天下事操劳。如果是宰相职责范围内的事情，只要他考虑清楚了，就马上执行，然后再告诉我一下就可以了。立了功就赏赐，犯了错就处罚。还有谁敢不尽职尽责?如果能够这样处理政务，难道还会整天为天下得不到治理而吃不好饭、睡不好觉?”

读到这里，可能有的读者会说：“唐太宗讲的这个道理，谁会不明白?”可事实是真有不明白的，而且不明白者还往往是具有雄才大略之人。有一位主要从事房地产开发的企业家，从1993年投入商海，到现在已经拥有千亿资产，员工1.5万余人。他能取得如此辉煌的业绩，自然有过人之处，绝非等闲之辈。但是，早年的他却不会用人，是事必躬亲的典型。在整个集团中，小到一把扫帚、一把剪刀，他都要“御驾亲批”。他这样做的结果是，下属的积极性丧失殆尽，都成为“太极”高手。自己由总裁成了“全裁”，不堪生命的重负，最后不得不放权。

从所用人才水平的高低来判断，领导有三个层次，最低级的只能用能力水平低于自己的人；高明的领导能用和自己具有同样才干的人；最高明的领导能够用才干超过自己的人。

有一次，唐太宗问大臣孔颖达：“《论语》中的‘以能问于不能，以多问于寡，有若无，实若虚’是什么意思？”孔颖达就解释说：“不仅仅普通老百姓应该这样做。一个英明的帝王，外表上也应该沉静无为。如果位居尊极，总想炫耀自己的聪明才智，因为自己非常有才能而看不起别人，饰非拒谏，这是自取灭亡之道。”唐太宗听了，深有感触地说：“我与大家开会的时候，都要三思而言，就是因为害怕出现你说的结果，所以才不敢多说话。”

唐太宗在《帝范》中的一句名言是：“睿智聪明，守之以愚。不以身尊而骄人，不以德厚而矜物。”如果一位领导者“自圣而雄己，自高而贱人，沽名而钓誉”，其结果必然是劳己伤身，积劳成疾，过劳而亡。

春秋时期齐国名相晏子说：“国有三不祥：是不与焉。夫有贤而不知，一不祥；知而不用，二不祥；用而不任，三不祥也。”

二、总裁的镜子

建兴五年也就是公元 227 年，诸葛亮在《前出师表》中谆谆告诫刘禅：“亲贤臣，远小人，此先汉所以兴隆也；亲小人，远贤臣，此后汉所以倾颓也。先帝在时，每与臣论此事，未尝不叹息痛恨于桓、灵也。”希望刘禅“近贤臣，远小人”。九五之尊的“飞龙”无不认为，无才无德的人是废品，有才无德的人是毒品。请问，哪一个领导不想近贤臣，远小人？无论是谁当了领导，或者是作了老板，都希望用正直的、踏实肯干的人，而不希望用心术不正、玩弄阴谋的人。可是为什么老总们总是用了心术不正的人，而抛弃了那些忠心耿耿的人呢？为什么？乾隆时代的重臣孙嘉淦曾经写了一篇名叫《三习一弊疏》的奏折，对此进行了入木三分的分析，被称为满清第一奏折，千金难买，值得所有领导们一读。现将《三习一弊疏》摘录如下：

主德清（德清就是品行高尚，关爱下属，“己欲立而立人，己欲达而达人”，这是高标准、高要求，最低标准是“己所不欲，勿施于人”。比如制定制度时，要先设想一下如果用在自己身上很难受，那就不要执行。如果用在自己身上就难以忍受，却要员工严格执行，否则格杀勿论，那么这个制度是长久不了的。领导这么做，就不能叫德清，应该叫酷吏。）则臣心服（心悦诚服）而颂（歌颂），仁政多则民身受而感（领导为下属办了很多好事，孩子上学、购买住房等员工关心的问题，领导都竭力帮助解决。不管是当着领导的面，还是私下里，员工们都发自内心地说：我们老板真是太好了）。……在臣民原非献谀（对于臣民来说，并不是为了拍马屁），然而人君之耳，则熟于此矣（可是老板的耳朵，熟悉了歌功颂德的美誉）。耳（耳朵）与誉化（被赞美声融化），……久而颂扬之不工（“工”是巧妙的意思）者亦绌（绌是相形见绌）矣（听多了溢美之词之后，要求赞美的级别会越来越高）。是谓耳习于所闻，则喜谀而恶直（当一个人养成了听好听话的习惯以后，就产生了一个问题：喜谀而恶直，即喜欢拍马屁，厌恶说真话的人）。

上愈智则下愈愚（领导的水平越高，下面的人就越愚笨。为什么？在一个企业的发展过程中，老板们常常能够“见人之所不及见，谋人之所不能谋，虑人之所不及虑，算人之所不及算”，他说要上一个项目，下面的人全反对，老板坚持了自己的意见，最后事实证明老板是对的。这种事情多了之后，下面的人即使感到老板错了，也不敢说了，心想：是不是我的眼光太短了），上愈能则下愈畏（领导越高明，下属越敬佩、畏惧）。……在臣工以为尽礼，然而人君之目，则熟于此矣（作为下属来说，对领导的尊重是发自内心的，也不是为了讨好领导，可是时间一长，老板就养成了一种习惯：喜欢看点头哈腰的人）。……是谓目习于所见，则喜柔而恶刚。（这种习惯一旦养成，就产生了另外一个问题：喜柔而恶刚，即喜欢听话的柔性人才，讨厌那些刚正不阿的人）。

敬求天下之士，见之多而以为无奇也，则高己而卑人（刚开始办企业时，礼贤下士，随着自己的一连串胜利，就会认为人才不过如此，就开始瞧不起下属了）。……是谓心习于所是，则喜从而恶违（自己有了瞧不起下属的心之后，第三个问题就出现了：喜从而恶违，即喜欢服从自己的执行力强的人，讨厌那些违背自己意愿的人）。

三习既成，乃生一弊。何谓一弊？喜小人而厌君子是也。（这三种习惯养成之后，就产生了一个弊端：喜小人而厌君子是也）。

曾国藩十分推崇这篇文章，极力推荐身边的大臣都要好好读一读孙嘉淦的这篇奏折。他在给弟弟的一封信中说：“我在京城时，许多朋友都对我说，《三习一敝疏》是本朝水平最高的一篇奏折。因为我当时太年轻，觉得也没什么了不起。后来做了高官之后，观察他人，反思自己，才知道孙嘉淦所说的三习一敝，凡是中等智慧之上的人，只要做了官，差不多皆蹈此弊，而不自觉。我和你现在都居高位，已经听到了太多的好听话，孙先生说的三大习惯，我仔细反思之后，感到实在难以完全避免。沅弟你做官时间还不长，务必多多注意警惕这三种习惯。”

三、以孝治天下

"孝"，是会意字，一个小子搀扶着长者。《说文解字》说："孝，善事父母者。"在每个人的心灵深处，都有善良的种子。为了能够"明明德"，把覆盖在"明德"上面的灰尘擦掉，显示出人的本来面目，儒家从孝道开始，然后夫妇、兄弟、朋友、上下级，一步步讲到天下国家。

子曰："君子笃于亲，则民兴于仁。故旧不遗，则民不偷。"①

在上位的人如果厚待自己的长亲，仁的风气就会在民众中生根发芽；在上位的人，随着自己地位的变化而不遗弃老朋友，那么民风就敦厚友爱了。

孔子还说："去其故乡，事君而达，卒遇故人，曾无旧言，吾鄙之。"② 孔子说，有些人离开故乡，经过多年拼搏之后，青云直上、加官进爵、飞黄腾达，突然遇到一位老朋友，视而不见，没有一点旧时的情意，我鄙视的就是这种人！

唐朝以后，在朝野上下流行一句名言，叫作"求忠臣必于孝子之门"，只有孝子才有可能成为忠臣。"非孝无以忠也"如果对于自己的父母、兄弟、姐妹、朋友都没有真感情，亲情不笃，而要他爱天下、爱国家、爱社会、那只能是空洞的口号，是不可能的。爱天下、国家是爱父母、兄弟的延伸。所以说，我们不怕自己的员工爱自己的亲人，先笃于亲，然后才能兴于仁，爱别人也才有了基础。受儒家文化影响很大的东南亚国家的企业家到中国投资，招聘员工特别是招聘高层管理人员，会想办法了解他对父母是不是很孝顺。因为老板对员工再好，也比不过自己的父母，如果一个员工对自己的父母都没有尽到孝心，老板还敢录用他吗？还敢委以重任吗？下面我们就来看看孔夫子是如何讲"孝道的"。

有子曰："其为人也孝弟，而好犯上者，鲜矣；不好犯上，而好作乱者，未之有也。君子务本，本立而道生；孝弟也者，其为人之本与！"③

有子是孔子的学生，比孔子小 43 岁。他这句话的意思是：如果一个人心中常常想着父母、兄长，时刻想到要孝敬父母、尊敬兄长，还好胡作非为的，

① 《论语·泰伯第八》。
② 《荀子·宥坐》。
③ 《论语·学而第一》。

这样的人是少有的，他们当中愿意搞叛乱活动的人是没有的。君子要在根本上下功夫，根本有了，做其他的事情也就有了基础。孝敬父母、友爱兄长可以说是仁的根本吧。

孝和悌为什么这么重要？大家想想看，我们生活在这个世界上，谁最关心我们？谁对我们最好？有一句俗语叫作“近不过夫妻，亲不过父母”，就是说论关系亲密，没有超过父母的，论关系近，没有超过夫妻的。我们觉得要论爱心的轻重，没有什么能够超过母爱的。

所以，要讲做人的学问，就必须从孝和悌开始。有子把孝和悌作为做人的根本，是非常有道理的。现在是市场经济，人员的流动、职业的不稳定，是不可避免的，不管我们年龄有多大，父母都会把我们当孩子，关心我们，挂念我们，他们希望我们有一个安定的职业，有一份比较高的收入。我们在一个单位中，如果能常常想到父母的关切，不让他们操心，就不会为小事与同事大吵大闹，更不会参与违法乱纪的活动。笔者认为，这也是我们向父母尽孝心的一种表现吧。

从挖掘“孝心”开始，对于中国人包括日本人、韩国人来说，都是提高人格修养的必由之路。只是礼敬自己的父母，属于“小孝”，以礼敬父母之心服务于天下百姓，这就是管理天下国家的从政者的“大孝之心。”圣人之思想，康熙贯彻得最到位。清朝王公大臣必读三本书：读《三国演义》用来治兵、读《老子》用来养性，读《孝经》用来治国；每次谈论到治理国家的根本道理，康熙必然说：“圣人以孝治天下！”“‘孝’之于‘为政’，实有大用也。”明白了这个道理的企业家，是具有大智慧的企业家，“以孝治天下”是一种高明的文化管理，是企业文化管理一个必要的组成部分。在对员工进行“孝心”教育的同时，总裁能够制定出让员工孝敬父母的相应措施，并身体力行拜见部下父母，以孝自己父母之心孝敬属下父母，必定能收到奇效！这种激励效果是异乎寻常的！

孔夫子在《文言传·乾文言》的最后为九五爻做了总结：“夫大人者，与天地合其德，与日月合其明，与四时合其序，与鬼神合其吉凶。先天而天弗违，后天而奉天时，天且弗违，而况于人乎？况于鬼神乎？”意思是，九五爻辞所讲的“大人”，他的德行与天地相配合，生成万物；他的光明与日月相配合，普照一切；他的政令与四季相配合，井然有序；他的赏罚与鬼神相配合，吉凶一致。他的行动先天而发，但上天不会背弃他，他的行动后天而发，那是依奉天时行事。上天尚且不背弃他，更何况人呢？更何况鬼神呢？

这样的企业家在中国已经出现了，尽管寥若晨星，但是我们相信“星星之火，可以燎原”。

第七章

无为而治的董事长之道

董事长（含董事局主席）是企业所有者的守护神，董事长要懂中国优秀传统文化中人道——做人的学问。否则，就不“懂事”，就不是称职的董事长，会成为企业所有者的破坏神。“懂事”的董事长谨记天道，观天之道，执天之行，就能由上九之“亢龙有悔”至用九之“见群龙无首，吉”。“懂事”的董事长助理如果能明天道，就能由上六之“龙战于野，其血玄黄”到用六之“利永贞”。

《乾卦·上九》的爻辞与象辞是：“上九，亢龙有悔。象曰：盈不可久也。”孔子对这句话的理解是：“上九曰：‘亢龙有悔。’何谓也？子曰：‘贵而无位，高而无民，贤人在下位而无辅，是以动而有悔也。’”上九爻辞说：“升腾到极限的龙，将有灾祸之困。”这是什么意思？孔子说：“身份显贵而没有根基，地位崇高而没有人民，有才德的压抑在下层，不能获得他们的辅助，因此有所行动必招祸殃。”比如历史上的殷纣王，青年时代便文武双全，具备文韬武略，琴心剑胆，出战可为良将，入朝可为良相。但是不幸的是他是国家所有者，做了君王，以至于“贵而无位，高而无民，贤人在下位而无辅，是以动而有悔也。”

《乾卦·用爻》的爻辞与象辞是：“用九，见群龙无首，吉。象曰：用九，天德不可为首也。”孔子对这句话的解释是“乾元‘用九’，天下治也。”“乾元‘用九’，乃见天则。”“用九”代表的既不是乾，也不是坤，是乾，却即将变为坤；即将变为坤，但仍然是乾。“用六”相仿。“用九”的意思就是自己能够掌握“九”，而不被“九”所笼罩，自己本来为“龙”，但却不以“龙”自居。“用九上下皆正，天下得治也。”“乾善用九，周而不殆，天之德也，可以观其则矣。”

周文王在《周易》、孔子及其门人在《文言》中所言的都是“王道”管理。今天有不少董事长尤其是企业的创办人喜爱“霸道”，可事实上他们是精于“霸”而穷于“道”。辅佐齐桓公成就霸业的管仲才是真的“霸道”管理：

霸王之形；象天则地，化人易代，创制天下，等列诸侯，宾属四海，时匡天下；大国小之，曲国正之，强国弱之，重国轻之；乱国并之，暴工残之：僇其罪，卑其列，维其民，然后王之。夫丰国之谓霸，兼正之国之谓王。夫王者有所独明。德共者不取也，道同者不王也。夫争天下者，以威易危暴，王之常也。君人者有道，霸王者有时。国修而邻国无道，霸王之资也。夫国之存也，邻国有焉；国之亡也，邻国有焉。邻国有事，邻国得焉；邻国有事，邻国亡焉。天下有事，则圣王利也。国危，则圣人知矣。夫先王所以王者，资邻国之举不当也。举而不当，此邻敌之所以得意也①。

霸业和王业的规模形势是这样的。它模仿上天，效法大地，教化世人，改换朝代，创立天下法制，分列诸侯等次，使四海宾服归属，并乘时匡正天下；它可以缩小大国的版图，纠正邪曲的国家，削弱强国，降低重要国家的地位，兼并乱国，摧残暴虐的国君：处分其罪恶，降低其地位，保护其人民，然后就统治其国家。本国富强叫作“霸”，兼正诸侯国叫作“王”。所谓王者，总有其独明之处。德义相同的国家，他不去攻取；道义一致的国家，他不去统治。历来争夺天下，以威力推翻危乱的暴君，是王者的常事。统治人民必须有道，称王称霸必须合于时机。国政修明而邻国无道，是成就霸王之业的有利条件。因为国家的存在与邻国有关，国家的败亡也与邻国有关。邻国有事，邻国可以有所得；邻国有事，邻国也可以有所失。天下大乱大变，总是对圣王有利；国家危殆的时候，才显出圣人的明智。先代圣王之所以成其王业，往往是利用邻国的举措不当。举措不当，是邻国敌人所以得意的原因。

如果我们能够仔细琢磨管仲的《管子》，就知道管仲所遇为齐桓公，如果遇到“唐宗宋祖”，其“王霸互用”之道恐怕就能“平天下”了吧？在跨界竞争的新时代，如果我们的企业不懂得、不践行“霸王”之道，那就是“此邻敌之所以得意也！”

管仲还有一句名言：“夫一言而寿国，不听而国亡，若此者，大圣之言也。”②笔者认为，管仲所说的“大圣”就是《周易》及《易传》所言之“与天地合其德的大人”。如子夏对用九的见解：“用九，天德不可为首也。阳者，刚德之物也。凡用者皆取象焉，故曰乾坤，其易之门，邪阳肆而不已，则暴时而后动，则治。夫首者事之，倡也。故圣人之治天下也，有以诛乱去恶者也，应之而正，非其倡也。则天下皆睹圣人之用九之无首也。此天之无私矣，

①② 《管子·霸言第二十三》。

天下之归矣吉。何往哉！”①

《坤卦·上六》爻的爻辞和象辞是：“上六，龙战于野，其血玄黄。象曰：龙战于野，其道穷也。”孔子研究这句话的心得是：“阴疑于阳必战，为其嫌于无阳也。故称‘龙’焉犹未离其类也，故称‘血’焉。夫‘玄黄’者，天地之杂也，天玄而地黄。”坤卦到上六这一爻，在没有变为阴爻之前，如果其余五爻全部变为阳爻，就是泽天夬卦，如果最上面这一爻变为阳爻，则成了乾卦。阴与阳势均力敌，必然发生争斗。因为阴极盛而与阳均等，所以把阴阳一并称作龙。其实阴并未脱离其属类，所以又称为血，血即阴类。所谓玄黄——天玄地黄——是天地交相混合的色彩。天就是天，地就是地，天地相混，天下必然大乱。

《坤卦·用六》的爻辞和象辞是：“用六，利永贞。象曰：利用永贞，以大终也。”孔子没有对用六作出专门解释，其对坤卦的总体认识是：“坤至柔而动也刚，至静而德方，后得主而有常，含万物而化光。坤道其顺乎，承天而时行。”地道极为柔顺但它的运动却是刚健的，它极为娴静但品德是方正的，地道后于天道而行动，但运动具有规律性。它包容万物，其生化作用是广大的。地道多么柔顺啊！顺承天道而依准四时运行。

处于九五之尊地位的“飞龙”，因为“泽被天下”，所以歌功颂德之声不绝于耳。又因为手握生杀予夺的权力，一颦一笑、一举手一投足都备受关注，“近臣官宦”们八仙过海，各显神通，投其所好，正如“邹忌讽齐王纳谏”所揭示的道理，“飞龙”很容易飘飘然，产生“天下舍我其谁”的心理。这种心理一旦产生，自然会“亢龙有悔”，甚至会身败名裂。老子的告诫是：“持而盈之，不如其已。揣而锐之，不可常保。金玉满堂，莫之能守。宝贵而骄，自遗其咎。功成身退，天之道。”② 孔子的告诫是：“君子有三戒：少之时，血气未定，戒之在色；及之壮也，血气方刚，戒之在斗；及其老也，血气既衰，戒之在得。”③ 古代先贤的话言犹在耳，的确是金玉良言。

---

① 《子夏易传·卷一·乾上乾下》。

② 《道德经·第九章》。

③ 《论语·季氏第十六》。

第一节　无为而无不为的董事长外王之道

一、无可无不可

庄子在《庄子·齐物论》中说："夫随其成心而师之，谁独且无师乎？"每个人根据自己的心理活动、感官认识，以及学识水平，形成了自己特有的意识形态，所谓先入为主的认识，每个人都下意识地把这个先入为主的意识形态当作自己的老师，对事物和人物产生认识与看法。因此，每个人都认为这个才是最高明的，然后根据这个高明的观念来解释一切。按照自己的心态来判断一切、观感一切。"谁独且无师乎？"每个人心里都有一个老师，所以谁都看不起谁。

对于人类这一普遍的心理特点，董事长尤其要提高警惕，要本着"无可无不可"的心态，对总经理（总裁）多支持。

凡是能够独霸一方的领导者常常有特别的禀赋、坚强的意志，但总是刚愎自用。在特殊的历史背景中，乘势而为，也的确能够有一番作为，可他们总是抱着"有可有不可"的态度，失败是必然的。所谓智者千虑必有一失，"成也萧何败也萧何"。在我国漫长的历史长河中，楚霸王项羽是这一类人物的代表。假如项羽能听从范曾的劝告，也就没有了后来的霸王别姬。汉高祖正好相反，具有"无可无不可"的胸怀，历史评价他"初，高祖不修文学，而性明达，好谋能听，自监门戍卒见之如旧。"[①] 虽然一切事情，决之在己，但是他能够博采众言，尤其是对萧何、张良的建议，几乎全部采纳。刘邦的后代刘秀同样是英雄人物，但是与刘邦相比，稍有不及。

王莽统治末期，天下大乱，群雄并起，刘秀在洛阳做皇帝，公孙述在四川做皇帝。西北隗嚣不知道依附那一家好，就派部下马援去打探这两位皇帝的底细。

马援和公孙述是老乡，一向感情很好，他出发前心里想，公孙述见到他后，可能会执手相见，把酒言欢，既谈军国大事，也回忆一些往事。哪知公孙述得知老朋友来了，召集文武百官举行了隆重的接见仪式，把他当作最尊敬的贵客看待，礼毕之后，留他做官，要封他为侯爵，请他做大元帅。马援

① 班固：《汉书·纪·高帝纪下》。

的随从们见这位皇帝如此相敬，都很愿意留下，马援却开导他们说：“天下群雄正争斗得十分激烈，公孙述听到老朋友来到，不急急忙忙出来迎接，反而大搞一套无谓的礼节，弄得大家都像木偶一般，天下有才能的人是不会长久给这位仁兄用的。”于是就婉言谢绝了公孙述的盛情邀请，回到了西北，对隗嚣说：“公孙述不过是‘井底之蛙’罢了，不如专心靠拢洛阳。”

隗嚣于是又派马援到洛阳去见刘秀。马援到了洛阳之后，宦官带领他去见刘秀。刘秀看见马援走过来，马上笑着起来迎接：“你见到过两个皇帝，我穿得这样马虎，实在惭愧之至。”马援行礼之后说道：“当今之世，不但君择臣，臣也要择君。我和公孙述是同乡，年轻时很要好，我到四川时，公孙述却安排了各种仪式。我这次远来，还未坐下，你怎么知道我不是刺客，为什么这样随便？就像老朋友见面了一样？”刘秀笑着说：“你不是刺客，不过是说客。”马援见这位皇帝既随和，又幽默，心里感到很温暖、很轻松，马上说：“现在天下大乱，称王称帝的人不知有多少，今日见你这样恢宏大度，就像汉高祖一样，才知只有陛下才是真的皇帝。”

马援回到甘肃后，隗嚣问他刘秀是一个怎样的人，马援说：“我到洛阳后，皇帝接见我很多次。每次谈话，常常从黄昏谈到天明。他的才能见识，实在无人可比，而且坦白之极，什么话都说，性格直爽，就像汉高祖那样。至于谈到学问的渊博，政治眼光的敏锐，那更是前世的皇帝所不及的。”隗嚣道：“他与汉高祖相比谁强些？”马援回答：“不如也！高帝无可无不可。”刘秀不如刘邦的地方只有“无可无不可”五个字。

威廉一世也有汉高祖的胸怀气度。俾斯麦与威廉一世的性格完全不同，经常发生冲突。很多时候，他们发生冲突时，俾斯麦用辞职来威胁威廉一世时，威廉一世就让步，按照俾斯麦的意见处理。宋太祖赵匡胤和宰相赵普之间也出现过类似的状况。有一次，赵普推荐某人为某官，赵匡胤不同意。第二天，赵普又推荐这个人做官，赵匡胤还是不同意。第三天赵普仍然推荐这个人，赵匡胤非常生气，把赵普的奏折撕得粉碎，狠狠地扔在地上。赵普从地上捡起来被撕碎的奏折，回家后重新粘贴好，后又择时间“复奏如初”，最后赵匡胤终于批复了赵普的奏折。还有一次，有一个人，按照规定，应该得到提升，但是因为赵匡胤不喜欢这个人，就不同意。赵普坚持要提拔，而且对赵匡胤说：“国家的刑赏原则是惩恶以刑，酬功以赏，这是古今的通例。而且刑赏是国家的刑赏，而不是陛下一个人的刑赏，怎么能以陛下一个人的喜怒来决定？”赵匡胤听了赵普的顶撞，非常生气，站起来就走了，赵普就跟在赵匡胤身后，你去哪里，我去哪里，非得提升这个人不可。赵匡胤入宫后，赵普站在宫门口一直不回家，逼迫赵匡胤终于答应了赵普的请求。

三星董事长李健熙在退下来时，开玩笑："我一个人下台，三星三万人升职，这是一件大好事。"董事长退下来之后，不必要求继任者高举自己的旗帜，这才是真正的"飞龙"，因为这个时候"不飞"就是"飞"，"不飞"会"飞"得更高。老子说："不自见故明，不自是故彰，不自伐故有功，不自矜故长。夫唯不争，故天下莫能与之争，古之所谓曲在全者，岂虚言哉！"[①] 这句话的大意是：不刻意表现自己，才有好名声；不刻意吹嘘自己，才有威信；不刻意证明自己，才有功劳；不刻意炫耀自己，才能担任领导；正因为不争，所以天下没有人能与他相争。老子给统治者也是给我们作领导的划分了四个层次："太上，不知有之。其次，亲而誉之。其次，畏之。其次，侮之。"[②] 最好的君王，百姓感觉不到他的存在；次一等的君王，百姓亲近她，赞美他；再次一等，畏惧他；最下等的，百姓轻视他，怨恨他。此时的"飞龙"要达到的境界就是"太上，不知有之。"

二、无为而治

"用九"的意思，对于没有读过《易经》的读者来说，很难讲。我先请大家看一个故事：

2006 年 4 月，傅成玉（时任中国海洋石油总公司总经理）、李东生（TCL 集团股份有限公司董事长）、牛根生（时任蒙牛集团董事长）、郭广昌（复星集团董事长兼总裁）、马云（阿里巴巴网络技术有限公司 CEO）、朱新礼（汇源集团董事长兼总裁）、江南春（分众传媒董事局主席兼首席执行官）等 30 多位中国内地著名的企业家，在香港维多利亚港湾的中环长江中心大厦第七十层集体拜访了李嘉诚。

事后，冯仑先生在多个场合都极力推荐李嘉诚先生"建立自我，追求无我"的人生经验。

一个月前我去香港，和李嘉诚吃了一次饭，感触非常大。李先生 76 岁，是华人世界的财富状元，也是大陆商人的偶像。大家可以想象，这样的人会怎么样？一般伟大的人物都会等大家到来坐好，然后才会缓缓过来，讲几句话，如果要吃饭，他一定坐在主桌，有个名签，我们企业界 20 多人中相对伟大的人会坐在他边上，其余人坐在其他桌，饭还没有吃完，李先生就应该走了。如果他是这样，我们也不会怪他，因为他是伟大的人。

---

① 《道德经 · 第二十二章》。

② 《道德经 · 第十七章》。

但是我非常感动的是，我们进到电梯口，开电梯门的时候，李先生在门口等我们，然后给我们发名片，这出乎我们意料，因为李先生的身家和地位已经不用名片了，但是他像做小买卖一样给我们发名片。发名片后我们每个人抽了一个签，这个签就是一个号，就是我们照相站的位置，是随便抽的。我当时想为什么照相还要抽签，后来才知道，这是用心良苦，是为了让大家都感觉舒服。

照相后又抽个号，即吃饭的位置。坐定后，大家让李先生讲几句，他说也没有什么讲的，主要和大家见面，后来大家鼓掌让他讲，他就说要和大家分享一些生活当中的体会。然后看着几个外国来宾，用英语讲了几句，又用粤语讲了几句，把全场的人都照顾到了。他讲的是“建立自我，追求无我”，就是让自己强大起来要建立自我，追求无我，把自己融入生活和社会中，不要给大家压力，让大家感觉不到你的存在，以此来接纳你、喜欢你、欢迎你。李先生讲完之后大家就开始吃饭，但吃了一会儿，李先生站起来说要到另外一个桌子坐一会儿。后来，我发现李先生在每一个桌子坐 15 分钟，总共 4 桌，每桌都只坐 15 分钟，正好一小时。临走的时候，他说一定要与大家握手告别，每个人都要握到，包括边上的服务人员，然后又送大家到电梯口，直到电梯关上才走。这就是他追求的无我，显然，他都做到了。

一个成功的人对生活的态度非常重要。我们在生活中经常看到一些人，做一些事情偶有所得，有点成功，他的自我就会让别人不舒服；他的存在让别人感到压力；他的行为让别人感到自卑；他的言论让别人感到渺小；他的财富让别人感到恶心；最后他的自我使别人无处藏身。李先生不一样，他要建立自我的同时又要追求无我，这是一种生活的态度。

李嘉诚追求无我，王石取名不取利，柳传志拐大弯，所有这些都表达了他们对生活的态度和对外部世界的看法，而这些东西恰恰是他们的成功之道。如果把它归纳起来，系统化，最终就是哲学。所以，说到哲学我们可以按照教授讲的那样分得很细，但是对于普通人，生活中对世界的每一个看法其实都是有价值的。

冯仑先生说：“就我日常工作来说，大概管三件事情，这三件事情我认为跟刚才讲的话题一样都非常重要。第一，我是看别人看不见的地方；第二，算别人算不清的账；第三，管别人不管的事情。我认为董事长就应该只做这三件事。”

那别人看不见的地方是什么呢？是未来，是生活经验以外的地方，是中国以外的地方，看人以外的事，看未来的事，看生活经验以外的事。这个工作非常辛苦，要看这些事情就要追求不断的体验，要通过科学、知识来研究掌握这些东西。显然，在未来我们怎么处理人生有限的经验和企业无限的增长，这里有很多问题。

算别人算不清的账，牵涉到价值观的取舍。比如，我算那些算不清的账。在公司，算得清的账我几乎不参与，因为专业经理们都比我算得准。一本书多少钱，这属于算不清的账。我要算这书放在架子上多少钱，放在桌子上多少钱，放在男人的头顶多少钱，放在一个古墓里再埋一万年，它成了文物值多少钱。你可以把五元的书用胶水弄得非常硬，防身用，还可以把它送进监狱给有理想的囚犯读二十年。这本书放在什么地方价值会大大不一样。所以算不清的账簿是一种生活态度，一种价值判断。这种账非常难算。

再就是做别人不做的事。我做战略，做沟通，帮助公司能够跟未来、跟周边有一个很好的文化的沟通。除了钱以外，人和人有相当多的沟通方式，而经理们做的事情主要是用钱跟外面沟通，而我做的事情大部分是不需要钱的，所以我非常高兴大家一起来进行沟通，来讲一下我对生活中哲学的看法。

胡雪岩家有个对子，上联是“持家要存厚”，就是人生要保存你的厚道；下联是“人生要自在”，就是你要尽兴。实际上，每个商人对世界的看法都很独特。我想，一般的人和成功的人的差别，成功人有独特的对世界的看法，这就是哲学观念，这些东西引导他们和普通人的思维有所不同，促使他们处理任何一件小事情都跟大家不一样，这样积少成多，就成功了。成功是由价值观堆起来的，普通人用普通的价值观应付生活，这就是平凡与伟大差别的由来。①

看了李嘉诚先生的故事，听了冯仑先生的体会，我们就比较容易理解“用九”了。“用九”的意思是：占卦时，六个数全是阳爻，物极必反，整个乾卦将变为坤卦。意思就是自己能够掌握“九”，而不被“九”所笼罩，自己本来是条“龙”，但是自己却不认为是自己是“龙”，既具有“天行健，君子以自强不息”的精神，同时又具有“地势坤，君子以厚德载物”的宽厚和顺的德行。就职业生命而言，老子的“无为而无不为”的思想就是对“用九”的最好解释。洪应明的“宇宙内事要力担当，又要善摆脱。不担当，则无经世之事业；不摆脱，则无出世之襟期”也得“用九”之三昧。华人商界领袖李嘉诚的一生，就很好地展现了“用九”的内涵。

三、用师者王

受人尊重是最基本的精神需要之一，不管是父母或者是自己的妻子，自

① https：//blog. csdn. net/zy13/article/details/1345679。

己的丈夫，都希望儿子、妻子或者是丈夫，在单位里能受人尊重。

齐人有一妻一妾而处室者，其良人出，则必餍酒肉而后反。其妻问所与饮食者，则尽富贵也。其妻告其妾曰：“良人出，则必餍酒肉而后反；问其与饮食者，尽富贵也，而未尝有显者来，吾将瞯良人之所之也。”蚤起，施从良人之所之，遍国中无与立谈者。卒之东郭墦间，之祭者乞其余；不足，又顾而之他。此其为餍足之道也。其妻归，告其妾，曰：“良人者，所仰望而终身也，今若此。”与其妾讪其良人，而相泣于中庭，而良人未之知也，施施从外来，骄其妻妾。由君子观之，则人之所以求富贵利达者，其妻妾不羞也，而不相泣者，几希矣。①

齐国有一个和一妻一妾同住在一起的人。她们的丈夫到外面去，一定吃足了酒肉才回家。妻子问他是和谁在一起吃饭的，他说都是有钱有地位的人。有一次他的妻子就对妾说：“咱们的丈夫到外面去，总是吃足了酒肉才回家。我问他是和谁在一起吃饭的，他说都是有钱有地位的人，可是却从来没有一个有钱有地位的人到我们家里来过，我准备偷偷地看一下他到哪里去了。第二天，她就早早地起来，偷偷地跟在丈夫后面，走遍了城里，没有一个人站起来和他交谈。最后他走到东郊外的坟墓中间，向祭祀人乞讨残羹剩饭，不够的话，再到其他人那里去，妻子一看，原来这就是他吃足酒肉的办法呀！妻子回到家里，告诉妾说：丈夫，是我一辈子的依靠啊。可是，现在他却是这个样子。她们俩感到非常耻辱，就在院子里面对面地哭泣起来。丈夫并不知道妻妾已经知道了他吃肉喝酒的办法，大摇大摆地从外面回来之后，还在她们面前要威风。孟子讲完这个故事之后，就说：男子汉大丈夫追求金钱、地位、名誉，不使妻妾感到羞耻并面对面哭泣的，几乎是少有的。

中国与“恩”相关的词语很多，如知遇之恩、恩重如山、再造之恩、感恩戴德、恩深义重、千恩万谢、受人滴水之恩当以涌泉相报等。“知恩图报”是中国的特色。管理就是管人理事，如果董事长不运用“恩”的文化，实在可惜。世人皆知“士为知己者死，女为悦己者容”，但却不知里面蕴涵着管理大智慧。

晋毕阳之孙豫让，始事范中行氏而不说，去而就知伯，知伯宠之。及三晋分知氏，赵襄子最怨知伯，而将其头以为饮器。豫让遁逃山中，曰：“嗟

① 《孟子·齐人有一妻一妾》。

乎！士为知己者死，女为悦己者容。吾其报知氏之雠（通‘仇’）矣。”乃变姓名，为刑人，入宫涂厕，欲以刺襄子。襄子如厕，心动，执问涂者，则豫让也。刃其扞曰：“欲为知伯报仇！”左右欲杀之。赵襄子曰：“彼义士也，吾谨避之耳。且知伯已死，无后，而其臣至为报仇，此天下之贤人也。”卒释之。豫让又漆身为厉，灭须去眉，自刑以变其容，为乞人而往乞，其妻不识，曰：“状貌不似吾夫，其音何类吾夫之甚也。”又吞炭为哑，变其音。其友谓之曰：“子之道甚难而无功，谓子有志，则然矣，谓子知，则否。以子之才，而善事襄子，襄子必近幸子；子之得近而行所欲，此甚易而功必成。”豫让乃笑而应之曰：“是为先知报后知，为故君贼新君，大乱君臣之义者无此矣。凡吾所谓为此者，以明君臣之义，非从易也。且夫委质而事人，而求弑之，是怀二心以事君也。吾所为难，亦将以愧天下后世人臣怀二心者。”

居顷之，襄子当出，豫让伏所当过桥下。襄子至桥而马惊。襄子曰：“此必豫让也。”使人问之，果豫让。于是赵襄子面数豫让曰：“子不尝事范中行氏乎？知伯灭范中行氏，而子不为报仇，反委质事知伯。知伯已死，子独何为报仇之深也？”豫让曰：“臣事范中行氏，范中行氏以众人遇臣，臣故众人报之；知伯以国士遇臣，臣故国士报之。”襄子乃喟然叹泣曰：“嗟乎，豫子！豫子之为知伯，名既成矣，寡人舍子，亦以足矣。子自为计，寡人不舍子。”使兵环之。豫让曰：“臣闻明主不掩人之义，忠臣不爱死以成名。君前已宽舍臣，天下莫不称君之贤。今日之事，臣故伏诛，然愿请君之衣而击之，虽死不恨。非所望也，敢布腹心。”于是襄子义之，乃使使者持衣与豫让。豫让拔剑三跃，呼天击之曰：“而可以报知伯矣。”遂伏剑而死。死之日，赵国之士闻之，皆为涕泣。①

最初，晋国侠客毕阳的孙子豫让给范、中行氏做大臣，但并未受到重用，于是他就投效知伯，得到宠信。后来韩、赵、魏三国瓜分了知伯的土地。其中赵襄子最痛恨知伯，把知伯的头盖骨拿来作饮器。这时豫让逃到山里说：“唉！志士为了解自己的人而牺牲，女子为喜欢自己的人而打扮，所以我一定要替知伯复仇。”于是豫让就隐姓埋名化装成一个受过刑的人，潜伏到王宫里用洗刷厕所作掩护，以便趁机杀死知伯的仇人赵襄子。不久赵襄子入厕，忽然觉得心跳加快，就下令把刷厕所的人提来审问，才知道是豫让化装行刺。这时豫让竟拿出匕首说：“我要为知伯报仇！”卫士拿下他，要杀他，可是赵襄子却制止说：“这是一位义士，我只要小心躲开他就行了。因为知伯死后没

① 《战国策·赵策一》。

留下子孙，他的臣子中有肯来为他报仇的，一定是天下有气节的贤人。"

于是赵襄子就把豫让释放了。可是豫让继续图谋为知伯报仇。他全身涂漆，化妆成像一个生癞的人。同时又剃光了胡须和眉毛，把自己彻底毁容，然后假扮乞丐乞讨，连他的妻子都不认识他，看到他以后只是说："这个人长像并不像我的丈夫，可是声音却极像，这是怎么回事？"于是豫让就吞下炭，为的是改变自己的声音，他的朋友看到他时对他说："你这种办法很难成功，如果说你是一个志士还可以，如果说你是一个明智之士就错了。因为凭你这种才干，如果竭尽忠诚去侍奉赵襄子，那他必然重视你和信赖你，待你得到他的信赖以后，你再实现你的复仇计划，那你一定能成功的。"豫让听了这话笑了笑说："你的意思是为了老朋友而去打新朋友，为旧君主而去杀新君主，这是极端败坏君臣大义的做法。今天我之所以要这样做，就是为了阐明君臣大义，并不在于是否顺利报仇。况且已经委身做了人家的臣子，却又在暗中阴谋计划刺杀人家，这就等于是对君主有二心。我今天之所以明知其不可为却要这样做，也就是为了羞愧天下后世怀有二心的人臣。"

不久，赵襄子要外出巡视，豫让埋伏在赵襄子所必经的桥下。赵襄子骑马走在桥边时，马忽然惊跳起来，赵襄子说："这一定又是豫让。"经派人搜捕之后，果然是豫让。因此赵襄子就责备豫让说："你不是曾经侍奉过范、中行氏吗？知伯灭了范、中行氏，你不但不替范、中行氏报仇，反而屈节忍辱去臣事知伯。如今知伯身死国亡已经很久，你为什么如此替他报仇呢？"豫主回答说："当我侍奉范、中行氏时，他们只把我当作普通的人看待，所以我也就用普通人的态度报答他们；而知伯把我当作国士看待，所以我也就用国士的态度报答知伯。"于是赵襄子用怜惜的口吻感叹说："唉！豫让啊，由于你为知伯报仇，已经使你成为忠臣义士了。而寡人对待你，也算是仁至义尽。你自己想一想吧，寡人不能再释放你了！"于是赵襄子就下令卫士把豫让包围起来。

这时豫让又对赵襄子说："据臣所知，一个贤臣不阻挡人家的忠义之行，一个忠臣为了完成志节不爱惜自己的生命。君王以前已经宽恕过我一次，天下没有不为这件事赞扬君王的。今天我到这里行刺，按理您应在这里将我处死。不过我想得到君王的王袍，准许我在这里刺它几下，我即使死了也没有遗憾了。不知君王能否成全我的愿望？"赵襄子为了成全豫让的志节，就当场脱下自己的王袍由侍臣交给豫让。豫让接过王袍以后拔出佩剑，奋而起身，然后用剑刺王袍仰天长叹："啊！天哪！我豫让总算为知伯报了仇！"豫让说完话就自杀而死。赵国的忠义之士听说以后，都落泪惋惜不已。

定公问："君使臣，臣事君，如之何？"孔子对曰："君使臣以礼，臣事君以忠。"①

有一次，鲁国国君向孔子请教国君与大臣们应该怎样相处这一问题。孔子就对他说："作国君的要尊重大臣，大臣们才会竭尽全力对待国君。"孟子的话进一步说明了孔子的观点："君之视臣如手足，则臣视君如腹心；君之视臣如犬马，则臣视君如国人；君之视臣如土芥，则臣视君如寇仇。"②

曾子也说："用师者王，用友者霸，用徒者亡。"周武王用姜尚，尊其为尚父，汤用伊尹，都是用"师"，他们都非常谦虚，找一个"师"，便"王天下"，成大业。齐桓公用管仲，汉高祖用陈平、张良，刘备用诸葛亮，等等，都是"用友者霸"。人一般都喜欢用听话的人。例如，唐明皇的名相张九龄准备提拔一位才能不高、个性软弱且听话的高级干部。当时年幼的李泌跟在张九龄身边，便很直率地对张九龄说："公起布衣，以直道至宰相，而喜软美者乎！"就是说相国你自己也是平民出身，处理国家大事，素来正直无私，难道你也喜欢低声下气缺乏节操和能力的人吗？张九龄听了他的话，非常惊讶，马上很慎重地认错，改口叫他"小友"，因为那时的李泌还不到10岁。名相张九龄喜欢用"徒"，一般人更是如此。而甘受"目指气使"的人，大多都是"斯役之才"。所以"用徒者亡"，就是指专用服从的、听命的人，那是必然会失败的。在自己手中不亡，儿孙手中必亡，市场竞争越激烈越容易灭亡。世界经济一体化是必然的，现在很多行业是"土匪"混战，未来必定是某一行业中两军或数军对垒，"游击队"被收编势所必然，"散兵游勇"的活动空间将会越来越狭窄。

"盖君子易退，小人难退，二者并用，终于君子自去，小人犹留。"③君子必须礼遇才能得到，而且常常"合则留，不合则去。不苟容，不强合"。小人却不同，"名利禄位之所在，如蛆之丛粪，如蚁之附膻。予求奔竞之不暇，何问礼遇？挥之不去，斥之亦不去，以含垢纳辱为忍辱，以摇尾乞怜为顺承，以受骂受责为忠贞，何问合不合？"曾子说："晋楚之福，不可及也。彼以其富，我以吾仁。彼以其爵，我以吾义。吾何慊乎哉？"④对于"曾子"这样的贤者，全靠优礼有加，才能为"君"所用。

① 《论语·八佾第三》。

② 《孟子·离娄下》。

③ 《四库全书·史部·续资治通鉴·卷第八十七》。

④ 《孟子·公孙丑下》。

第二节　地久天长的道德传家之道

一、积善之家

魏文侯有一次正与大臣们谈话，太子击进来了，大臣们都恭敬地站起来，只有大名士田子方端坐不动。魏文侯脸上有几分不悦，太子击更是不高兴。

田子方知道他父子俩的意思，不禁一笑，说：“我为你站起来，不知是否合乎礼；我不为你站起来，不知是否犯了罪。请让我讲一个故事吧：楚恭王做太子时，到云梦去。路上遇到大夫工尹，工尹忙躲进一农户家，避而不见。太子下车，来到门口说：‘老先生，何必这样呢？我听说，尊敬一个人的父亲，不等于还要尊敬他的儿子。如果还要尊敬他的儿子，这是非常不吉利的。’工尹说：‘以前我只认识到你的外表，从现在起，我了解到你的内心了。’”

田子方说完，魏文侯马上意识到什么，点头夸道：“说得好啊！”之后，他让太子击站起来，将“尊敬一个人的父亲，不等于还要尊敬他的儿子。如果还要尊敬他的儿子，这是非常不吉利的”这句话一连说了三遍。

还有一次，田子方乘车赶路，与太子击相遇。太子击急忙下车，迎上前去，恭恭敬敬地行礼。田子方却端坐车上不动。太子击不高兴地说：“不知道贫贱的人更有资格瞧不起人，还是富贵的人更有资格瞧不起人？”

田子方淡淡一笑，说：“当然是贫贱的人更有资格瞧不起人，富贵的人怎么敢瞧不起人？国君瞧不起人，就要亡国；大夫瞧不起人，就要败家；至于贫贱的人，如果不得意穿上鞋子就走，到什么地方得不到贫贱呢？所以贫贱的人更有资格瞧不起人，富贵的人怎么敢瞧不起人呢？”太子见到魏文侯后，把田子方的话告诉了父亲。魏文侯说：“没有我儿子的过失，我怎么能听到贤人的金玉良言？”由于魏文侯重视对儿子的礼仪教育，这个太子击日后没有成为昏君。

《大学》有言“物格而后知至，知至而后意诚，意诚而后心正，心正而后身修，身修而后家齐，家齐而后国治，国治而后天下平。自天子以至于庶人，壹是皆以修身为本”，这段话的最好实践者就是曾国藩。

曾国藩给予部下的物质待遇很丰厚，但给自己的子孙却没有留下多少财产。这也同样是一种大智慧，因为“遗子黄金满籯，不如一经”。

曾国藩生前封侯拜相，满族荣华，死后没有留下什么财产田地、金银珍宝，留给子孙后代的是富厚的藏书、经世致用的准则。他认真思考了很长一段时间，把自己一生所得归纳为四条，并将它端端正正地写下来，要儿子悬挂中堂，每日诵读，恪遵不易，并世代相传下去。

余通籍三十余年，官至极品，而学业一无所成，德行一无许可，老大徒伤，不胜悚惶惭赧。今将永别，特将四条教汝兄弟。

一曰慎独则心安。自修之道，莫难于养心；养心之难，又在慎独。能慎独，则内省不疚，可以对天地质鬼神。人无一内愧之事，则天君泰然，此心常快足宽平，是人生第一自强之道，第一寻乐之方，守身之先务也。

二曰主敬则身强。内而专静统一，外而整齐严肃，敬之工夫也；出门如见大宾，使民如承大祭，敬之气象也；修己以安百姓，笃恭而天下平，敬之效验也。聪明睿智，皆由此出。庄敬日强，安肆日偷。若人无众寡，事无大小，一一恭敬，不敢懈慢。则身体之强健，又何疑乎？

三曰求仁则人悦。凡人之生，皆得天地之理以成性，得天地之气以成形，我与民物，其大本乃同出一源。若但知私己而不知仁民爱物，是于大本一源之道已悖而失之矣。至于尊官厚禄，高居人上，则有拯民溺救民饥之责。读书学古，粗知大义，即有觉后知觉后觉之责。孔门教人，莫大于求仁，而其最切者，莫要于欲立立人、欲达达人数语。立人达人之人，人有不悦而归之者乎？

四曰习劳则神钦。人一日所着之衣所进之食，与日所行之事所用之力相称，则旁人韪之，鬼神许之，以为彼自食其力也。若农夫织妇终岁勤动，以成数石之粟数尺之布，而富贵之家终岁逸乐，不营一业，而食必珍馐，衣必锦绣，酣豢高眠，一呼百诺，此天下最不平之事，鬼神所不许也，其能久乎？古之圣君贤相，盖无时不以勤劳自励。为一身计，则必操习技艺，磨炼筋骨，困知勉行，操心危虑，而后可以增智慧而长见识。为天下计，则必己饥己溺，一夫不获，引为余辜。大禹、墨子皆极俭以奉身而极勤以救民。勤则寿，逸则夭，勤则有材而见用，逸则无劳而见弃，勤则博济斯民而神祇钦仰，逸则无补于人而神鬼不歆。

此四条为余数十年人世之得，汝兄弟记之行之，并传之于子子孙孙，则余曾家可长盛不衰，代有人才。

孔子在《易传·文言传·坤文言》言："积善之家，必有余庆；积不善之家，必有余殃"是有深刻道理的。曾国藩对子孙的影响是深远的。他的两个儿子，一个是著名外交家，一个是著名数学家；孙辈中曾广钧 23 岁即中进士，是翰林院中年纪最小的，其他的也都从政从军，善始善终；曾孙辈则多是学者，各有专长。在国共两党中，也有曾家子孙的身影：国民党"国防部长"俞大维的母亲曾广珊是曾国藩的孙女,共产党元帅叶剑英(也曾任过国防部长)的夫人曾宪植,则是曾国藩之弟曾国荃的玄孙女;国民党的"国大代表"、后任台湾大学校长的曾宝荪,是曾国藩的长曾孙女,共产党原高教部副部长兼全国科联副主席曾昭抡,则是曾国藩之弟曾国潢的曾孙。可以这样说,曾家数代无一废人,未出一个纨绔子弟,这与曾国藩的家风是分不开的。曾国藩的第四代直系孙共15人,除昭润、昭撰20岁早逝,昭榕24岁早逝外,其余12人均取得了高等学校的学历,各有专长。宝荪、昭檙(曾约农)留学英国,昭权、昭桓留学美国。曾宝荪、曾约农是同辈中年纪最大的,同生于光绪十九年(1893),在英国留学后,姐弟在长沙创办"艺芳"女校。1946年春,湖南克强学院建成,曾约农受命为院长,曾宝荪则重建"艺芳"女校。之后,两人经香港去了台湾,曾宝荪继续任"国大代表",1978年7月病故,时年86岁;曾约农任台湾大学教授,东海大学第一任校长,1987年12月病故,时年95岁。其他兄弟姊妹,昭桦于1949年在香港乘飞机撞山身亡,年仅43岁;昭柯去了美国,1992年病故,终年74岁;昭权、昭棉、昭谏与宝菡都留在内地,除宝菡行医,其他都在文化教育界。

二、五福临门

五福临门来源于《尚书·洪范》:"一曰寿,二曰富,三曰康宁,四曰攸好德,五曰考终命。攸:乃、就。攸好德:遵行美德。考:老。考终命:老而善终。"《尚书》是我国最早的一部历史文献,是臣下对"君上"言论的记载。其自问世以来,被历朝历代所重视,被当代史学理论工作者所青睐,《尚书》中的某些观点,至今对我们的社会还有比较大的影响,"五福"的观念就是其中之一。

1. "寿"指的是活得长久

不到20岁死去叫作"短",少壮而死叫作"夭",没有结婚就死去叫作"折",生命的存在是一切福分的基础,对于或"短"或"夭"或"折"的人,即使富甲天下、贵为王侯,都不是有福报的人。

2. "富"指的是富有,富有是相对的

富有两种:一种是相对的,另一种是绝对的。"富甲天下"是相对的富,"身心自在清净"是绝对的富。第一种是"有所得"的乐,第二种是"无所求"的乐。第一种是混杂和短暂的乐,第二种是纯粹和恒久的乐。

1984年7月19日,《瞭望》杂志第29期刊登了一个专访,上面有河南商

城县河口村农民王驾运先生的中堂诗一首："依山傍水，瓦屋几间，朝也安然，暮也安然；耕种几亩责任田，种也由俺，管也由俺，丰收靠俺不靠天；大米白面日三餐，早也香甜，晚也香甜；的良的卡身上穿，长也称心，短也如愿；人间邪恶我不干，坐也心闲，行也心闲；晚间妻子儿女话灯前，古也交谈，今也交谈；安民政策喜心间，如今娱乐在人间，不是神仙，胜似神仙。"他的诗传到日本之后，日本姬路市书写美术协会会长福田一郎先生大受感动，与王老汉成了朋友。

"富"作为第二福气，当然指的是"无所求"的福，这里的"无所求"是满足自身欲望方面的"无所求"，所求的"富"也是对于除了自己之外的众人而言的。这一思想仍然被近代真正的"大家"所信奉。荣毅仁的父亲荣德生为无锡荣家梅园撰写的一副楹联就反映了这一古老的思想："发上等愿，结中等缘，享下等福；择高处立，就平处坐，向宽处行。"所谓"发上等愿、结中等缘、享下等福"，就是胸怀远大抱负、只求中等缘分、过普通人生活；"向高处立、就平处坐、从宽处行"，则是看问题要高瞻远瞩、做人应低调处世、做事该留有余地。荣毅仁老先生的一生忠实地践行了这一理念。比如，在中信公司刚成立，还在崇文门旅馆办公时，夏天太热，荣老自己掏钱为大家买饮料消暑，不用公款报销，早期进公司的人对此仍然记忆犹新。以后他买了几套住房，让没房的公司单身青年住，还一分钱不收。他说话无锡口音很重，偶尔给他当翻译的人犯怵，怕听不懂出错曲解了他的意思，他每次都很耐心地重复让翻译人员没那么紧张。

我们从天主教徒特蕾莎修女也能看到她的"富有"，她是一个出生在奥斯曼帝国科索沃省的斯科普里（前南斯拉夫联邦马其顿共和国的首都）的阿尔巴尼亚裔人，父亲尼格拉是成功的地方杂货承包商。她在 12 岁加入一个天主教的儿童慈善会时，就感觉自己未来的职业是要帮助贫寒，15 岁时，她和姐姐决定到印度接受传教士训练工作，18 岁时，她进了爱尔兰罗雷托修会，并在都柏林及印度大吉岭接受传教士训练工作，三学期后，特蕾莎修女正式到了印度的加尔各答，在圣玛莉罗雷托修会中学担任教职，主要是教地理。1931 年，特蕾莎正式成为修女，1937 年 5 月更决定成为终身职的修女，并依法国 19 世纪最著名的修女"圣女特莉莎"的名字和精神，改名为特蕾莎修女。1940 年，特蕾莎修女在圣玛莉罗雷托修会中学担任校长一职，但当时印度贫富差距非常大，校内一片安宁，但校外却满街都是无助的麻风病患者、乞丐、流浪孩童。1946 年，特蕾莎修女到印度大吉岭的修道院休息了一年，并强烈地感受到自己要为穷人服务的心，返回加尔各答后，她向当地的总主教请求离开学校和修会，但一直得不到许可。

1947年东巴基斯坦脱离印度独立，加尔各答涌入了数以万计的难民，传染病如霍乱和麻风病没有受到控制，在街头巷尾爆发开来，加尔各答的街头，学校的高墙外越来越像是地狱，折磨着特蕾莎修女的心。在不断向总主教以及梵蒂冈请求下，1948年，教宗庇护十二世终于给特蕾莎修女以自由修女身份行善的许可。并拨给她一个社区和居住所让她去帮助有需要的穷人。特蕾莎修女马上去接受医疗训练，并寻找帮手，1950年10月，特蕾莎修女与其他12位修女，成立了仁爱传教修女会。这所名副其实的贫病、垂死者收容院终于在1952年8月正式成立。

1960年，特蕾莎修女的收容所在加尔各答成为知名的地方，在街头生病、需要帮助的患者都知道这个能够让他们安息的地方。收容所开始急速成长，因人手不足，开始招募世界各地的义工，透过义工的口耳相传，也打开了世界的知名度。1969年，英国记者马科尔·蒙格瑞奇拍摄了一部以特蕾莎修女为主的纪录片*Something Beautiful for God*，片中拍出收容所和印度街头惊人的贫穷和无助，以及特蕾莎修女决定终身侍奉最贫穷的人的精神，让许多人相当感动，也让特蕾莎修女变成了世界名人。

1971年，教宗庇护十二世颁给特蕾莎修女和平奖；1975年Albert Schweitzer国际奖也颁发给她，1985年获得美国总统自由勋章；1994年获得美国国会金牌；1996年11月16日成为美国名誉公民；1979年获得诺贝尔和平奖。当时她拒绝了颁奖宴会和奖金。媒体问及她：“我们可能做什么促进世界和平?”她回答：“回家和爱您的家庭。”

说到这里，我们肯定明白了什么人最贫穷，什么人最富有。贫穷之人是随时随地都想取之于人的人，富人是心存感激，时时都想施之于人的人。《旧杂譬喻经》：有一人叫伊利沙，拥有万贯家财。但他生性吝啬，从不布施。吃的是猪狗食，穿的是破衣服。偶尔有朋友来吃上一顿，他却要自己饿上几天。这使我们禁不住想起了美国钢铁大王安德鲁·卡内基的名言：“在巨富中死去是一种耻辱”。

3. “康宁”指的是身体健康和内心宁静

有病方知身是苦，凡是饱受病痛折磨的人，都知道健康是多么的重要，“宁”指的是内心平静，但是在此竞争时代，失去了正确思维的时代，很多人的内心像长满了草一样，烦恼不堪。

要想获得健康的体魄，主要有四个途径：合理饮食、加强锻炼、注重休息、平和心态。人们对于前三个途径都比较重视，常常忽略的是心灵的宁静。

根据内科医生多年来的总结：“心理因素对人体健康的影响达到70%以上”。伍子胥一夜白了少年头，原因就是烦恼过度。《素问阴阳应象大论》记述："怒伤肝、喜伤心、思伤脾、忧伤肺、恐伤肾。"为什么说怒伤肝呢？其实，当一个人非常愤怒时，伤害的不仅仅是肝脏。人生气时为什么会脸红脖子粗？大脑平时所需要的血液大约占人体全部血液的2/3，思考时约占3/4，烦恼时约占4/5。而生气、暴怒时则占9/10，这时人体的全部血液，都往头部输送，所以，当一个人暴怒时，脸色会特别红，人体最大的动脉是心脏通往大脑的动脉，大约有大拇指这么粗，这两条动脉就在脖子的两旁，所以生气时显得脖子也特别粗大。人到中年，血管每年都在变窄，一年大约变窄1%~2%，如果是高血压、高血脂，每年变窄3%~4%，当人极度气愤时，可能一分钟动脉就能狭窄100%，当时就呜呼哀哉了。人生气时，浑身发抖，也是供血不足造成的。

1980年5月28日，世界卫生组织宣布，严重威胁人类生命健康的"天花"已经在世界范围内消灭。随后，一些专家指出，当今世界的医学模式已经转变：从生物—医学模式向社会—心理—医学模式转变，这一理念得到了世界卫生组织的认同。也就是说，1980年之前，人类得病的主要原因是由生物因素引起的传染病，比如呼吸系统疾病和消化系统疾病等，1980年之后，人类得病的主要原因是由社会和心理引发的慢性病，比如心脏病、糖尿病、尿毒症、白血病、恶性肿瘤等。社会因素主要是工业化生产所造成的环境污染，工业化生产模式进入农牧业领域后大量使用化肥、农药、激素、抗生素等化学物品所带来的食品安全问题。心理因素主要指的是激烈的社会竞争所带来的一系列心理疾病，比如抑郁症、焦虑症、精神分裂症、强迫症、躁狂症等。心理学上也有类似的实验，例如，把白老鼠分成两组，甲组的白老鼠每天喂饱后，偶尔用'电击'来刺激它们：乙组的白老鼠则尽量让它们挨饿。结果发现：甲组的白老鼠犯胃溃疡的比例，较乙组的老鼠高出了许多。这也说明了：产生胃溃疡的原因主要是精神紧张，而并非饥饿。这也是当年"于丹热"的主要原因，因为国学能够给我们提供精神食粮，如果一个人能够长期保持一种良好的精神状态，我们的身体就会具有不可思议的自我维护能力。

4. "攸好德"的基本层次是宅心仁厚，有爱心

"攸好德"的高层次就是曾子在《大学》中讲的："大学之道，在明明德，在亲民，在止于至善"的"至善"两个字。修炼的具体途径就是"格物致知"。

"格"的意思是去除，并不是"即物穷理"，"物"指的是各种私欲。"格物如拂明镜之尘，明镜本明晶莹洁，外为物尘所蔽，则内不能照。拂尘即格物功夫。不为世累，不为物害，不为形役，不为欲使，不为人任，不为名劳，不为利驱，不为生死累，以无为有，灭迹合天，此格物之功夫也。"格物的重要性，正如老子所言："宠辱若惊，贵大患若身。何谓宠辱若惊？宠为下，得之若惊，失之若惊，是谓宠辱若惊。何谓贵大患若身？吾所以有大患者，为吾有身，及吾无身，吾有何患？故贵以身为天下，若可寄天下；爱以身为天下，若可托天下。"[①] 王弼注说："宠必有辱，荣必有患；宠辱等，荣患同也。为下得宠辱荣患若惊，则不足以乱天下也。"宠一定跟着辱，荣一定跟着灾患。如果把宠和辱看轻了，那么就能化解大患。放下才能自在，大放下大自在，小放下，小自在。

对于普通大众，我们提倡低层次的攸好德——"宅心仁厚，乐善好施"。历史已经证明，如果陈义太高，反而会画虎不成反类犬。

5. "善终"指的是无疾而终或者是少疾而终

很多老人吃晚饭前对孩子们说，我有点瞌睡，去屋里躺一会儿，等孩子进去给老人家盖被子时，发现他已经走了，这是一种福气。古人说："不求好生，但求好死。"中国人骂人最重的话就是："让你不得好死"。可见"善终"是多么的有福气。人生本来有"五福"，可是我们这个特殊的时代，有太多的人误认为富贵就是人生的一切，为了追求富贵这一种福气，却丧失了其他四种福气。金钱本来是为人服务的，可是不知有多少人，却变成了金钱的奴隶。不知有多少人为财而死，这究竟是聪明呢，还是愚蠢？

我们在上面所说的"善终"是就一般意义而言的。其实还有更为细致的说法：小善终——没有遭到意外横祸，无病而终；中善终——不但没有病苦，而且心中没有怨气和内疚，仰不愧于天，俯不怍于地，安心地辞世；大善终——自己预先知道临终的时间，身心了无挂碍。既不着"有"，也不着"无"，只有大修行人才能做到。

孔子在《文言传·乾》中对上九爻做了总结："'亢'之为言也，知进而不知退，知存而不知亡，知得而不知丧，其唯圣人乎！知进退存亡而不失其正者，其唯圣人乎！""亢"这个词意思是，自以为自己的事业只会发展不会衰败，只会存在不会消亡，只会胜利不会失败。也许只有圣人才能了解进退存亡的相互联系，恰当地把握它们互相转化的关系，做到这一点，恐怕只有圣人吧！

三、花未全开月未圆

我国有一首古诗："做天难做四月天，蚕要温暖麦要寒，行人望晴农望雨，采桑娘子望阴天。"做天都难，何况做领导？干部职工有怨气在所难免。

① 《道德经·第十三章》。

原因有二：

一是人的个性、禀赋、品行千差万别，“好人”不知道“坏人”有多坏，“坏人”不知道“好人”有多好（这里的好人与坏人只是相对而言，没有绝对的“好人”也没有绝对的“坏人”，只是看问题的立场、角度不同，所产生的观念）。1998 年，海南发展银行被关闭时，是对人性的一次大暴露。平时如果干部职工对领导有意见，形势所迫，只能忍气吞声。可是一旦单位倒闭，就会忍无可忍。本来平时在领导面前言听计从、阿谀奉承的人，被领导视为心腹的人，这时却反戈一击、落井下石，一心一意要致领导于死地。反倒是那些平时沉默寡言，领导不太喜欢的人，却对领导忠心耿耿。

二是做官会残害人的本性，为官一世，身在江湖，身不由己，尽管没有做过伤天害理的事，但是肯定有“不得已而为之”之事，做一些违背自己良心的事在所难免。

曾国藩为近代大儒、知行合一的典范，终其一生都在践行“修身，齐家，治国，平天下”的信条。作为清朝中兴名臣，文事武功，天下无双。当时的文臣武将都推崇他，毛泽东和蒋介石也都大为推崇他。毛泽东青年时代说：“余于近人，独服曾文正。”蒋介石一生推崇、学习、效法曾国藩，认为曾国藩的著作是“任何政治家所必读的”。蒋介石任黄埔军校校长时，以曾国藩的爱民歌训练学生，还亲自编辑了《增补曾胡治兵语录》（“胡”指的是胡林翼，他是被现代人几乎忽略的晚清牛人，字贶生，号润芝（咏芝），湖南益阳人。道光进士，死时任湖北巡抚。胡林翼与曾国藩、李鸿章、左宗棠并称晚清中兴四大名臣之一。据说，青年时期的毛泽东读过《胡文忠公遗集》后，十分敬佩他这位老乡、前辈胡林翼的人品才华，遂将字改为润芝，后又改为润之，天下先有胡润芝，遂有毛润之）要求学员“人手一册”，将其作为治军治国之蓝本。在家庭教育上，蒋介石同曾国藩如出一辙。他在给蒋经国、蒋纬国兄弟的信中，从衣食住行、作文写字，到阅读功课，均提出了详细严格的要求。蒋经国在《我所受的庭训》一文中说：“父亲认为曾文正公对于子弟的训诫，可作模范，要我们体会，并且依照家训去实行。平常我写信去请安，父亲因为事忙，有时来不及详细答复，就指定曾文正公家训的第几篇代替回信，要我细细去参阅。”

曾国藩作为“立德立言立功三不朽，为师为将为相一完人”，晚年却静坐常思己过，写下了名垂千古的《求阙斋记》，请各位读者欣赏。

国藩读《易》至《临》（《临》指的是《周易》第 19 卦，地泽临，《临》上六：“敦临吉无咎。”敦厚宽仁地施政，臣民悦服，必然吉祥无灾），而喟然叹曰：刚浸而长矣，至于八月有凶，消亦不久也，可畏也哉。天地之气，阳至矣，则退而生阴，阴至矣，则进而生阳。一损一益，自然之理也（“临，刚浸而长，说而顺，刚中而应，大亨以正，天之道也。至于八月有凶，消不久也。”是“临”卦的《彖辞》。“临”卦下卦为泽卦，上卦为坤卦，泽卦初爻、二爻为阳爻，三爻为阴爻，坤卦三爻皆阴。九二爻居泽卦中位，上卦中位为六五，六五为阴爻，阴阳相应。在大的“亨通”下仍守其正，体现了天道！可是到了八月酉月，天地一片肃杀之气，小人渐趋猖狂，君子被压制，孔颖达解释说：“故八月有凶也。以盛不可终保，圣人作易以戒之也。”）。

物生而有嗜欲，好盈而忘阙（阙：同缺）。是故体安车驾，则金舆（帝王乘坐的车驾）镳衡（镶嵌黄金饰品的车辕横木），不足与乘（有了劳斯莱斯，还想要豪华私人游艇、私人飞机）；目辨五色，则黼黻文章（黼黻：古代礼服上绘绣的色彩绚丽的花纹。文章：错杂的色彩或花纹）不足于服（名牌时装装满了衣柜，还不满足，要去意大利进行私人订制）。由是八音繁会（八音繁会指的是八类乐器所弹奏出的美妙动听的乐曲：古代称金、石、丝、竹、匏、土、革、木为八音），不足于耳（世界顶级音响一应俱全了还不知足，还要想方设法召唤歌星现场演奏），庶羞珍膳（“庶”指的是肉类食物，“羞”指的是种类繁多，“珍膳”指的是正当时令的珍贵食物），不足于味（海参鲍鱼龙虾不能满足口腹之欲，还要遍寻珍稀动物甚至人奶）；穷巷瓮牖之夫（瓮牖：用破瓮塞窗户，指贫寒人家），骤膺金紫（膺：受。金：金印。紫：紫绶。“金紫”指的是黄金印章和系印的紫色绶带，后泛指高官显爵），物以移其体，习以荡其志，向所搤捥而不得者（“物以移其体”指的是物质生活大为改善。“习以荡其志”指的是精神生活也开始上了档次。扼（è）腕：握住手腕，表示激动的动作），渐乃厌鄙而不屑御（逐渐脱离百姓生活，不是名牌产品不用，不是名牌衣服不穿）。旁观者以为固然（旁观者认为这是理所当然的，有钱了就要享受。人在天堂，钱在银行，岂不是人生最大的悲哀）不足訾议（訾（zǐ）议：诋毁，议论。对于富贵人家的奢华生活，根本不值得大惊小怪）。故曰：“位不期骄，禄不期侈”（孔安国传：“贵不与骄期而自至，富不与侈期而侈自来。骄侈以行已，所以速亡。”），彼为象箸，必为玉杯（吃饭要用象牙所制的筷子，饮用必用昂贵的美玉制作的杯子）。积渐之势然也。而好奇之士，巧取曲营，不逐众之所争，独汲汲于所谓名者，道不同不相为谋。或贵富以饱其欲，或声誉以厌其情（厌：满足）。其于志盈一也。夫名者，先王所以驱一世于轨物也（轨物：法度与准则）。中人以下（中人：平常人），蹈道不实（蹈：实行），于是爵禄以显驭之，名以阴驱之。使之践其迹，不必明其意。若君子人者，深知乎道德之意，方惧名之既加，则得于内者日浮（从内心深处得到的品德体验一天天增加），将耻之矣。而浅者哗然骛之，不亦悲乎？

国藩不肖（不肖：自谦之词），备员东宫之末（备员：凑数，自谦之词。东宫：太子所居之地，当时曾国藩为詹事府左右庶子官），世之所谓清秩（清秩：清贵之官）。家承余荫，自王父母以下（王父母：祖父母），并康强安顺。孟子称“父母俱存，兄弟无故”，抑又过之。《洪范》曰：“凡厥庶民，有猷有为有守，不协于极，不罹于咎，女则锡之福。”（厥（jué）：其。猷：谋面。罹（lí）：遭遇。锡：与，赐给）若国藩者，无为无猷，而多罹多咎，而或锡之福，所谓不称其服者欤？于是名其所居曰“求阙斋”，凡外至之荣，耳目百体之嗜，皆使留其缺陷。礼主减而乐主盈，乐不可极，以礼节之，庶以制吾性焉。若夫令闻广誉（令闻：好名声），尤造物所靳予者，实至而归之，所取已贪矣，况以无实者攘之乎（攘：扰乱）？行非圣人而有完名者，殆不能无所矜饰于其间也。吾亦将守吾阙者焉。

曾国藩在这篇《求阙斋记》中，先从“临”卦中感受了物极必反的道理，日中则偏，月盈则亏，然后分析了人类欲壑难填的普遍心理，金钱、名誉、地位等满足人类欲望的东西都是越多越好。人们在追逐名利时，好“盈”而忘“阙”，结果必然是富贵皆不可保：“贵不与骄期而自至，富不与侈期而侈自来。骄侈以行已，所以速亡。”君子则不然，深知天道循环的道理，对于已有之名利是心怀戒惧的，而对天道茫然无知之辈，仍然对名利权情趋之若骛，不亦悲乎！最后，曾国藩分析了自己已经取得的成绩，认为朝廷所给予的待遇，并非都是理所应当的，表明了自己的追求，对于名利之事，都要戒“盈”求“阙”：“势不可以使尽，使尽则祸必至；福不可以受尽，受尽则缘必孤；话不可以说尽，说尽则人必易；规矩不可行尽，行尽则事必繁。”①

曾国藩深谙“亢龙有悔”的道理，日中则偏，月盈则亏，所撰写的《求阙斋记》也绝非矫揉造作。1838 年，27 岁的他考中进士，成为军机大臣穆彰阿的得意门生。朝考列一等第三名，道光帝亲拔为第二，选为翰林院庶吉士。此后十年间，七次升迁，连升十级，1848 年升至二品官位。这篇《求阙斋记》写于 1845 年，正值事业蒸蒸日上之时。身为董事长，是否应该向曾国藩学习呢？是否应该谨记这句名言呢？“花未全开月未圆，寻花待月思依然。明知花月无情物，若是多情更可怜。”②

① https：//www. sohu. com/a/235081774_ 661488。

② 蔡襄：《十三日吉祥院探花》。

第八章

面向未来　塑造共同体管理体系

对于员工的表现，企业所有者念兹在兹、朝思暮想的就是：“努力到无能为力，拼搏到感动自己！”“老板”与董事长、董事局主席的“梦”能实现吗？从理论上说是可以的。试想在冷兵器时代的古战场上，无论是白雪皑皑、寒风刺骨的严冬，还是七月流火、汗流如注的炎夏，旌旗阵阵、残阳如血。在杰出元帅的感召下，战鼓声声中，将士们出生入死、浴血奋战、死不旋踵！战场上是尚且如此，企业管理难道不能做到让员工努力拼搏、自动自发？

第一节　未来已来　将至已至

一、东方既白　开物成务

子曰：夫易何为者也？夫易，开物成务，冒天下之道，如斯而已者也！是故圣人以通天下之志，以定天下之业，以断天下之疑。①

南公怀瑾对这段话的解释是：“《易经》究竟是一部什么样的书呢？第四章里孔子已经作过答案，说到‘易与天地准，故能弥纶天地之道’。可是在本章里，对于《易经》这门学问，又有另外的答案：‘开物成务，冒天下之道，如斯而已者也！’他说《易经》的学问是‘开物’，开发宇宙万物——天文、地理、人事、看得见的光明面、看不见的阴暗面、看得见的阳世间、一切的一切等等，这就是‘开物’；‘成务’，成就一切人世间的事情，你要想办事，非要真正通了《易经》，才能真办事。换句话说，‘开物’用现代的术语讲就是要把物理世界的根本找出来；‘成务’，就是把人生的根本法则找到。‘冒天

① 《周易·系辞上》。

下之道'，'冒'就是我们现在年轻人所谓的'盖'，把天下的一切统统都盖下去了，宇宙万物一切最高的道理、原则，都在它的范围之内。'冒天下之道'，大原则都在这里边；'如斯如已'！不过如此而已！很轻松的，不过是这样的一个学问罢了。可是连这一步我们都过去不了，我们就是过不去，连八八六十四卦都摆不出来，要想过去，那是很难办到的。如果六十四卦你还摆不来，想'冒天下之道'，也冒不来呀！"[①]

在人类历史的发展过程中，颠覆性创新有很多。中华先民的作为足以让我们感到自豪。

人工火的取用在人类进化史中绝对具有划时代的意义。从100万年前的元谋人到50万年前的北京人，都留下了使用火的痕迹，但是那时用的都是自然火。直到旧石器中晚期，燧人氏在河南商丘"察辰心而出火，作钻燧"，中华先民才能够熟食与取暖，结束了饮毛茹血的历史："民食果蓏蚌蛤，腥臊恶臭而伤害腹胃，民多疾病。"[②] 人工火的使用使人类拥有了有别于其他动物的强大力量，促进了人类体质与智力的发展；燧人氏之子伏羲氏，作八卦[③]、制渔网[④]、作瑟作琴制定嫁娶礼仪，使中华民族踏上了文明之旅。但是，野外采集食物与捕猎，在很大程度上依赖上天所赐，未能获得食物时只能等死。神农氏推出的人工种植农作物的方法、"挠木为耒，教民耕耨，民始食谷"、作陶冶斤斧、"尝百草之滋味，水泉之甘苦，令民之所避就"，使中华民族正式进入原始农业时代。我国的"四大发明"更是对世界产生了重要的影响。李约瑟感叹道："倘若没有中国古代科技的优越贡献，我们西方文明的整个过程，将不可能实现。试问若无火药、纸、印刷术和罗盘，我们将无法想象，如何能消灭欧洲的封建主义，而产生资本主义。"[⑤]

18世纪中期以前的农业文明时代，饥饿、疾病、劳役等困扰着人类。但是，自18世纪中期工业革命兴起以来，人类日渐从贫困、疾病、劳役中解放出来。以蒸汽革命为标志的第一次工业革命，开启了农耕文明向工业文明的过渡，使人类从繁重的体力劳作中解放出来；以电气革命为标志的第二次工业革命，促进了电力、钢铁、交通等行业的发展，缩短了时间与空间，全球化的政治、经济体系逐渐形成；以信息革命为特征的第三次工业革命，使大多数国家都进入全球化的进程中，地球村日渐形成，人类物质文明达到空前

---

① 南怀瑾：《易经系传别讲》，复旦大学出版社1997年版，第309-310页。

② 王先慎：《韩非子集解》，中华书局1998年版，第442页。

③ 八卦符号，可以视为中华民族最早最原始的示意文字。

④ 网罟的发明是生产工具的重大发明，是当时促进生产力发展的核心要素。

⑤ 文聘元：《西方艺术的故事》，百花文艺出版社2003年版，第81页。

高度；以绿色革命为特征的第四次工业革命的序幕正在徐徐拉开。

在200多年的世界工业化进程中，由于日渐僵化的文化传承①、自身强大而导致的“妄自尊大、天朝观念、闭关锁国”②，中国非线性思维主流的限制等错综复杂的原因，中华民族在前三次尤其是前两次工业革命中被边缘化了。中国GDP占世界总量的比重，由1820年的1/3下降至1950年的不足1/20。两次鸦片战争、甲午战争以及二战日军侵华，使曾经是世界文明引领者的中华大地黎庶涂炭、哀鸿遍野、疮痍满目、赤地千里、百孔千疮。百年血泪史唤起了中华民族的泣血抗争，中华人民共和国成立后，我国建立了完整的工业体系。在第三次工业革命中，有的后来者、追赶者逐渐在某些领域成为领先者。进入21世纪之后，在某些领域，中国科技发展第一次与美国、欧盟、日本等处于同一起跑线上，甚至成为领跑者。

2016年5月，中共中央、国务院印发了《国家创新驱动发展战略纲要》（以下简称《纲要》）。《纲要》指出：要“坚持走中国特色自主创新道路”“总体上扭转科技创新以跟踪为主的局面。在若干战略领域由并行走向领跑，形成引领全球学术发展的中国学派，产出对世界科技发展和人类文明进步有重要影响的原创成果。”“强化原始创新，增强源头供给。”“大力支持自由探索的基础研究”“以体制机制改革激发创新活力”。

走中国特色的自主创新道路，进行原始创新，形成原创成果，可谓“路漫漫其修远兮”。

2016年4月，中华人民共和国国务院科技部、中共中央宣传部颁布了《中国公民科学素质基准》（以下简称《基准》），包括科学知识、科学能力、科学精神三个范畴，共26条基准，130个基准点，涵盖了《科学素质纲要》提出的科学技术知识、科学方法、科学思想和科学精神的“四科”，以及处理实际问题的能力和参与公共事务的能力“两能力”的全部内容。《基准》适用范围为18周岁以上，具有行为能力的中华人民共和国公民。第一条基准“知道世界是可被认知的，能以科学的态度认识世界”中的第2个基准点是：“了解中华优秀传统文化对认识自然和社会、发展科学和技术具有重要作用”；

① 自汉武帝罢黜百家开始，除唐朝之外，中国传统文化中最为灿烂辉煌的“百花齐放，百家争鸣”光辉即被窒息，到朱子理学成为科举考试的法定科目，中国传统文化日渐僵化，最后形成了大师之下、群蚁云集的局面。

② 遵照“论古必恕”的治学态度，我们对于“乾隆皇帝目空一切所导致的马甘尼事件，清政府的闭关锁国政策”便能心平气和地予以理解。“富贵而骄”是人类的通病，个人如此，国家亦然。今天的美国不也是如此么？“富贵而骄，自遗其咎”也是历史发展的必然规律，美国当局者如不悬崖勒马、幡然醒悟，“自遗其咎”将是必然的结果。

第二条基准“知道用系统的方法分析问题、解决问题”中的第 9 个基准点是：“知道阴阳五行、天人合一、格物致知等中国传统哲学思想观念，是中国古代朴素的唯物论和整体系统的方法论，并具有现实意义。”

《基准》的颁布，如平地一声雷，支持者有之，强烈抵触者有之，双方在报纸、网络、电视上激烈交锋。为了探究真理，2017 年 2 月 25 日，中国科学院全力支持、中国科普博览承办的“SELF 格致论道”的辩论开坛，双方代表人物在北京海淀体育馆面对面论辩。

反方代表是中国科学院高能物理研究所研究员、中国科学院粒子天体物理重点实验室主任、博士生导师张双南。张双南先生是清华大学学士、英国南安普敦大学博士、美国宾夕法尼亚大学博士后；2002~2009 年 4 月任清华大学特聘教授，中国天文学会副理事长；中国“十一五”空间科学规划主要专家和统稿人；中国载人航天工程“921 二期”有效载荷空间天文分系统负责人；获国家杰出青年基金资助；2007 年获“赵九章优秀中青年科学奖”，2008 年入选教育部长江特聘教授；科技部“973 项目”“黑洞以及其它致密天体物理的研究”首席科学家，在黑洞研究方面做出了突出贡献；1994 年获美国太空总署集体成就奖，并获了诺贝尔提名奖。在天体物理学界，先生属于学阀级人物。

正方代表是北京大学地球物理系空间物理专业理学学士与哲学硕士、中国社会科学院哲学博士、清华大学人文学院教授、科学史系系主任吴国盛。

张双南先生从科学的三要素出发，坚定不移地否定了《基准》的第 9 个基准点。2017 年 6 月 23 日，《科技日报》全文刊登了张双南先生的观点。张教授所说的科学三要素：一是目的，是要发现各种规律；二是精神，包括三个内容：质疑、独立、唯一；三是方法，包括三个内容：逻辑化、定量化和实证化。[①] 因此，阴阳五行和天人合一是不科学的。吴国盛先生从科学史的角度出发，提出自己的见解，描述了原生的希腊科学及其衍生的近代科学。对于吴国盛的回答，北京大学哲学系教授章启群是不满意的：“吴国盛先生这里对于‘科学是什么’几乎没有实质性的界说。如果把吴国盛先生对于‘科学’的描述看作是一种理论逃避，可能言重了，但他的表述的确是理论上虚晃一枪的撤退姿势。”[②]

笔者认为，美国丹尼尔·科伊尔的《一万小时天才理论》是有一定道理的。纯粹西化的自然科学家如果对中国传统文化最为神秘的部分，如阴阳五

① 张双南：《科学和宗教、伪科学的区别》，《科技日报》2017 年 6 月 23 日。

② http：//zhangqiqun. blog. caixin. com/archives/182619。

行的发明原理、《易经》的创造天机、天干地支的背后机理、老子的“人法地、地法天、天法道、道法自然”的“道”与“自然”、奇经八脉的发现路径一无所知，便断言它们是不科学的，这本身就是不科学的表现。反方如果没有对中国传统文化进行过平心静气的研究，就对其口诛笔伐，恐怕这本身就不是科学的态度。

2016年至2018年，“工匠精神”四个字连续三次被写入政府工作报告。2016年的表述是：“鼓励企业开展个性化定制、柔性化生产，培育精益求精的工匠精神，增品种、提品质、创品牌。”2017年又表述为：“大力弘扬工匠精神，厚植工匠文化，恪尽职业操守，崇尚精益求精，打造更多享誉世界的‘中国品牌’，推动中国经济发展进入质量时代。”2018年再次表述为：“全面开展质量提升行动，推进与国际先进水平对标达标，弘扬工匠精神，来一场中国制造的品质革命。”

就“厚植工匠文化”而言，我国古代文献典籍中对工匠记录最多的恐怕非《庄子》莫属。如庖丁（《养生主》）、匠石（《人间世》《徐无鬼》）、伯乐（《马蹄》）、为圃者（《天地》）、轮扁（《天道》）、佝偻者、梓庆、东野稷、操舟人、吕梁善游者、工倕（《达生》）、捶钩者（《知北游》）等。下面，随取一例，来领略一下究竟何为中国式工匠精神。

> 梓庆削木为鐻，日成，见者惊犹鬼神。鲁侯见而问焉，曰：“子何术以为焉？”对曰：“臣，工人，何术之有！虽然，有一焉：臣将为鐻，未尝敢以耗气也，必齐以静心。齐三日，而不敢怀庆赏爵禄；齐五日，不敢怀非誉巧拙；齐七日，辄然忘吾有四枝形体也。当是时也，无公朝。其巧专而外骨消，然后入山林，观天性形躯，至矣，然后成鐻，然后加手焉，不然则已。则以天合天，器之所以疑神者，其是与！”①

鲁国有一位从事细木的工匠梓庆，有一次他为宫廷制作了一具乐器（鐻）。见到的人都为这个巧夺天工的鐻而目瞪口呆，说是鬼斧神工！鲁国国君问梓庆：“您老究竟是用的什么神奇的技术才造出如此神奇的东西呢？”梓庆回答说：“臣只是一个普通的工人而已，哪里有什么神奇的技术！如果一定说有，也算有一点吧。臣做鐻之前，先凝神静气，到第三天时，一切功名利禄都抛于脑后；到第五天的时候，就把制作鐻的成败忘于脑后，‘不敢怀非誉巧拙’；到了第七天，把自己的四肢形体也忘记了，身体上的一切冷暖温饱不

① 《庄子·达生》。

再影响自己的心绪，也忘记了是为朝廷制作鐻。灵魂与制作的鐻合二为一，制心一处，一念不生，进入山林，观察什么样的材质与念念不忘的鐻能够合二为一，然后才动手制作，不用刻意制作而成鐻。我制作的鐻是'天、器、人'的合一，所以大家惊犹鬼神，这就是我的'术'。"

一般人都把庄子所记录的"工匠故事"视为寓言，可真的只是寓言吗？放眼当今天下，能够做到1分钟"忘吾有四枝形体"的技术工作者抑或科技工作者，有吗？能够做到1小时"忘吾有四枝形体"的技术工作者抑或科技工作者，有吗？能够做到1天"忘吾有四枝形体"的技术工作者抑或科技工作者，有吗？如果有，那庄子所言的还只是寓言吗？庄子所记录的工匠都达到了三个境界：无我、无物、物我两忘。如果三百六十行，行行有一两位这样的"能工巧匠"，中国特色的自我创新之路就会畅通无阻。

"无我、无物、物我两忘"的境界毕竟太难达到了。如果每个单位能有一两位技术工作者抑或科技工作者做到"少我、少物、物我半合一"，那么单位"扭转科技创新以跟踪为主的局面"就不是一句空话。对于每个单位的工作者来说，如果大部分人能够在某种程度上摆脱物质束缚，"万众"创新的目标就一定能实现："心心在一艺，其艺必工；心心在一职，其职必举。"

《周礼·考工记》（以下简称《考工记》）记述了战国时期的制造工艺，在中国科技史、工艺美术史和文化史上都占有重要地位。目前，国人对于工匠精神的理解，通常指劳动者（特别是技术工种）精益求精的工作态度与行为。这种理解与古人的概念相差巨大，阻碍了大国工匠的产生。

知者创物，巧者述之守之，世谓之工。百工之事，皆圣人之作也。烁金以为刃，凝土以为器，作车以行陆，作舟行水，此皆圣人之所作也。[①]

古人讲工匠分为三个层次，首先是匠心独运的发明家，被称为"知者"；其次是"巧夺天工"的能工巧匠，把自己的制作经验进行总结，传授给他人，被称为"巧者"；最后是世世代代传承"巧者"技艺的工匠。他们都被尊称为济世的圣人，具有尊崇的社会地位[②]。"知者"实现了从0到1的突破，他们的创造是原创性的，是世界上最伟大的发明家；"巧者"在"知者""1"的基础上，逐渐实现2~9，贡献于人类的福祉；"工者"传承了"巧者"的2~9。

---

① 《周礼·考工记》。

② 张继宏：《中国自信的文化考量：文化自信铸就匠世匠心》，东方出版社2017年版，第241页。

《考工记》上述这段话只有51个字，但是对于落实"大众创业，万众创新"具有重要的启发意义。一是就古人对"知者""巧者"和"匠者"的概念区分而言，翁文波先生是伟大的科学家，先生的《预测学》对人类的贡献是持久的！但是，先生位于"巧者"与"知者"之间，对天干地支的运用是知其然而不知其所以然。如果将来有科学家能够明了天干地支、阴阳五行、具茨山岩画的产生原理，甚至身心能与之合一，并汲取西方科学智慧成果，在自己的研究领域实现中西融合，那么中国的原始创新将会进入一个新的历史时期。"实现前瞻性基础研究、引领性原创成果重大突破"，也许会在科技界成为常态。二是古人将"知者""巧者"和"匠者"的工作都称为"圣人之所作也"，这种对"工匠"的评价标准对于今天关于成功的定义具有引导的作用。长期以来，我们关于人生成功与否皆以金钱的多少、地位的高低、名气的大小来衡量，不知多少人被扼杀在功名利禄的路上。对此，中国社会科学院美国研究所所长、《美国研究》杂志主编资中筠女士忧心忡忡："我最担心的是教育，教育是百年树人，如果中国的教育再不改变，人种都会退化……家长们都喜欢说一句话，叫'不要输在起跑线上'，实际上中国的孩子已经输在起跑线上了，中国现在的教育，从幼儿园开始，传授的就是完全扼杀人的创造性和想象力的极端功利主义。"① "子曰：古之学者为己，今之学者为人。"② 如果我们的教育能引导学生"为追求人生真理"而学习，或者退而求其次，树立多样化的成功标准，那么落实政府所倡导的"大众创新"就会更顺畅，《中国制造2025》的战略方针和目标也会如期落实。

翁文波的"预测学"为科技界的"中国方法"打开了冰山一角，翁老深受启发的以"天干地支"为代表的古代天文学只不过是先秦科技思想的一个果，而不是因。顺着这个果追溯中国先民认识世界、解读宇宙的因，步入"知者不得说，美人不得滥"③ 的"真人"境界，新时代的"知者"必将掀开中国科学研究新的一页。在某些基础理论领域取得重大突破性、颠覆性创新是可以期待的，在天文学、生命科学、工程技术、农业水利技术等领域，形成全球创新引领能力，建成全球领先的技术体系和产业体系，并非天方夜谭④。

---

① http：//www. sohu. com/a/211491138_ 823895。

② 《论语·宪问第十四》。

③ 《庄子·田子方》。

④ 张继宏：《中国自信的文化考量：文化自信铸就匠世匠心》，东方出版社2017年版，第255页。

二、中华民族 紫气东来

奥斯瓦尔德·斯宾格勒（1880~1936）是德国著名的哲学家、历史学家和文学家，他认为西方传统的把世界历史分为上古、中古和近代的方法，是欧洲人骄傲自满和近视的产物。他运用“整体样式”和“怀疑的能力”创造了一种研究历史的新方法，进行世界文化与文明的比较研究。第一次世界大战期间，他在慕尼黑的一所贫民窟里，在暗淡的烛光下完成了他的名著《西方的没落》。他认为，西方文明只是世界众多文明中的一部分，而且这个文明正在走向衰落。“《西方的没落》绝非是在为西欧文明唱挽歌，而是要让‘欧洲诸民族’尤其德意志族保持‘醒觉状态’，承担起‘西方人’的‘世界历史’命运。”①

20世纪，除了斯宾格勒，还有一位汤因比，也是西方思辨历史哲学的集大成者。阿诺德·约瑟夫·汤因比（1889~1975），是英国著名历史学家，他的《历史研究》共12册，研究了人类6000年以来的26个文明，他认为，每个文明都会经历五个阶段：起源、生长、衰退、解体和灭亡。文明的成长是由于在这个社会内，具有“创造性的少数人”对“挑战”不断进行“应战”与创造；文明的衰落则归结为一个文明丧失了“自决能力”。② 汤因比曾分别于1929年和1967年两度来华访问，对中国文化有极高的评价。1974年，情系人类文明的汤因比在《展望二十一世纪——汤因比与池田大作对话录》中说道：“将来统一世界的大概不是西欧，也不是西欧化的国家，而是中国。”③ 在汤因比看来，19世纪是英国人的世纪，20世纪是美国人的世纪，而21世纪将是中国人的世纪。当然，值得强调的是，汤因比说21世纪是中国人的世纪，主要是指中国的文化尤其是儒家思想和大乘佛教引领人类走出迷误和苦难，走向和平安定的康庄大道。他认为，以中华文化为主的东方文化和西方文化相结合，将是人类未来最美好和永恒的新文化。

汤因比的结论，如果对世界各国“以文化人”之文化有广泛而深入研究的话，就知道他所说的有一定道理或者很有道理。但是，被西方历史分期包

① 北京语言大学比较文学研究所：《比较视野下的古典与现代、西方与东方会议手册》，2017年10月14日，第22页。

② ［英］阿·汤因比：《历史研究（下册）》，曹未风译，上海人民出版社1964年版，第453-454页。

③ ［日］池田大作等：《展望二十一世纪——汤因比与池田大作对话录》，荀春生等译，国际文化出版公司1999年版，第278-279页。

围的学者（包括哲学家、历史学家、科学家等），却持强烈的排拒态度。笔者属于文化自信、中国自信的一派，对中西融合的中国未来科技充满期待。下面，从中国历史的“治理”观念与西方历史的“管理”角度，谈谈笔者的浅见与“自信”。

整个动物界特别是高级动物都有其独特的管理活动，比如狼群的团队管理、“孙大圣”的霸道管理、蜜蜂的无意识管理等，其井井有条的管理效率常常让人类感到自愧不如。由于人类是高级动物，其思维活动的复杂性是其他动物不可比拟的，加上智能贤愚的分殊、文化的差异性等，人类的管理难度进一步加大。管理作为人类活动的重要方式，具有十分重要的作用。“在人类活动中，也许再没有比管理更重要的领域了。”①

20 世纪 90 年代，全球兴起了治理思潮。治理理论源于整体性思考，1977 年希克斯在其著作《整体政府》中首次对整体性治理理论进行概括。1999 年，希克斯在著作《圆桌治理》中，又对如何建构整体政府作了一些具体的策略设想。2002 年的《迈向整体性治理：新改革议程》对公共管理的问题和弊端进行了批判，并创造性地提出了“整体性治理”。

对于西方人来说，“整体性治理”是一种全新的理念，但是对于中国人来说，这几乎是常识。中西管理学说从一开始就具有明显的差异。西方属于海洋文明，具有明显的征服性特征，是天人对立的线性文化；传统中国属于陆地与江河文明，具有明显的和谐性特征，是天人合一的非线性文化。天人对立影响到了西方社会的方方面面，在哲学领域里物质与精神对立，在宗教领域里上帝与撒旦对立，在政治领域里执政党与反对党对立，在企业管理领域里资本方与工会对立等；而中国则恰恰相反，在天人合一思想的影响下，中国传统文化中拥有丰富的治理思想，阴阳、儒、墨、法、道、兵等家著书立说的目的都是“务为治者”②，由此便形成了中华民族源远流长的“治道”传统。其中，道家治理哲学非常完备：一是以天下看待天下的思想成就了中国传统文化中的“大公”内涵。庄子认为：“夫有土者，有大物也。有大物者，不可以物。”③天下不是一般的财富，只有超越独占者、主宰者的自私心态，与民众共享天下，才能守住天下：“藏天下于天下”④，把天下藏于天下，就是不藏，唯有不藏才能不失，唯有不想占有万物，万物才能为我所有。二是因

① ［美］孔茨、奥唐奈、韦里克：《管理学》，黄砥石等译，中国社会科学出版社 1987 年版，第 11 页。

② 《史记 · 太史公自序》。

③ 《庄子 · 在宥》。

④ 《庄子 · 大宗师》。

任自然的世界观。在人法地、地法天、天法道、道法自然思想的影响下所形成的因任自然观对中国历史产生了深远影响。大禹治水、后稷稼穑、汤武革命等都是因任自然的结果。因任民性是治国理政的大经大法。三是治理天下不能千篇一律。老子认为："故以身观身，以家观家，以乡观乡，以邦观邦，以天下观天下。"① 只有根据治理对象的不同，采用不同的治理方法，才能水到渠成，事半功倍。四是效法上善若水的水德："上善若水。水善利万物而不争，处众人之所恶，故几于道。居善地，心善渊，与善仁，言善信，正善治，事善能，动善时。夫唯不争，故无尤。"② 水滋养了万物却最为低调，水往低处流，甘愿处在最低、最脏的地方，因为水具有"善地、善渊、善仁、善信、善治、善能、善时"的品德与才具，又无所争，"故无尤"，且天下莫能与之争。

儒家、法家、兵家、阴阳家的"整体治理"思想也极为丰富，在新的时代背景下，如果能够古为今用，并坚持洋为中用，汲取西方某些管理思想精华，就能使中国古代的民本思想和治道传统枯树发新枝，不仅可以实现制度自信、道路自信、理论自信与文化自信，还能使世界文明进入新阶段。

三、管理学的未来视域

2010年，在加拿大蒙特利尔举行的美国管理学会年会期间，凯特琳·穆夫、托马斯·迪利克、马克·德雷韦尔等六位国际知名学者所著的《造福世界的管理教育——商学院变革的愿景》，受到了这次会议的程序委员会主席徐淑英女士的关注。2014年6月，这本著作由周祖城和徐淑英两位教授译校、北京大学出版社出版。进行译校的两位教授可谓著作等身、大名鼎鼎。周祖城先生是上海交通大学安泰经济与管理学院教授、全国MBA商业伦理与企业社会责任课程责任教授；徐淑英女士是香港科技大学创系主任、中国管理研究国际学会（IACMR）创会主席、美国管理学会（AOM）第67届主席、美国亚利桑那州立大学荣誉退休教授、北京大学和上海交通大学杰出客座教授、南京大学荣誉教授。

该著作直面当今世界管理教育中存在的重大问题，系统提出了未来管理教育应当履行的三大任务：教育和培养有全球责任感的领导者；促成商业组织为共同利益服务；参与企业和经济转型。学者们的研究提出了未来商学院

① 《道德经·第五十四章》。

② 《道德经·第七章》。

变革的愿景，至于提供可操作性的具体方略需要由更多的参与者才能完成。

周祖城先生和徐淑英女士指出：“如果说过去的30年中，中国的管理教育更多的是在学习西方的理论和实践，那么，现在到了这样一个时候：在造福人类和地球的愿景下，既要学习借鉴各国的经验，又要充分考虑中国文化的特点，在人才培养、科学研究、社会服务方面，走出一条自己的路，对世界管理教育做出独特贡献。深处这样一个充满挑战和机遇的时代，中国管理教育大有可为，中国管理教育工作者大有可为。”①

首先，我们遇到的是一个什么样的“充满挑战和机遇的时代”呢？

从科技发展的角度而言，人类被机器人战败的例子不断涌现。1997年，IBM研制的超级电脑“深蓝”在标准比赛时限内以3.5：2.5的累计积分击败了国际象棋世界冠军卡斯帕罗夫，震惊世界。“深蓝”的设计者许峰雄曾表示，一般的国际象棋手能想到后七步就很不错了，但“深蓝”能想到12步，甚至40步，棋手当然不是计算机的对手。2008年，一场人机德州扑克牌大赛在美国赌城拉斯维加斯举行，一台名为“北极星2”（Polaris 2）的电脑连续击败了6名德州扑克牌顶级职业选手。2011年3月，一只以数学模型进行交易，并启用机器人作为“基金经理人”的基金，仅靠6个电脑程序就创造出1.9%的回报率，击败了日本最优秀的基金公司。2016年3月，谷歌人工智能AlphaGo以总比分1：4的战绩战胜职业九段棋手李世石。2017年10月，谷歌子公司Deepmind又在《自然》期刊上发表了关于AlphaGo的新论文，并宣布新版AlphaGo——AlphaGo Zero可以在没有人类指导的情况下学习，其水平超过此前所有AlphaGo（阿尔法狗）。更惊人的是，Zero经过三天训练就能够击败AlphaGo Lee（即战胜李世石的版本），节约了超过90%的时间，且胜率是100：0。40天之后，Zero甚至超越了姐妹版本Master（即战胜柯洁的版本），对Master实现90%胜率。Zero达到目前人类的棋力，只花了三天时间，大约70小时，下了490万局。很多人说，阿尔法用三天时间，超过了人类3000年。

新闻媒体所报道的人机大战中，人类被不断战胜的新闻，只是现代科学技术发展的冰山一角。我们通过雷·库兹韦尔的《奇点临近》、戴维·皮尔斯·斯奈德的《改变世界的五大趋势》、阿尔文·托夫勒的《权力的转移》等未来学著作，就知道人类社会将发生更为深刻、持久、全面的变革。2015年1月20日，李彦宏、冯仑、杨元庆、徐小平等19位知名企业家和投资人发

① ［瑞士］凯特琳·穆夫等：《造福世界的管理教育——商学院变革的愿景》，周祖城、徐淑英译校，北京大学出版社2014年版，译者序，第3页。

起成立了未来论坛。未来论坛下设“理解未来”系列讲座，每个月举办一次。关注话题是未来 10~30 年科技带给人类的变化，引发对未来的思考。领域覆盖物理、化学、数学、生命科学、医疗、科技，话题从人工智能、未来计算机到星际穿越、基因重组，再到大数据精准医疗。未来论坛网罗了掌握全球最新科技和有洞见的人，进行跨界、跨地域、跨年龄的交流互动，涤荡视野，激荡思想，预见未来。笔者通过观看这些讲座，认为人类即将进入一个前所未有的时代。这一变化，犹如当初人类由原始社会进入农业文明时代所带来的变化一样大！

其次，作为大有可为的中国管理教育和管理教育工作者又将何以拥抱这个伟大的巨变呢？

众所周知，现代西方管理学是建立在工业革命基础之上的，主要服务对象是以人工劳动为主的大型工业企业。世界各国的工商管理学科建设是围绕科层制管理体系建构的，在以不确定性为主要特征的新时代，科层制管理体系因早已出现裂痕，处于坍塌的过程中。而且，我国工商管理学科以美国为蓝本，但美国的商业伦理主要依靠基督教伦理来完成，游离于工商管理课程体系之外，也就是说我们的管理学教育从一开始就是蹩脚的。周祖城先生和徐淑英女士指出，“中国的管理教育在人才培养方面，重知识（Knowing）传授，轻实践（Doing）和做人（Being）培养；在研究方面，缺乏把学术严谨性和实践相关性有机统一起来；在社会服务方面，管理学专家没有充分发挥作为公共知识分子的作用。无论如何，中国管理教育经过 30 年的发展，确实需要思考下一步如何发展的问题了”①。

2014 年 3 月，凯特琳·穆夫和《造福世界的管理教育——商学院变革的愿景》的作者团队在瑞士提出了对“中国管理教育的期盼”：“对于中国未来十年的管理教育，我们的期盼是，你们能够在以下方面发出自己强有力的声音：如何培养负有责任的领导者，如何促进企业服务公共利益，以及商学院如何搭建一个利益相关者讨论复杂而紧迫的社会问题的平台，在参与解决社会问题方面起到榜样示范作用。”②世界上“许多领先的商学院都宣称，其使命在于培养能够增进社会福祉的领导者。比如，哈佛商学院正式的使命宣言是‘培养能够改变世界的领导者’。麻省理工学院斯隆学院的培养目标是‘培养有原则、有创新精神的领导者以改善世界’。艾赛德商学院的重要使命是培养学生成为具有杰出能力和高度社会责任感的专业人才。而清华大学经济管

①② ［瑞士］凯特琳·穆夫等：《造福世界的管理教育——商学院变革的愿景》，周祖城、徐淑英译校，北京大学出版社 2014 年版，译者序，第 3 页。

理学院则以‘造就未来中国乃至世界范围的领导者’作为自己的使命。尽管如此，对于大部分声称以培养未来领导者为己任的商学院来说，领导力领域的教育与研究，事实上仍旧是次要工作，并没有放在核心位置”。[①]

美国工商教育的最大问题乃是因为基督教衰弱而引发的商业伦理教育的缺失。在这种情况下，美国的商业精神将魂归何处？约翰·沙德认为商学院应该对此负责。可是，“没有人来回答，谁来定义伦理或社会责任行为的内容，这一问题盘桓在每一个人的心头”[②]。关于日本战后经济腾飞的论著早已汗牛充栋，管理学界比较一致地认为，日本腾飞的根本原因是将西方理性管理与东方人性管理相结合。西方经过大量的研究之后，以乔治·W. 英格兰和杰里迈亚·J. 沙利文为代表的美国多数学者认为，“因为社会价值、准则、管理者和员工的信仰体系的不同，Z 理论在美国并不适用”[③]。中国恰恰与美国不同，日本开启的“西方管理科学与东方管理哲学”相融的序幕，最终需要由中日两国管理学界与商界共同来完成。由于中国缺乏结构性思维方式，在科学管理方面，中国应该一如既往地学习美国；在内部管理方面，中国应将行为管理学、人际关系学等非科学管理的东西暂时抛开，第一步先以日本为师，虚心求教，学以致用；第二步要与日本人一道研究日本管理模式的缺陷，共同完善东方管理学，贡献于世界管理学界。

第二节 “三体”管理机制

一、命运共同体

早在 2000 多年之前，儒家学者就提出了“大同”观念：

大道之行也，天下为公，选贤与能，讲信修睦。故人不独亲其亲，不独子其子，使老有所终，壮有所用，幼有所长，鳏、寡、孤、独、废疾者皆有

① ［瑞士］凯特琳·穆夫等：《造福世界的管理教育——商学院变革的愿景》，周祖城、徐淑英译校，北京大学出版社 2014 年版，第 51 页。

② ［美］丹尼尔·A. 雷恩：《管理思想的演变》，李柱流、赵睿、肖津等译，中国社会科学出版社 1997 年版，第 534 页。

③ ［美］丹尼尔·A. 雷恩：《管理思想的演变》，李柱流、赵睿、肖津等译，中国社会科学出版社 1997 年版，第 466 页。

所养，男有分，女有归。货恶其弃于地也，不必藏于己；力恶其不出于身也，不必为己。是故谋闭而不兴，盗窃乱贼而不作，故外户而不闭，是谓大同。①

在政治上的最高理想——大道也就是天道施行的时候，天下就是人们所共有的，（人们）把品德高尚的人、德才兼备的人选举出来，（人人）讲求诚信，培养和睦的气氛。因此，人们不只把自己的亲人当作亲人，不只把自己的子女当作子女，让老年人能够安享晚年，让青壮年的才华能够自由自在地展示，让年幼的孩子的身心能够健康成长，让老而无妻的人、老而无夫的人、幼年丧父的孩子、无依无靠的独身者都能得到社会的供养，男子有职务，女子有归宿。对于财货，人们憎恨把它扔在地上的浪费行为，（捡起来）却一定不是要自己私藏。人们都愿意为公众之事竭尽全力，而一定不是为自己谋私利。因此奸邪之谋不会发生，盗窃、造反和害人的事情不再兴起，所以（家家户户的）大门都不用关闭，这就是理想社会。

千年之后的1881年，德国社会学家、哲学家斐迪南·滕尼斯在其《共同体与社会》中提出了“共同体”的概念。他把人类群体生活分为二大类：共同体与社会。共同体的基本形式有血缘共同体、地缘共同体和精神共同体，这些共同体不是各个部分简单相加的总和，而是浑然生长在一起的整体，具有持久和真正的共同生活。血缘共同体的历史最为悠久，地缘共同体脱胎于血缘共同体，精神共同体是最高形式的共同体，人与人之间脱离了空间关系，是一种心灵生活的交融。相反，社会则是为了实现某一社会目的而建立起来的联合体，是一种“人工制品”。“共同体”的产生根源于“本质意志”，社会的产生是来源于“选择意志”。斐迪南·滕尼斯认为：“在大的文化发展中，两个时代相互对立，一个社会的时代紧随着一个共同体时代而来。”②

遵照古为今用、洋为中用的原则，我们把“大同”理念和共同体概念融为一体，认为未来“共同体”管理体系应该由四个“共同体”组成：命运共同体（包括利益共同体和事业共同体两部分）、文化共同体和史官谏官监察共同体。命运共同体是经济核心，文化共同体是精神根基，史官谏官监察共同体是制度保障。

《周易》早已提出了未来“共同体”管理学的基本原则：“天地之大德曰生，圣人之大宝曰位。何以守位曰仁，何以聚人曰财，理财正辞、禁民为非

① 《礼记·礼运·大道之行也》。

② ［德］斐迪南·滕尼斯：《共同体与社会》，林荣远译，商务印书馆1999年版，第65页。

曰义。”[①]“天地之大德曰生”：天行健，君子以自强不息；地势坤，君子以厚德载物。“圣人之大宝曰位”：中国传统文化是天人合一的文化，含天、地、人三才，这里的“圣人”指的是能够“观天之道，执天之行”的“大人”，“位”指的是乾卦九五爻之位，飞龙在天，利见大人。“何以守位曰仁”：“大人”必须用“仁”来“守位”，“仁”在管理上就是“凡为天下国家有九经，曰：修身也、尊贤也、亲亲也、敬大臣也、体群臣也、子庶民也、来百工也、柔远人也、怀诸侯也”[②]。“何以聚人曰财”：孔子在《文言传·乾文言》将其表述为“乾始能以美利利天下，不言所利，大矣哉！”乾为天，只有天才能把美满的利益施予天下，而且从不提起它的恩德，伟大呀！伟大的上天！曾子“财聚则人散，财散则人聚”的管理思想就出自这里。“理财正辞、禁民为非曰义”：首先，财为养命之源，国泰民安的基础是经济发展，所以为政者必须大力发展经济，才能经世济民；其次，精神文明建设也很重要，必须“正辞”，使民众不忍犯罪；最后，还必须制定相应的法律，用以“禁民”，使民众不敢犯罪，自觉守法，这样才能建立一个幸福、理想的社会。

目前，阐述利益共同体和事业共同体最成体系的是稻盛和夫的《阿米巴经营》《活法》《干法》《六项精进》等系列著作；中国实践利益共同体和事业共同体最为彻底的是华为集团；明确提出并实践三个共同体概念的是海航集团。海航集团在“大众认同、大众参与、大众分享、大众成就”经营理念指导下，建构了利益共同体、责任共同体和道德共同体，分别对应海航人的三个层次：基层员工、中层管理干部、高级管理层。

利益共同体即经济共同体，这是所有共同体的核心。建立利益共同体的主体是企业所有者。老子用不足百余字的篇幅就将利益共同体的“天道”讲得一清二楚：

> 天之道，其犹张弓与？高者抑下，下者举之，有余者损之，不足者补之。天之道，损有余而补不足。人之道，则不然，损不足以奉有余。孰能有余以奉天下，唯有道者。[③]

“天道”无形无相、无声无息，但是自然界对“天道”的展示是一览无余的。“天道”难道不是很像张弓射箭吗？弦拉高了就把它压低一些，低了就

---

① 《周易·系辞下》。

② 《中庸》。

③ 《道德经·第七十七章》。

把它举高一些，拉得过满了就把它放松一些，拉得不足了就把它补充一些。“天道”是减少有余的补给不足的。可是社会的法则却不是这样，无不是减少不足的，来奉献给有余的人。那么，谁能够减少有余的，以补给天下人的不足呢？只有有道的人才可以做到。那么“损不足以奉有余”的结果又是什么呢？

为了激励部下奋勇杀敌，武陵王萧纪（南梁后废帝）出征前特意告知兵士对作战英勇者的奖励：一斤重的金饼1万个，银饼5万个，每箱100个，共装了金饼100箱，银饼500箱。士兵们见了，无不如打了鸡血一般，准备狂杀敌人。几战下来，连战连捷，可萧纪却把那些奖品又收起来了，不予兑现。

萧纪为梁武帝萧衍第八子，梁元帝之弟，曾任彭城太守、扬州刺史、益州刺史等职。侯景之乱时，萧纪坐拥四川军政资源，不前往平乱；梁武帝死后，萧纪在世子萧圆照的提议下，于西元552年于成都即帝位，年号天正。萧纪称帝之后就面临西魏的进攻与梁元帝的讨伐。最后萧纪被梁元帝的部将樊猛所俘，与其第三子萧圆满于硖口被杀，萧纪享年四十六岁。

老子“损有余而补不足”的思想来源应该是益卦。益卦是《周易》六十四卦的第四十二卦。它的彖辞是：“益，损上益下，民说无疆。自上下下，其道大光。利有攸往，中正有庆。利涉大川，木道乃行。益动而巽，日进无疆。天施地生，其益无方。凡益之道，与时偕行。”益，减损上（一阳）而增益至下，民众喜悦无穷，（一阳）自上而居下（初），其道盛大光明。“利于有所往”，（九五与六二）居中得正而有吉庆。“利于涉越在河”，有木舟渡水而行。增益（震）动而（外巽）顺，日日增进无穷。天施（阳气）而地生万物，其效益无尽。凡增益之道，皆与时并行。

初九爻爻辞明确了作为自我管理者的员工，接受“天子”恩惠后的心态：“利用为大作，元吉，无咎。”“大作”就是大的作为，初九是“损上益下”的开始，由于“天子”的乐善好施，处于卑下地位的员工就能够大有作为。“天子”这么做，就能获得很大的吉祥，没有任何过错。

六二爻爻辞反映了部门经理的谦恭与喜悦心情：“或益之十朋之龟，弗克违。永贞吉。王用享于帝，吉。”有人送来价值十朋的大宝龟，想推辞都不行，坚守正道可获吉祥，君王用此以祭拜天帝，吉利。对于“天子”建立良好的激励机制所取得的成绩，部门经理不要将功劳据为己有。“成功感谢他人，失败反省自己。”因为一个人的成功，除了自己的努力之外，还有客观的命运因素存在。

六三爻爻辞说明了分公司经理的处世原则：“益之用凶事，无咎。有孚。中行告公用圭。”作为分公司经理来说，一方面面临更加激烈的市场竞争，另一方面大权在握，具有一定的决策权，此时应以“百姓之心为心”，关爱公司所有成员。只有这样，才能在危难之时，得到属下支持，同舟共济。在关爱员工时，不能厚此薄彼，要以诚信之心持守中道，就如同时抱着象征“信”的玉圭觐见王公一样。

六四爻爻辞阐述了副总裁的角色定位：“中行告公，从，利用为依迁国。”副总裁处理事务、人际关系时，要守中正之道谨慎从事，只有这样才能得到上上下下的信任，完成迁都利民大业，也就是公司发展壮大了，迁都“北上广深”或“纽约、柏林、伦敦”，为人类的福祉做出更大的贡献。

九五爻的爻辞阐明了“天子”厚爱“子民”所得的回报：“有孚惠心，勿问，元吉。有孚，惠我德。”“天子”胸怀诚信仁爱之心，不用占问就知道极为吉祥，天下人定将以仁爱之心回报仁爱之德。自己“立德”的结果便是“立功”，大展宏图。

上九爻爻辞反映了自高自大的“天子”所承受的灾厄：“莫益之，或击之，立心勿恒，凶。”“天子”实施仁政之后，如果不能“求阙”，久而久之便会养成孙嘉淦所言“三习”，便不再“损上益下”，民心涣散，就会招致强敌的攻击。由于忘记了“普度众生”的初心，面对强敌，局面十分凶险，最终国破家亡。

二、文化共同体

纵观古今中外，人类文明史同时也是人类的苦难史。为了争夺财富、女人和土地，为了实现霸权、满足帝王自我实现的野心，人类历史上所发生的战争的数量触目惊心。据挪威史学家统计，到 1982 年，在有文字记载的 5560 年中，世界上共发生过 14531 次战争，平均每年 2. 6 次，夺去了 36. 4 亿人的生命。在这期间，“无战争年”累计只有 292 年。从公元前 26 世纪传说中的神农时代，到公元 1911 年清王朝的灭亡，在大约 4500 年的漫长岁月中，我国有文字记载的战争共 3791 次[①]。

为什么稻盛和夫的《阿米巴经营》在中国出版了十年以上，国内有不少企业“画虎成猫”了呢？因为人性既有善良的一面，也有邪恶的一面，是善恶同在的高级动物。建立利益共同体必然要进行绩效考核，考核是双刃剑，做好会让魔鬼变成天使，做不好会让天使变成魔鬼。笔者的看法是：利益驱动，着眼于刺激人的利己心，本质上就是让天使变成魔鬼；“以文化人”的文

① https：//baijiahao. baidu. com/s？ id=1585998366846031422&wfr=spider&for=pc。

化驱动，使人由追求“小我”的聪明层次进入实现“大我”的智慧层次，立足的是让魔鬼变成天使；只有实现利益共同体与文化共同体的双向融合，才能成为更高层次的命运共同体。

彼得·圣吉在《第五项修炼》一书中说：“‘组织如何不凭控制而达到控制？’是头等重要的战略问题。解决的唯一办法是建立共同的价值观，不论在总公司或在地方公司，领导者的主要任务之一是培育这种共识。”一般来说，日本的企业都把教育人、培养人、造就人作为经营管理的第一任务。松下幸之助首先提出了“经营即教育”的思想，松下公司强调“造物之前必须先造人”。丰田公司倡导“既要造车，也要造人”。三洋公司说：“三洋是生产什么的？是生产人的，首先是生产优质的人，然后再由优质的人生产优质的产品。”这些话曾经被许多人引用，大家也赞同这一观点。但我们所要解决的关键问题是用什么东西来培育人？如何把我们各种各样的“企业理念”化作员工的实际行动？

1999年，中央电视台举办了一个主题为“二十年二十人”的特别节目，介绍改革开放20年来各行各业涌现出来的英雄人物。张瑞敏先生在接受记者采访时说，他最爱读的书有三本，一是《老子》，二是《论语》，三是《孙子兵法》。其中《论语》对于海尔团队建设起了很大作用。在’99《财富论坛》上海年会上，一家外国企业主动找海尔合作，外方出资让海尔在国外办厂。对此，张瑞敏先生说，不论是资金还是技术，他们与人家还相差很大，人家之所以主动与他们合作，看中的是海尔的文化优势。再如，海南航空公司组建时，总裁陈峰老师就着手把中国传统文化系统地运用到企业文化建设中，在此基础上形成了以“上善若水”为核心的海航企业文化。陈峰老师说：“公司创立的几年，海南岛风云变幻，我们内修中国传统文化，对外广结善缘，朝既定的目标努力不懈，才能发展成今天这样一个规模较大的企业，如果没有这几年对传统文化的学习并在实践中加以运用，就没有我们今天的成功。”上海大众汽车有限公司原德方副总经理马丁·波斯也曾经表达过类似的观点：为了实现长远目标，必须实现技术的中国化和经营思想的中国化。

要想将世界优秀文化运用到企业管理中去，建立一支特别能吃苦、特别能战斗的员工队伍，使我国的企业在激烈的国际竞争中站稳脚跟，有三个要点：

一是企业的股东主要是大股东要明白“得人心者得天下”的道理，支持职业经理人为员工创造一个温暖的家。CEO要补上儒学这一课，在做人上成为员工的表率，如果只是说得比唱得好听，甚至是哭得比唱得好听，那是没有用处的。一个人的成功当然有多方面的原因，但是要想持久，具有深厚的哲学人文修养绝对是必要条件，信奉儒家的企业家要切实认识到文化的实际价值，像涩泽荣一那样，把孔子的教导作为处世的金科玉律。

二是还必须对员工、中高层管理者补上世界文化有关人生观、价值观教育的课。我们常说，人“一半是天使，一半是魔鬼”“一半是火焰，一半是海水”，就是说人是善恶同体的，关键就在于一念之间。在人性的问题上，我国汉代董仲舒还提出了“性三品”说，他认为人性共分为三类：第一类是“圣人之性”，不教自善。比如我国农村中的一些女子，丈夫死了，公公婆婆又卧病在床，还有几个未成年的孩子，她却能够几十年如一日地给公公婆婆以亲生女儿般的关怀，并养育孩子长大成人，为这个家操碎了心。她并没有受过什么教育，那是因为她的本质好，是圣人之性。第二类是“斗筲之性”，这种人改造的难度非常大，几乎超出了我们的想象。这两类人都非常非常少，大多数人一生都不会遇见一个。而第三类的“中民之性”是最多的，他们受到好的教育就会成为品行良好的人，受到坏的引导就会走上歪路，也就是我们常说的“近朱者赤，近墨者黑”。所以，除了极少数人之外，绝大部分人都是善恶并存的，进行道德教化的目的就是要去恶从善，使“天使”多一点，“魔鬼”少一点，行之有效的道德建设就会使人们的灵魂走向魔鬼时，有免疫功能。

三是在进行传统文化教育的同时，对企业内部管理制度进行调整。进行企业文化建设，并非“一孔（孔学）就灵”，还必须有相应管理制度的配合。进行以儒为主的传统文化教育，绝不是万能的，在这方面我们有血的教训。在进行制度文化和物质文化建设时，我们不要忘记了“治大国如烹小鲜”这句名言，大企业必须实行先试点再铺开的路子。在进行试点时，切不要忘记了要进行民主选举，把真正有能力的人选出来。

在一定的时期内，我们的企业管理就是把西方的企业管理制度本土化，使之与儒学为中心的世界文化精华有机地结合起来。否则，无论你引进什么样的管理模式，无论请多少个哈佛的工商硕士，都长久不了。笔者再次引用李嘉诚先生 2000 年 6 月在汕头大学对师生的对话作为论据。问：“许多公司都形成了自己特有的经营管理模式，如内地已有海尔模式。请问李先生，有没有一种‘和黄—长实模式’？如果有的话，这种模式具有何种特征？”答：“我听说，海尔是做电器的，生产冰箱、冷气机，还有 TV-SET（电视机）。我们是一个国际公司、综合企业，内里包含非常多不同的行业。我们的模式，原则上是西方的管理理念糅合中国文化的特色。”

塞缪尔·亨廷顿在其《文明的冲突与世界秩序的重建》中认为，21 世纪国际政治角力的核心单位不再是国家，而是文明，这些文明包括基督教文明、伊斯兰文明、西方文明、中华文明、日本文明、非洲文明、拉丁美洲文明等。“在即将到来的时代，要避免文明之间大战，各核心国家就应避免干涉其他文明的冲突。但事实是，一些国家，特别是美国，毫无疑问会认为这一点是难以接受的。”[①] “莱斯特·皮尔逊曾警告说：人类正在进入‘一个不同文明必须学会在和平交往中共同生活的时代，相互学习，研究彼此的历史、理想、艺术和文化，丰富彼此的生活。否则，在这个拥挤不堪的狭小世界里，便会出现误解、紧张、冲突和灾难。’”[②] 我们从时间和空间角度来分析，在人类过去数千年的发展史中，中华民族用自己的历史证明了自己的“和而不同”理念是正确的。

“子曰：天下何思何虑？天下同归而殊途，一致而百虑。天下何思何虑？”[③] “和而不同”理念为大多数国人所接受，如果在企业中建立“文化共同体”，就为实现孔子的“理想国”奠定了扎实根基：“二人同心，其利断金；同心之言，其臭如兰。”[④] 所谓“上下交而其志同也”：同心者，可同德；同德者，可同志；同志者，可同事；同事者，万事兴[⑤]。

三、史官谏官监察共同体

除了夏商周之外，中国王朝的生命周期一般为300年左右。封建帝王尤其是开国皇帝皆英明神武，君臣际会，励精图治，富国强兵。但是，到了中后期，承平日久，便会出现荒淫无道的昏君，君王穷奢极欲，奸臣当道，骄奢淫逸，民不聊生，战争再起，生灵涂炭。如此循环不已，浓缩了3000年中国历史。

1945年，黄炎培先生在延安窑洞与毛泽东主席谈到“朝代更替、循环往复”这一话题时，发出了著名的“黄炎培之问”：中国共产党能不能跳出历史上“其兴也勃焉，其亡也忽焉”的周期律？黄炎培先生问主席：“当共产党执政后，没有了战争的压力，也没有反对党的监督，党员思想必松懈，继而形成惰性，当享乐成风之时，你怎么解决权力腐败，跳出这个政党存亡的周期？”主席铿锵有力地回答：“我们已经找到了解决这个问题的办法，这就是

① ［美］塞缪尔·亨廷顿：《文明的冲突与世界秩序的重建》，周琪、刘绯、张立平等译，新华出版社1998年版，第366页。

② ［美］塞缪尔·亨廷顿：《文明的冲突与世界秩序的重建》，周琪、刘绯、张立平等译，新华出版社1998年版，第372页。

③ 《周易·系辞下》。

④ 《周易·系辞上》。

⑤ 刘震：《周易导读：纳甲筮法》，上海科学技术文献出版社2016年版，第182页。

'民主'，即人民群众的监督。只有让人民起来监督政府，政府才不敢松懈。只有人人起来负责，才不会人亡政息。"

对于企业来说，如何成就百年企业、千年企业，也是个必须回答的问题。中国历史上的史官、谏官、监察御史制度为我们提供了极好的借鉴。

一般认为，我国史官制度源远流长。"盖史之建官，其来尚矣。昔轩辕氏受命，仓颉、沮诵实居其职。至于三代，其数渐繁。""史官之作，肇自黄帝，备于周室，名目既多，职务咸异。"[①] 刘知几认为，中华民族的史官制度起源于轩辕黄帝，到周王朝时建立了完备的史官制度。经过春秋战国时代，我国历史上的史官制度日渐完善，负责祭天司地，观象制历；记录时事，保管典籍；起草文书，宣达王命；讲诵史事，劝善惩恶等。到唐朝时，形成了机构设置完备、严密的史官选拔制度。

许慎《说文解字》曰："史，记事者也，从又持中，中，正也。"中国过去的史官是世袭的，史官是一个宗教职位，独立于民众和政权之外，这是中国历史的根本传统。不管皇帝和民众的想法，"秉笔直书"与"劝善惩恶"，只是根据自己的洞察力来记录历史[②]。史官"秉笔直书"历来受到国人称赞。《左传》《国语》中，这样的记载非常多。

《左传·晋灵公不君》记载：晋灵公不遵守做国君的"君道"，横征暴敛，修筑豪华皇宫；从高台上用弹弓射行人，观看他们躲避弹丸的样子；厨师没有把熊掌炖烂，他就把厨师杀了，放在筐里，让宫女们用头顶着经过朝廷。大臣赵盾和士季看见露出的人手，便询问厨师被杀的原因，并为晋灵公的无道而忧虑。士季说："如果您去进谏而国君不听，那就没有人能接着进谏了。让我先去规劝，他不接受，您就接着去劝。"士季见到晋灵公还没说话，晋灵公就说："我已经知道自己的过错了，打算改正。"

可是晋灵公并没有改正。赵盾又多次劝谏，晋灵公非常厌恶，就派鉏麑去刺杀赵盾。鉏麑一大早去刺杀赵盾时，见赵盾穿戴好礼服准备上朝，因为时间尚早，赵盾就趁机打盹。鉏麑见状，便退了出来，感叹地说："这种时候还不忘记恭敬国君，真是'民之主也'。杀害赵盾，这是不忠；不听从国君之命，这是不信。有一于此，不如死也！"说完，就触槐而死。

九月，晋灵公设下"鸿门宴"，请赵盾喝酒。赵盾的贴身护卫提弥明是晋国勇士，发现了这个阴谋，保护赵盾走下殿堂。晋灵公放出猛犬撕咬赵盾。提弥明徒手杀死猛犬。他们两人与埋伏的武士边打边退。结果，提弥明为赵

---

① 刘知几：《史通·史官建置》。

② http：//blog. sina. com. cn/s/blog_ 60cd47450100dwf7. html。

盾战死，赵盾受晋灵公一名武士的反戈一击，才得以逃脱。这名武士为什么舍身相救呢？

先前有一天，赵盾到首阳山打猎，住在翳桑。他看见有个叫灵辄的人饿倒了，便去问他的病情。灵辄说："我已经三天没吃东西了。"赵盾给他东西吃，他留下了一半。赵盾问为什么，灵辄说："我给别人当奴仆三年了，不知道家中老母是否活着。现在离家近了，请让我把留下的食物送给她。"赵盾让他把食物吃完，另外给他准备了一篮饭和肉，放在口袋里给他。后来灵辄做了晋灵公的武士，在搏杀中把武器倒过来抵挡晋灵公手下的人，使赵盾得以脱险。赵盾问他为什么这样做，他回答说："我就是在翳桑的饿汉。"赵盾再问他的姓名和住处，他没有回答就退走了。赵盾自己也逃亡了。

九月二十六日，赵盾的堂兄弟赵穿在桃园杀掉了晋灵公。赵盾还没有走出国境，听到灵公被杀便回来了。晋国太史董狐记载道："赵盾杀了他的国君。"他还把这个说法公布于朝堂。赵盾说："不是这样。"董狐说："您身为正卿，逃亡而不出国境，回来后又不讨伐叛贼，不是您杀了国君又是谁呢？"赵盾说："啊！诗中说：'我心里怀念祖国，反而给自己留下忧伤'这话大概说的是我吧。"赵盾虽不愿意，也只能由史官这样记载。

孔子说："董狐是古代的好史官，记事的原则是直书而不隐讳。赵盾是古代的好大夫，因为史官的记事原则而蒙受了弑君的恶名。可惜啊，如果他出了国境，就会避免弑君之名了。"

除了史官制度，我国古代还建立了谏诤制度、监察御史制度。但是，史官、谏官和监察御史如果遇到明君，尚能发挥其作用，如果遇到昏君，就会身首异处。历史上唐太宗与魏征的故事，在中国可谓家喻户晓。除了魏征之外，监察御史柳范也是骨鲠之臣。唐太宗的儿子李恪亲王打猎时干扰了当地百姓的生活，被监察御史柳范弹劾。爱子心切的唐太宗便把责任推到亲王府长史权万纪身上："这都是权万纪不能规劝阻止的错，罪应处死。"柳范义正词严地说："宰相房玄龄还不能阻止陛下打猎，怎么能单单责备权万纪。"驳得唐太宗哑口无言，只好怒气冲冲回宫。过了一段时间，唐太宗怒气平息，发现自己理亏，便召见柳范表扬了他一番，实际上是向柳范认错。

中国历史上共有 853 个帝王，具有唐太宗这种胸襟的人如凤毛麟角。因此，企业在建立当今"史官、谏官、监察御史"共同体时，应该增强其独立性，直接受股东大会常设代表领导，或者采取其他有力措施，确保"史官、谏官、监察御史"没有后顾之忧。如此，才能确保他们"秉笔直书""劝善惩恶"，确保管理者特别是总裁和董事长的"内圣"与"外王"，确保企业的长盛不衰。

第九章

凤凰涅槃　红尘中的生命超越

《周易》究竟是一本什么样的书呢？孔夫子50岁开始学习易经："加我数年，五十以学《易》，可以无大过矣。"① 孔子晚年感叹自己老了，可是"发愤忘食，乐以忘忧，不知老之将至"。孔子说他从50岁时开始学习易经，如果能够再多活几年，就可以做到无"大过"了。我们分析孔子自述"七十而从心所欲"可知，孔子说这句话时应该不到70岁，因为"七十而从心所欲"的境界，连"小过"也不会有了。孔子经过潜心研究，认为《周易》是这样一本著作："《易》之为书也，广大悉备。有天道焉，有人道焉，有地道焉，兼三才而两之。故六，六者非它也，三才之道也。"《周易》这部书，凡天道、人道、地道，无所不包，可谓广大完备。伏羲氏所画八卦只有三爻，象征天、人、地的三个位置。在伏羲氏时代，人心淳朴方正，用三爻八卦就可以处理天下事了。但是到了周文王时代，人心不古，三爻八卦不够用了。周文王根据伏羲八卦阴阳相对合二为一的原理，把乾、坤、震、巽、坎、离、艮、兑八个卦重叠起来，演变为六十四卦。这样，每卦就有六爻，五爻与上为天位，三爻与四爻为人位，初爻与二爻为地位，代表三才之道。

什么是天道呢？老子认为天道是不可捉摸的："微妙玄通，深不可识。"② 如果一定要用语言文字表达什么是"天道"，勉强可以表达为："道之为物，惟恍惟惚。惚兮恍兮，其中有象；恍兮惚兮，其中有物；窈兮冥兮（窈，深远，微不可见。冥，暗昧，深不可测），其中有精（微小中之最微小）；其精甚真（真实），其中有信（真实可信）。"③ 尽管天道无声无息、无形无相、无始无终，但是天之道可以在人道中展现出来，通过人道的不断充实，"为学日益，为道日损。损之又损，以至于无为"。④ "我执"之心去掉一分，便离"道"的距离近一分，当您失去一切的时候，就得到了一切。就可以跳出三界

① 《论语·述而第七》。

② 《道德经·第十五章》。

③ 《道德经·第二十一章》。

④ 《道德经·第四十八章》。

外，不在五行中，就可以脱离“名利权情”诸般物理世界的束缚，实现心灵的飞升。这个境界也许就是天人合一的境界吧？

第一节　修炼的轨迹

一、我往哪里去

1964年，张朝阳出生于陕西省西安市，从小学习成绩优异，17岁考上清华大学，毕业后前往美国麻省理工学院留学，从小接受的教育就是一定要成为最优秀的人。20世纪90年代中期，互联网在世界范围内兴起，张朝阳回国创立搜狐公司，很快，搜狐与新浪、网易并称为早期中国互联网行业的三驾马车。1998年，搜狐特别火，1999年，搜狐去深圳宣传，张朝阳受到了摇滚歌星般的待遇，人们狂热追捧，马化腾当时就坐在观众席。当年10月份，张朝阳被美国《时代周刊》评为全球50位数字英雄之一。2001年5月7日，被《财富》杂志评选为全球25位企业新星之一，同年被世界经济论坛评为全球明日领袖之一。

2013年3月，搜狐董事局主席兼首席执行官张朝阳在接受《杨澜访谈录》专访时，首次披露内心的精神危机。张朝阳说：“越有钱、越成功，如果没有管理好自己，往往更容易让你陷入精神的痛苦。”“我觉得我出问题了。我是真的什么都有，但是我居然这么痛苦。幸福跟钱的多少真的是没关系。”

张朝阳用“悲催”来形容他的2012年。他焦虑、抑郁，精神上常常处于一种外人无法理解的恐惧之中。谈到自己的事业，他用“备受煎熬”来形容这些年的经历。

他回忆说，1996年开始融资时就非常困难，四处奔走。1999年，新浪崛起，迅速超越搜狐，当时董事会不信任他，随时可能会换CEO。张朝阳说：“我当时最害怕董事们都到一个城市吃午饭，几个美国人在一块一吃饭就完蛋了，说着说着就把我的CEO说没了。”2000年，新浪成功上市，搜狐还遥遥无期，上市的最后关头又出现问题差点无法上市。

“在与董事会复杂的斗争中，我学会了权术，从一个学生变成了对利益关系有清醒认识的人。我的生活充满了竞争、危机和压力，远非外人所见的风光和得意，其中的艰辛和孤独只有一个人默默承受。”张朝阳说。

从2006年开始，腾讯、百度、阿里巴巴、360等互联网公司崛起，挑战搜狐的地位。在过去的几年里，张朝阳面对微博和微信的成功，用他自己的话说：“像是左右扇了我两个耳光。”①

张朝阳逐渐患上了抑郁症。因为抑郁，他四处问医，曾去美国找心理医生，希望得到救治，但效果不大。遍寻无果后，他开始在中国传统文化中寻找解决方案，庆幸的是他找到了答案。他说：“很长一段时间我对这个世界有点漠不关心，我要充分回归社会，首先要回归做一个正常的人。不只是跑步，要更加投入去参与更多的事。”②

张朝阳总结道：自己在传统文化的陶冶下，有三个变化，接地气、谦卑、幸福观。“以前我曾认为别人接近我都是有目的的，很少理睬那些主动接近我的人。现在我彻底变了，生命中每一分钟都是很有意义的，哪一时刻遇到哪个人跟你说话，一定是有意义的，他也是我生命中的一部分。”

像张朝阳这样困惑的企业家，我国还有很多。面对白热化的市场竞争，与董事会斗、与员工斗、与客户斗而“其乐无穷”者必然是少数。他们个人毁灭是小事，如果由中度抑郁发展成重度抑郁，甚至达到精神分裂的状况，会毁灭世界么？凡是能够在各行各业建功立业的人，无论是实业家、科学家，还是医生、军人等，他们的智商无疑高于常人，恶向胆边生时，他们会成为魔鬼和撒旦吗？这种担忧是无稽之谈吗？“人类已经拥有许多令人惊叹的能力……我们拥有的力量比以往任何时候都更强大，但几乎不知道该怎么使用这些力量。更糟糕的是，人类似乎也比以往任何时候更不负责。我们让自己变成了神，而唯一剩下的只有物理法则，我们也不要对任何人负责。正因如此，我们对周遭的动物和生态系统掀起一场灾难，只为了寻求自己的舒适和娱乐，但从来无法得到真正的满足。拥有神的能力，但是不负责任、贪得无厌，而且连想要什么都不知道。天下危险，恐怕莫此为甚。”③

尤瓦尔·赫拉利的《人类简史——从动物到上帝》初版于2012年，迅即被翻译成近30种文字，一部世界史著作不仅被全球学术界所关注，还得到了社会大众的青睐，被业内人士称为奇迹。究其原因，在于尤瓦尔·赫拉利是怀着对人类未来的忧虑、关爱开展写作的。他对当今如火如荼的“科学革命”忧心忡忡：“物理学家认为宇宙大爆炸（Big Bang）就是一个奇异点（Singularity）。在奇异点之前，所有我们认知的自然法则都还不存在，就连时间也不存在。所以要说宇宙大爆炸‘之前’如何如何，对我们来说是没有意义、无

① http://news.ifeng.com/gundong/detail_2013_03/10/22932623_0.shtml。

② http://dy.163.com/v2/article/detail/C1139FT705198UCO.html。

③ ［以色列］尤瓦尔·赫拉利：《人类简史——从动物到上帝》，林俊宏译，中信出版社2014年版，第408页。

法理解的。而我们可能正在接近下一个奇异点，所有我们现在这个世界的意义（不论是你我、爱恨、男女）都即将变得再也无关紧要。而在那个点之后的任何事，都还超出我们现在所能想象的。”①

尤瓦尔·赫拉利认为，人类对长生不老的追求是亘古不变的欲望之一，阻止科学研究的想法是很天真的，人类升级为另外一种“智人”恐怕是不可阻挡的：“创造科学怪人的弗兰肯斯坦博士，现在就坐在吉尔伽美什的肩膀上。阻止不了吉尔伽美什，我们也就阻挡不了弗兰肯斯坦博士。现在我们唯一能做的，就是影响他们走的方向。既然我们很快也能改造我们的欲望，或许真正该问的问题不是‘我们究竟想要变成什么’，而是‘我们究竟希望自己想要什么’，如果还将这个问题视为等闲，可能就是真的还没想通。”②

关于“我们究竟希望自己想要什么”，尤瓦尔·赫拉利给出的答案是“快乐”，他认为只要不是贫穷得一日三餐不继、疾病缠身而痛苦不堪，物质等外在的因素并不能给人带来真正的快乐：“虽然过去两个世纪间人类在物质条件上有了大幅改善，但因为家庭崩溃、社会失调，所以两者的作用很可能互相抵消。如果真是如此，现在的人并不见得比 1800 年更快乐。”③

近 300 年来，整个人类对于快乐的追求都是向外进行，人类在享受物质所带来的感官刺激的同时，越来越多的历史学家、社会学家、哲学家开始反思单一追求感官刺激的弊端。关于向内求快乐，可以通过宗教来实现，可是宗教所带来的战争、宗教裁判所带来的烈火，让人类不寒而栗，毛骨悚然。其弊端在过去 2000 年来，暴露无遗。极高明而道中庸的儒家文化提供了“天人合一”的修炼途径。儒家文化既有人伦日用的形而下的人道做人的学问，也有通向天道的形而上的学问。《论语》与《孟子》以形而下的学问为主；《周易》及十翼、《大学》《中庸》、陆王心学等将形而上与形而下融为一体。

王守仁，别号阳明。1529 年，他平定广西匪乱，走到江西南安时，对弟子周积说，我要走了。周积闻言，泪如雨下，问老师有何遗言，王阳明回答：“此心光明，亦复何言。”“无善无恶心之体，有善有恶意之动，知善知恶是良知，为善去恶是格物”被称为王阳明“心学四诀”。“此心光明，亦复何言”是否达到了“无善无恶心之体”？我们不知道。如果真的达到了“宇宙便是吾

---

① ［以色列］尤瓦尔·赫拉利：《人类简史——从动物到上帝》，林俊宏译，中信出版社 2014 年版，第 403 页。

② ［以色列］尤瓦尔·赫拉利：《人类简史——从动物到上帝》，林俊宏译，中信出版社 2014 年版，第 406 页。

③ ［以色列］尤瓦尔·赫拉利：《人类简史——从动物到上帝》，林俊宏译，中信出版社 2014 年版，第 373 页。

心，吾心即是宇宙”，就不仅仅知道了“我究竟想要什么”，自己也就回答了哲学的三大命题：“我是谁？我从哪里来？我向哪里去？”

二、下学而上达

如果说孔子的某些政治观念过时了，并不是说他的所有思想都应该扔进历史的垃圾堆里去，尤其是他的那些做人的学问是永远也不会过时的。为了教化人，使人有别于其他动物，孔子所采用的方法与某些宗教截然不同，用的不是高压手段，而是以理服人。在以理服人这一点上，他与释迦牟尼的方法是一样的，只是两个人所走的路不一样。受周文化的影响，孔子不对一般学生讲人世间之外的事，只讲人道做人的学问。下面的一些话就非常明白地说明了这一点。“樊迟问知。子曰：‘务民之义，敬鬼神而远之，可谓知矣。’”① “子不语怪、力、乱、神。”② “季路问事鬼神。子曰：‘未能事人，焉能事鬼？’曰：‘敢问死。’曰：‘未知生，焉知死？’”③ 关于形而上的东西，他只是偶尔同极个别悟性高的学生谈起：“子曰：‘参乎！吾道一以贯之。’曾子：‘诺。’子出，门人问曰：‘何谓也？’曾子曰：‘夫子之道，忠恕而已矣。’”④ 曾子也知道同学们的水平还不够，无法向学友们解释清楚“一”是什么，所以就告诉他们一些浅显的道理，“一”变为“二”——“忠与恕”。孔子从人人都有的父爱、母爱和由父母之爱引发的子女对父母的孝心谈起，扩展到兄弟姐妹、朋友、集体、天下与国家，循循善诱，娓娓道来，使人可以一步步由小善到大善。如果不走“神”的路子，而是走“人”的路子，也就是讲人世间为人处世之道的路子，人类无法逃开孔子所用的方法。

孔子的学问事实上分为两部分：形而上的天道与形而下的人道。

一个文化只有系统地回答了“我是谁？我从哪里来？我向哪里去？”这三个基本问题，才是圆满的文化，如果不能回答这三个问题，这样的哲学就只能解决人生的部分问题。冯友兰先生 92 岁高龄时，自题座右铭：“阐旧邦以辅新命，极高明而道中庸。”佛法之外的中国原始传统文化，包括儒家和道家，它们都不谈主宰，却又在谈主宰，这个主宰在“吾心”：“四方上下曰宇，往古来今曰宙。宇宙便是吾心，吾心即是宇宙。千万世之前，有圣人出焉，同此心同此理也。千万世之后，有圣人出焉，同此心同此理也。东南西北还

① 《论语·雍也第六》。
② 《论语·述而第七》。
③ 《论语·先进第十一》。
④ 《论语·里仁第四》。

有圣人出焉，同此心同此理也。”[①] “吾知吾心、无知无心”也就是自己回答了“未生我时谁是我、生我之时我是谁”的问题。

“形而上者谓之道，形而下者谓之器。”[②] 孔子所言“七十而从心所欲，不逾矩”的境界就是“形而上者谓之道”的“天道”境界。达到“形而上”境界的途径，孔夫子早已明言：“不怨天，不尤人，下学而上达。”[③]

我们在证悟“天命之谓性，率性之谓道”之“性”与“道”之前，所有的爱都是基于“自我”。或者说，我们所有的爱都需要回馈。当我们给了对方一个吻，我们希望至少也得到一个同样的吻或是其他东西。无论我们是否察觉，事实上我们一直在计算，对家人、对朋友、对我们的爱情。因此，我们必须给出证悟“天人合一”境界的具体路径，让我们在某种程度上体验“天道”的存在，感受到“天道”所带来的超越幸福与快乐，否则智商卓绝的企业家是不会轻易走出“自我”的。

证悟“天人合一”境界的秘密就在《周易·系辞上》中：“子曰：《易》，其至矣乎！《夫易》，圣人所以崇德而广业也。知崇礼卑，崇效天，卑法地。天地设位，而《易》似乎其中矣。成性存存，道义之门。”孔子证悟“成性存存，道义之门”的方法是“下学而上达”，无论是企业所有者、高级管理人才还是普通职员，其实都可以在自己的职责范围内“下学而上达”，“崇德而广业”的具体方法是“知崇礼卑，崇效天，卑法地”，在履行岗位职责的过程中领悟“天道”，最后达到“成性存存”的境界。

三、生命科学的节律

子贡曰：“夫子之文章，可得而闻也；夫子之言性与天道，不可得而闻也。”[④]

子贡感叹说：老师关于“人道做人”的入世之学，我听到了很多、学到了很多、也践行了很多；可是老师关于“性与天道”的学问，老师却从来不教我。孔子不是不教子贡有关“性与天道”的学问，而是孔子告诉他了，发现他理解不了。

孔子困于陈蔡时，由于达到了“仁”的境界：“君子无终食之间违仁，造

① 《陆九渊全集·杂说》。
② 《周易·系辞上》。
③ 《论语·宪问第十四》。
④ 《论语·公冶长第五》。

次必于是，颠沛必于是。”[①] 所以，尽管“藜羹不斟，七日不尝粒”[②]，依然能够泰然处之：“讲诵弦歌不衰”。子路对于老师的行为十分不满：“子路愠见曰：‘君子亦有穷乎？’”子路一脸不高兴地问老师：“难道一心一意追求仁德的君子就应该穷困么？”面对子路的质问，孔子如此回答：“‘君子固穷，小人穷斯滥矣。’”孔子教导子路说：“只有具有‘仁心’的君子才能在困窘面前坚守节操不动摇，可是小人就不同了，他们遇到困窘就失去理智，利令智昏、名令智昏、权令智昏……，什么违法乱纪的事情都做得出来。”在孔子身边旁听子路与老师对话的子贡，听老师这么说，脸色一下子就变了。由于子贡能够“闻一知二”，孔子就想见机施教，“孔子曰：‘赐，尔以予为多学而识之者与？’曰：‘然。非与？’孔子曰：‘非也。予一以贯之。’”[③] “孔子说：‘赐啊，你认为我是博学强记的人吗？’子贡回答说：‘是的。难道不对吗？”孔子说：‘不是的。我是将一种基本原则贯穿于全部知识之中的，那就是‘一’。”

孔子所说的“一”就是“下学而上达”所达到的“上达”境界。关于孔子的内圣心法，我们在前面谈过，曾子的《大学》、子思的《中庸》、孟子的《尽心》、程朱理学、陆王心学均有涉及，只是程度不同而已。朱熹在修习孔门心学的过程中，有一首诗描述了他的心得体会：“半亩方塘一鉴开，天光云影共徘徊。问渠哪得清如许？为有源头活水来。”[④] 半亩大的方形池塘像一面镜子一样打开，清澈明净，这里的“方塘”指的是心地；“天光、云影”超脱了物欲之后的“半物欲”，尽管勘破了“红尘”，但是在心灵深处还没有彻底摆脱物欲的束缚，依然在水面上（心地里）闪耀浮动；随着年龄的增长，达到“不惑、知天命、耳顺”甚至“从心所欲”的境界后，心地冰清玉洁、清澈明亮；要问池塘里的水为何这样清澈呢？自己的心境为何如此澄澈清新呢？是因为有永不枯竭的源头活水而来，这里的“源头活水”就是朱熹所说的“理”，也就是孔子、子思所说的“性”。

孔子在这里所说的“上达”所达到的境界就是子贡所言的“性与天道”，至于通往“性与天道”的具体路径，曾子进行了发挥：“知止而后有定，定而后能静，静而后能安，安而后能虑，虑而后能得。”[⑤] 可是，曾子“止、定、静、安、虑、得”的修炼功夫，很难真的“懂”，“得”就更难！“书读百遍，其义自见？”如果没有明人（不是浪得虚名的名人）指导，除了“上上智”

---

① 《论语·里仁第四》。

② 《吕氏春秋》。

③ 《史记·孔子世家》。

④ 朱熹：《观书有感二首·其一》。

⑤ 《大学》。

以外，恐怕还是会一头雾水。孔子早期关于“性与天道”的学问来自老子，而老子关于“道”的研究，一方面具有先天的有利环境，其为史官；另一方面，也许老子属于“上上上智”，能够做到无师自通。

关于通往“道”的路径，老子讲得最为清楚，那就是“无中生有”的“无”：“三十辐共一毂，当其无，有车之用。埏埴以为器，当其无，有器之用。凿户牖以为室，当其无，有室之用。故有之以为利，无之以为用。”①

王弼对老子这段话的解释是：“毂所以能统三十辐者，无也。以其无能受物之故，故能以寡统众也。木埴壁所以成三者，而皆以无为用也，言无者有之所以为利，皆赖无以为用也。”② “毂”就是古代车轮中心的圆木，周围与车辐的一端相接，中有圆孔，可以插轴，是整个车轮的中心所在。“辐”是插入轮毂以支撑轮圈的细条，那时的车轮一共有 30 根辐。为什么轮毂转动时，车轮能跟着转动，因为“毂”的中间是空的。“埏”是用水和土，“埴”是细腻的黄黏土，“埏埴以为器”说的是古代制作陶器的过程。陶器的中间必须是空的，才可以装东西。室和堂之间有窗子叫“牖”，上古的“窗”专指开在屋顶上的天窗，开在墙壁上的窗叫“牖”，秦多用牖，窗少见，这里泛指窗。“凿户牖以为室，当其无，而有室之用”讲的就是人们建造一座房子，房子内部必须是空的，这样才能够使用它，房子四壁还必须有窗有门，才可以居住。老子用日常生活中的三个例子是为了说明“有”的功用要靠“无”来实现。因此，“言无者有之所以为利，皆赖无以为用也”。一般人对世间万物都只关注它的实际功用，忽略了“有”是从“无”中生出来的。人们都知道自己的受想行识，但是对这些受想行识背后大脑的运行机理却茫然不知，对大脑运行背后的“无”更是茫然无知。

要“找”到“无”，必须先找到“一”。如何找到“一”呢？老子下面这段话尽泄天机：“载营魄抱一，能无离乎？专气致柔，能如婴儿乎？涤除玄鉴，能无疵乎？爱国治民，能无为乎？天门开合，能为雌乎？明白四达，能无知乎？生之，畜之。生而不有，为而不恃长而不宰，是为玄德。”③ “营”以荧光外射、环宫而垒，在这里指的是我们的身体，“魄”指依附形体而存在的精神。“载营魄抱一，能无离乎”指的是当我们的身心时时刻刻“无离”时，就能像婴儿那样气顺体柔，混沌未凿，先天之体未破，无思、无知、无欲、无虑，充满无限的生机与活力。“涤除玄鉴，能无疵乎？”如果能够把

① 《道德经·第十一章》。

② 王弼：《道德经注》。

③ 《道德经·第六章》。

"眼、耳、鼻、舌、身、意"所带来的东西涤除彻底,先天一尘不染的那面"玄鉴"就能照见"五蕴皆空"。"爱国治民,能无为乎?天门开合,能无雌乎?明白四达,能无知乎?生之,畜之。生而不有,为而不恃,长而不宰,是为玄德。"老子在这里把"道"引入安邦治国的领域,自己有大功于江山社稷,却把自己看成一个零,这就是"玄德"。"天门开合,能无雌乎?""天门"类似婴儿的呼吸顶,是"有"和"无"同出的门户,是先天的生命体。"能无雌乎"指的是修炼到消灭了两性之分,无男女相,这时也就归根复命了。也就是说,通过修炼身心,最后"日补一窍,七日而混沌复生"。欲明白天道,必须达到"一"的境界,"一"是天道的大本营。没有"一",就没有"二",也没有"三"。"一"是万物的开始,又是数目的本源。谈到这里,我们可能就明白了《青囊·序》中这句话的意思了:"先天罗经十二支,后天再用干与维,八干四维辅地支,子母公孙同此推。"玄空风水用的是伏羲八卦,"子母"指的是玄空大卦的乾坤二卦,乾为"一",至阳至纯,物极必反,三个阳爻全部变为阴爻而成坤卦。至此,天地初分,始有阴阳。然后阴阳交错,抽爻换象,遂成玄空大卦。

"道"的用是一,也就是太极。《道德经》上经讲"道",下经论"德",把修炼"天道"的理论、原则和方法和盘托出。但是,由于我们每个人的那面"玄鉴"被尘埃蒙蔽,且先天根器有异,便难以学习。那些修炼有成者,"但自怀中解垢衣,何劳向外夸精进",原因有五:"一者,以此证境,非言思能及,一落言诠,即嫌住着。二者,真证得者,归无所得,不欲炫耀于人。三者,恐未悟者窃为己有,以迷惑他人。四者,恐人着境以求,反障悟门。五者,各人经过境界,亦非完全一致。"①

孔子当年拜见老子问道时,关于什么是"道",恐怕老子也有"'道'非言思能及,一落言诠,即嫌住着"的顾虑,所以点到为止。孔子在见到老子之前,对于"性与道"的认识是模糊的,经过老子的点拨,日有进境,再加上孔子也属于"上上上智",找到了老子学问的源头《周易》,便自证"天道"。晚年证得"天道"的孔子,便将自己关于"性与天道"的学问写进《周易·系辞》中,心得体会比比皆是。比如,"是故蓍之德圆而神,卦之德方以知,六爻之义易以贡。圣人以此洗心,退藏于密,吉凶与民同患。神以知来,知以藏往,其孰能与于此哉!古之聪明睿知,神武而不杀者夫。"老子用"毂"来阐述如何得"道",孔子用"蓍"进行说明。蓍为多年生草本植物,"蓍千岁而三百茎",它的心是圆的、空的,代表心境的空灵、玄妙。用

① 元音老人谈证悟景象。

蓍草作为工具，所得之卦，反映了“天道”：“范围天地之化而不过，曲成万物而不遗，通乎昼夜之道而知。故神无方而《易》无体。”[①] 每卦皆有六爻，把“天道”很简单地呈现在我们面前。圣人按照天地大公无私的自然之道，洗涤修炼红尘之心，最后达到“无思也，无为也，寂然不动”的境界。达到这个境界之后，“退藏于密”，秘而不宣，在事功上的表现就是“吉凶与民同患”，百姓之心就是我心，我心就是百姓之心。真正懂了《周易》背后所隐藏的“天道”，就可以突破时间的限制，知道过去和未来的演变规律。什么都知道，却从不显现他（她）的“知道”，“其孰能与于此哉！”又有谁能做到这一点呢？“古之聪明睿知，神武而不杀者夫。”上古燧人氏、伏羲氏、神农氏，还有周文王，他们都是得道的圣人，聪明睿智，凭自己的“神武”可以拥有天下、享尽荣华富贵，但却如如不动。

就其主体学说而言，孔门研究“心”，老庄研究“身”。孔门先哲的心学类似今天的心理健康之学，但又远远高于今天的心理健康概念，属于“修性”之学，主要体现在孔子及其门人的《周易·系辞》、曾子的《大学》、子思的《中庸》、程朱的理学、陆王的心学等；黄老先哲的学问类似今天的生理健康之学，但又远远高于生理健康的概念，属于“修命”之学，主要体现在轩辕黄帝的《黄帝内经》、老子的《道德经》、庄周的《庄子》、列御寇的《列子》等。两者皆流传2000年以上，如果执其一端，便有失偏颇，身心全面修炼才能了悟中国传统文化的真正魅力。陈撄宁（1880~1969）先生认为：“性即是吾人之灵觉，命即是吾人之生机。”[②] 他用灯作比喻，灯油是命，灯光是性，有灯无油，灯必不能发光，徒有灯油而不能发光，则不能显现油灯照明之用。修道之意在教人积足油量，并教以点灯之法，则人生必充满光辉。

至于如何“修命”，黄帝、老子、庄子、列子古圣先贤提出了大经大法，将这些大经大法具体化的是东汉魏伯阳真人，魏伯阳真人用“乾坤坎离”四卦揭示了“修命”大道：“乾坤者，易之门户，众卦之父母。坎离匡廓，运毂正轴。”乾坤为体，坎离为用，乾坤（阴阳、天地、本体）二卦可以使修习者在学理上看破红尘而不惑，坎离（日月、水火、耳眼）二卦可以使修习者自行证悟《黄帝内经》所言“贤人、圣人、至人和真人”的区别，培植生命的本源；复以十二辟卦（复、临、泰、大壮、夬、乾、姤、遯、否、观、剥、坤）代表十二个月，教导我们如何“与天地精神相往来”，如何“道法自然”，模拟“修命”过程中的风云变幻、转乘起伏、生老病死。《周易参同

① 《周易·系辞上》。

② 陈撄宁：《静功疗养法》。

契》融《周易》、黄老、内养之道于一炉，让我们自己证悟人与天地具有同功而异用的法则，证悟生命科学的“天人合一”之道。但是，魏伯阳真人的《周易参同契》“恐泄天之符”，行文时古奥恍惚，令人如坠云雾之中。历来注释《周易参同契》的大家络绎不绝，明末清初朱云阳道人是其中的佼佼者，其《参同契阐幽》：“月节有五六，经纬奉日使，兼并为六十，刚柔有表里。朔旦屯直事，至暮蒙当受，昼夜各一卦，用之依次序。”“月节有五六”指的是每月有三十天，按照中国传统纪历，以月亮圆缺为标准，为太阴历；“经纬奉日使”指的是太阳历，日行一度；“兼并为六十”指的是大自然的每天分为阴阳两个时间段，白天夜晚各一半，阴阳交替，每个月有六十次阴阳交替；“刚柔有表里”，这六十次阴阳交替，实际上是阴中有阳，阳中有阴，刚柔相济。子丑寅卯辰巳六个时辰，阳气渐升，午未申酉戌亥六个时辰，阴气渐盛，阳极生阴，阴极生阳，循环往复。每月变化依然，每年变化依然。我们知道了自然变化的规律，又该怎样“道法自然”呢？“朔旦屯直事，至暮蒙当受，昼夜各一卦，用之依次序。”“朔旦”的朔指的是每个月初一，旦指的是早晨，“屯直事”就是白天大自然的规律在屯卦一览无余，“至暮蒙当受”即到了晚上由蒙卦值班。初二白天是需卦当班，晚上是讼卦当班。“朔旦屯直事，至暮蒙当受，昼夜各一卦，用之依次序。”这些当班的卦象让我们明了在领悟天道的过程中，“我往哪里走？我往哪里去？”“四十”而不惑，不惑之后怎么办？让我们的“从心所欲”之旅“黑夜如白昼，白昼如黑夜”，从“盲人骑瞎马，夜半临深池”中走出来，不再迷茫、不再迟疑。朱云阳真人按照孔子及其门人所编《说卦传》的次序，将一个月分为六十个境界，用六十个卦来代表，周而复始。为什么朱真人将乾坤坎离四卦剥离出来呢？因为这四卦为体，其余六十卦为用。

东汉魏伯阳真人揭其端，唐钟离权、吕洞宾等发扬于后。唐宋以降流衍日繁，蔚为大观。宋张伯端承钟、吕之学，祖述黄老，仿效《周易参同契》，著为《悟真篇》，内丹之学遂大显于世。上述著作皆以相助男性修炼为旨归，后又有《女金丹》问世，可谓 0 到 1 的突破：“男子外阳内阴，女子外阴内阳，秉性不同，形骸各别，虽同一性命，其行持大有不同者。《修真辨难》曰：‘男子下手，以炼气为要；女子下手以炼形为要。’……其初关迥然各别。至炼己、得药、还丹、温养、结胎、出神诸事，虽与男子同，而细微节次，未尝不无大同小异之殊。”南公怀瑾的《我说参同契》语言平实、由浅入深，如雨后彩虹，绚丽多姿，可以让我们茅塞顿开、如梦初醒。

改革开放 40 多年来，中国企业家在不断探索如何用精神力量激励员工，目前已经初见端倪。

2005 年，华为就意识到公司发展的最大危机不是来自外部竞争，而是来自内部全体员工尤其是高层管理者的精神涣散甚至贪污腐败，保持干部的廉洁自律被提上议事日程。从 2007 年开始，公司就举行了“EMT 自律宣言”宣誓大会，主要内容包括不搞迎来送往、不给上级送礼、不当面赞扬上级领导；绝不动用公司资源、不占用工作时间为上级及其家属办私事；不说假话、不捂盖子、不评价不了解的情况；反对官僚主义、反对不作为、反对发牢骚讲怪话；绝不偷窃、绝不私费公报、绝不贪污受贿；决不允许跟人、站队的不良行为在华为形成风气等。宣誓的效果当然有，但是这种方法治标不治本。所以，华为的探索没有止步。

2015 年，任正非先生在一次常务董事会成员民主生活会上做了题为“团结一切可以团结的力量”的发言，先生认为：“公司现在面对的员工群体已经与创业早期有很大的不同，老员工通过多年的奋斗已经基本上实现了财务自由，大部分新员工的家境也不像二十年前的新员工那么贫寒，单纯依靠物质激励的效果有限。”“金钱固然重要，但也要相信人内心深处有比金钱更高的目标与追求；尤其是当人们不再一贫如洗的时候，愿景、使命感、成就感才能更好地激发人。”①

如何从内心深处激发华为员工（包括管理者）更高的追求呢？2016 年，任正非先生约见稻盛和夫，进行了深度会谈。稻盛合夫老先生还为任正非题跋：“敬天爱人”，委托稻盛和夫北京管理顾问公司曹岫云董事长带《活法》一书给华为，曹岫云先生在扉页上的赠言是：“赠任正非先生 心纯见真”。稻盛和夫老先生运用中国传统文化打造了“爱、真诚与和谐”的企业文化：“我认为，在这个宇宙间，流淌着促使万物进化发展的‘气’或‘意志’。同时我认为，人的本性中充满着‘爱、真诚与和谐’。所谓‘爱’，就是祈愿他人好；所谓‘真诚’，就是为社会为世人尽力；所谓‘和谐’，就是不仅让自己也要让别人生活幸福。我们每一个人都以充满着‘爱、真诚与和谐’之心去生活、去工作，那就意味着与引导万物向好的方向发展的宇宙的潮流相一致，这样我们的经营就会顺畅，人生就会美满。这就是我在将近 80 年漫长的人生中坚信不疑的‘真理’。”②

稻盛和夫老先生“立足于宇宙的本源以及人心的本源来展开经营活动”，让不少企业界人士汗颜。他所感悟到的“宇宙的本源以及人心的本源”的直接源头是石田梅岩（1685～1744）的石门心学。石田梅岩的学术渊源则是中

① http：//tech. qq. com/a/20151207/007463. htm。

② ［日］稻盛和夫：《经营十二条》，曹岫云译，中信出版社 2011 年版，总序。

国传统文化，如阳明心学。石田梅岩拜小栗了云为师之后，逐渐对"性与天道"有了体认："呼吸作为天地之阴阳，而非你个人的气息，如果你不与天地之阴阳相一致，就立刻会死。显而易见，在阴阳之外你将没有生命。吸气是阴，吐气是阳，'继之者为善也'。身体的动和静也是天地之阴阳，和《易经》所说是一致的。孔子以天地说明道之体，孟子以人说明道之体。天人合一的话，其道也同一。"① "总而言之，道一也，但士农工商应行各自之道。四民之外的乞丐尚有自己之道，何况是商人。"② 石田梅岩的石门心学不仅造就了一大批企业家，更成就了日本制造。日本今日工匠精神的哲学根基是"工作即是修行"，可修行路上又是怎样逐渐体验到"天人合一"的快乐呢？石田梅岩的经历不断激励着他的后辈。大约 40 岁时，石田梅岩第一次体验到了物理世界的本体："那是正月上旬的事，正在照看母亲的病。当我因事推门外出之时，忽然间那多年来的疑惑烟消云散：宪舜之道为孝悌。鱼在水中游，鸟在空中翔。道显然有上下。我懂得了自然（性）即是天地万物之母，因而欣喜不已。"③

当石田梅岩返回京都，把自己的感悟告诉了云老师之后，老师当头棒喝："你把吾知性视为天地万物之父，还保留着你看东西的眼。'性无眼'。把你的眼拿开！"又经过一年多的修行，他终于证悟到了"唯在无意中才会有性"的教诲："那时，腹中若大海般寂静，晴空万里。其雀之啼声，感觉如大海般寂静，如鹈之分水入海，由此开始离开自性见识之见。"④

企业家包括管理工作者、基层员工，平常忙于具体事务，日理万机，无暇顾及心性之学，但从事管理学研究的学者却有时间自由，有责任为他们明了"我是谁？我从哪里去？我往哪里去？"在具体工作中"下学而上达"，体验生命的节律，体验工作即是修行的无比喜悦：从"我心如明月，寒潭清皎洁，无物可比拟，教我如何说？"这种"天人合一"的初次体悟，到达"我心如灯笼，点火内外红，有物可比拟，明朝日出东"的高级心悟，即"我就是我，我不是我；你就是我，我就是你；虎就是龙，龙就是虎；时间就是空间，空间就是时间"。

这是否就是"性与天道"呢？我们不知道。我们尚处于"若存若亡"的阶段："上士闻道，勤而行之；中士闻道，若存若亡；下士闻道，大笑之。不

① ［日］石田梅岩：《都鄙问答日本古典文学大系 97 近世思想家文集》，岩波书店 1979 年版，第 439 页。

② ［日］石田梅岩：《都鄙问答日本古典文学大系 97 近世思想家文集》，岩波书店 1979 年版，第 421 页。

③ ［日］石川谦：《石田梅岩与〈都鄙问答〉》，岩波书店 1968 年版，第 112 页。

④ ［日］源了圆：《德川思想小史》，郭连友译，外语教学与研究出版社 2009 年版，第 92 页。

笑不足以为道。”①

第二节　天道远　人道弥

一、红尘炼心

据《左传》记载，郑国（今河南新郑市）星占家裨灶预言郑将发生大火，人们劝子产按照裨灶的话，用玉器禳祭，以避免火灾。子产回答说：“天道远，人道迩，非所及也。何以知之？”② 子产认为“天道”虚无缥缈，而上天所展示的人道（如温良恭俭让等）却很简单，人人可以学、可以习。幽冥之间的“天道”如海市蜃楼，普通人又怎么知道呢？笔者认为子产的话非常有道理，朱子的理学致力于研究“天道”，也接近了天道，可是，人的天生秉性还是有智能贤愚的差异的，因此，数百年间在全国推行朱子理学的结果，便是导致了近代中国的惨败。正如使用柴火取暖，如果点不着，尽管也有热，但是那烟却把人呛死了。这也正是孔子罕言“性与天道”的原因所在。

笔者认为预览天机，如若不从日常的管理工作、生活、学习中去体味，恐怕也是“镜中花，水中月”，或如用沙蒸饭，中看不中吃。在红尘中炼心这一途径，周文王早在3075年（截至2019年）之前就告诉了姬发：

文王寝疾，召太公望，太子发在侧，曰：“呜呼！天将弃予，周之社稷将以属汝，今予欲师至道之言，以明传之子孙。”

太公曰：“王何所问？”文王曰：“先圣之道，其所止，其所起，可得闻乎？”

太公曰：“见善而怠，时至而疑，知非而处，此三者，道之所止也。柔而静，恭而敬，强而弱，忍而刚，此四者，道之所起也。故义胜欲则昌，欲胜义则亡，敬胜怠则吉，怠胜敬则灭。”③

文王卧病在床，召见太公望，太子发也在床边，文王叹息说：唉！上天

① 《道德经·第四十一章》。

② 《左传·昭公十八年》。

③ 《太公兵法·文韬·明传》。

将要抛弃我了，周国的社稷就托付给你。现在我想请你讲些至理名言，以便明确地传给子孙。

太公问："大王您要问什么呢？"文王说："先圣治国的至理名言，为什么被废弃，为什么能推行？其原因可以讲给我听吗？"

太公回答："见到善事却怠惰不为，时机到来却迟疑不决，知道不对却泰然处之，这三种情况就是先圣治国之理废弃的原因。能柔能静以待己，能恭能敬以待人，能强能弱以接物，能忍能刚以待机，这四种就是先圣治国之道能推行的原因。所以正义胜过私欲，国家就昌盛；私欲胜过正义，国家就衰亡；勤恳胜过懈怠，国家就吉祥；懈怠胜过勤恳，国家就会灭亡。"

可以想见，随着越来越多的企业家包括工商管理者身体力行优秀中国传统文化，能够领略到如下人生意境的不在少数："酒沽林外野人家，霁日当檐独树斜。小儿呼朋三面坐，留将一面与梅花。"[①] 甚至有人能直达唐末五代时长汀子的"天道"境界："手把青秧插满田，低头便见水中天。六根清净方为稻（道），退步原来是向前。"

"真人不露相，露相非真人。"明了"天道"的人看上去和普通人一样，依然有喜怒哀乐、七情六欲，就像大海一样，其内心世界宁静、雄浑、安闲，但在处理具体事务时，依然激情澎湃、纵横捭阖、波澜壮阔。内心与外表如太极图之阴阳合一，达到了高度的和谐："喜怒哀乐之未发，谓之中，发而皆中节，谓之和；中也者，天下之大本也；和也者，天下之达道也。致中和，天地位焉，万物育焉。"[②] 明了"天道"不会搞个人崇拜，搞个人崇拜的都是没有开悟的人。一个通达"无我"的人，一个觉悟到"万物与我为一"的人，一个认识了平等真相的人，又怎么可能搞个人崇拜呢？

子曰："十室之邑，必有忠信如丘者焉，不如丘之好学也。"[③] 孔子所处的特殊历史时代、周游列国的独特经历和"日知其所亡，月无忘其所能，可谓好学也已矣"[④] 的好学精神，使他做到了"四十而不惑"，对于我们普通人来说，如果能够做到"六十而不惑"，就很不简单了。

二、欲而不贪

子曰：富与贵，是人之所欲也；不以其道得之，不处也。贫与贱，是人

① 何钱：《普和看梅云》。

② 《中庸》。

③ 《论语·公冶长第五》。

④ 《论语·子张第十九》。

之所恶也；不以其道得之，不去也。①

孔子在这里说，富与贵，每个人都喜欢，都希望有富贵功名，有前途，有好的职位，但是，如果不是以正当的途径得到的，是不应该要的。相反地，贫与贱，是人人都讨厌的，即使一个有仁德修养的人，也不喜欢贫贱，可是要脱离贫贱，必须用正当的方法，不能走歪路。

我们以前已经讲到郭子仪，在唐代历史上能够做到富贵寿考的只有他一个人。他退休以后，皇帝赐他一座汾阳王府。在修房子的时候，他闲着没事，就拄着拐杖到工地上去监工。对一个正在砌墙的泥工说：墙基要筑得坚固。这名泥水匠对郭子仪说，请王爷放心，我家祖孙三代在长安，都是做泥水匠的，不知盖了多少府第，可是只见过房子换主人，还没有见过哪栋房子倒塌了的。郭子仪听了这句话后，拄着拐杖走了，再也不去监工。这个泥水匠讲的是祖孙三代造房子所看到的实际经验，而郭子仪听了之后，就想透了人生的一个道理，不是消沉，而是更通达了。

笔者绝不是说钱不重要，只是想说，我们不要成为金钱的奴隶，记住钱是为人服务的，你要成为钱的主人。可能有人认为这是唱高调，其实不然，请大家看看“中国第一大款警察林福久”的故事，就知道笔者说得没错。1993 年之前，林福久靠自己的真本事，赚了两千万。后来他到香港出差，知道拥有 10 亿在香港只是个中产阶级后，便想在大陆最少也得有一个亿，回来后便大肆搜刮。2004 年 5 月 27 日上午，辽宁省鞍山市中级人民法院对鞍山市公安局内保分局原局长林福久涉嫌犯罪案件作出一审判决，以受贿罪、贪污罪和重婚罪数罪并罚，判处林福久死刑，剥夺政治权利终身，没收个人全部财产，并追缴其犯罪所得人民币 704 万余元。

金玉满堂，莫之能守；富贵而骄，自遗其咎。②

一个人生长在既富且贵的环境中，却不知富与贵的本身，便是招来后祸的原因。如果持富而骄，因贵自贵，终会自招恶果，后患无穷。

法国大革命，早在 18 世纪（清朝康熙中叶）法国的中兴英主时期就已埋下祸根。自称为“太阳王”的路易十四，穷兵黩武，穷奢极欲，建筑了凡尔赛宫等。其曾孙路易十五，不知“持而盈之，不如其已”，反而变本加厉，

① 《论语·里仁第四》。

② 《道德经·第九章》。

"揣而锐之"，因此给后代子孙——路易十六留下国债四十亿。如此局面，当然不可长保。但路易十六明知危殆，却始终没有大刀阔斧的改革魄力，甚至还要矢上加尖，终至"金玉满堂，莫之能守。富贵而骄，自遗其咎"。

路易十六在凡尔赛宫的宫廷生活，耗费国家金钱之多，令人叹为观止。每当有外国君主或重臣来访，路易十六都一定要在凡尔赛宫开设盛宴，一次宴会动辄就是千万金元，笙歌达旦，作长夜之欢，戏子、歌女、舞伎日夜不停地出入宫门。凡尔赛宫一年所喝的葡萄酒，就值 79 万法郎之多。此外，单是鱼肉就多达 347 万法郎，点灯的费用也在 5 万法郎以上。至于王宫中所用的宫女、宫人，那更是多到令人难以置信。例如，御膳房的厨师就有 259 人之多，其主任厨师的年薪是 8.4 万法郎。国王的秘书官将近千人之多，每个人的年薪是 20 万法郎。王后的侍女也有 500 人之多，每个人的年薪最少也有 1.2 万法郎。总计，凡尔赛宫的宫女和侍臣是 16000 人，这里面还不包括一般贵族与朝臣。皇宫里的御用马匹有 8900 匹，御用车辆 100 多辆，所以每当路易十六出外巡幸，其行列之壮大有如祭典，无数车马排成一条长蛇阵，大臣们佩紫带黄，宫女们美服艳装，那种穷奢极欲的威风气派，真是有如天人一般。总计，每年王室所花用的金钱相当国库总收入的 1/5。除此之外，还有将近一万的禁卫军，每年也要花费 300 万法郎以上。王后安唐妮，更是豪阔无度。光是各种手镯，就值七八百万法郎，其他的首饰就更不用说了。那些宫廷贵族的年金，还不包括在王室经费以内。当时的凡尔赛宫，位于巴黎城郊，里面有 29 个庭园，四座瞭望台，有喷泉，有瀑布，四季鲜花盛开，极尽娱游之乐。

杜牧在《阿房宫赋》中无限感慨地说："呜呼！灭六国者，六国也，非秦也。族秦者，秦也，非天下人也。嗟夫！使六国爱其人，则足以拒秦；使秦复爱六国之人，则递三世可至万世而为君，谁得而族灭也？秦人不暇自哀，而后人哀之；后人哀之而不鉴之，亦使后人而复哀后人也。"

明白了"金玉满堂，莫之能守；富贵而骄，自遗其咎"的道理之后，就会持另外一种人生态度。

清朝康熙年间，桐城人张英官至文华殿大学士兼礼部尚书，邻居是与张英同朝供职的叶侍郎，两家因院墙发生纠纷。张老夫人修书送张英。张英见信深感忧虑，回复老夫人："千里家书只为墙，让人三尺又何妨？万里长城今犹在，不见当年秦始皇。"于是，张老夫人令家丁后退三尺筑墙。叶府很受感动，也命家人把院墙后移三尺。从此，张、叶两府消除隔阂，成通家之谊。

三、仁而有智

宰我问曰："仁者虽告之曰井有仁焉。其从之也？"子曰："何为其然也？君子可逝也，不可陷也；可欺也，不可罔也。"①

宰我在这里问孔子说："您天天教我们要学仁，做人做事要讲道德仁义。假使有一个人，去骗一个有仁义修养的人说，水井里有仁义。难道为了修养仁，就听他的话往井里跳？"

孔子听了之后，就笑了。他说你怎么这样想呢？一个学习作人做事之道的人必须学会应变。首先，一个学习为人之道的人，一定要坚定思想，即使被这个社会遗弃了也不后悔，不能陷入名利之中而不能自拔。其次，当面来欺骗可以，愿意接受这个欺骗，这是仁慈，但绝不是糊涂，如果自己根本不知道，这是不可以的。关于这一点，一个单位的财务负责人，往往会碰到，下属为了得到某种利益，往往会编一个理由，这个时候你又认为他确实应该照顾，就不挑明，或者说不去揭穿他，把他想要的给他。这就是可欺也，不可罔也。

"仁"是孔子学说的核心，但是我们学习儒学，要活学活用，否则就会成为"读书多而不化"的书呆子。如中国历史上的梁元帝萧绎，在敌人进城之前，仍在作诗。当他得知敌人攻入宫城后，"乃焚古今图书十四万卷"。被杀之前，有人问他为什么烧书。他就说："读书万卷，犹有今日，故焚之。"自己没有雄才大略，却埋怨读书无用，岂不可笑。处理"宽容"与"严责"的关系，也是需要智慧的。

周公谓鲁公曰："君子不施其亲，不使大臣怨乎不以；故旧无大故则不弃也，无求备于一人。"②

这是周公对他的儿子说的一番话，他的儿子伯禽被分封在鲁国，因为周公要帮助周天子，所以不能去封国就职，就由自己的儿子去当君主。临行前他对儿子说了这样几句话。周公对儿子说：你到那里之后，不是一般人，而是要做一国之主，作为一把手，要没有私心，有好处时不要总是先给自己的

① 《论语·雍也第六》。

② 《论语·徽子十八》。

亲人，要大公无私，不能对自己喜欢的人太偏爱了，也就是孔子所说的不要“爱之欲其生”。这是第一点。

第二点，对于自己的大臣，要使他们有职有权，用现在的话说就是要责权利相结合。只有这样，才能不使他们产生怨恨心理，要重用他们，不能用了他们又怀疑他们。

第三点，对于那些老部下，共同创业的有功之人，不要因为他们年纪大了，不中用了，或者是出现了差错，就一脚把他们踢开。而且不要忘记了他们，即使他们退休了，也要常去看看他们，如果他们遇到了困难，要主动帮助他们。

第四点，就是对部下不要求全责备，只有这样，才算是一个称职的领导人。

周公这几句话，的确是金玉良言。

历史上为人宽厚的领导者也非常多，春秋时代的五霸之一楚庄王就是其中之一。有一次，楚王打败判军之后，为了庆贺胜利，大摆酒宴，并且让所有的妃嫔都参加，以祝酒兴，表示君臣同乐。朝中的百官到齐之后，楚庄王站起身来，满面笑容地对大家说：“为了治理好国家，我已经六年没有举行宴会观看歌舞了。今天叛臣已经被消灭，四境已经安定，我愿意和大家一同欢乐一天，为各位战将庆功，为国家安宁庆贺。大家一定要尽欢而止，一醉方休。”

不一会儿，侍从们就端上了美味佳肴，舞女们也在美妙动听的音乐中翩翩起舞。这一顿酒，一直喝到日落西山，可君臣还感到没有尽兴。楚王便对侍从说：掌上灯来！为了表达自己的诚意和喜悦的心情，楚王让自己最宠爱的许姬端着酒杯，挨个儿给大家敬酒。当许姬为大家敬酒时，忽然一阵狂风吹来，火烛全被风给吹灭了，大厅里漆黑一片。楚王下令取火种，赶紧把灯点起来。可在这时，参加宴会的一位官员，趁着黑暗，拉了许姬的衣袖，行为非常轻薄。许姬一时无法挣脱，就一把扯下了那人系在下巴颏下的帽缨，那人大吃一惊，连忙松开手。许姬慢慢摸到楚王面前，把刚才的事告诉了楚王，并建议楚王赶快让人点上灯，查查什么人这么大胆。这时，侍者拿着火种来到了台下。楚王急忙向台下高声大喊：“先不要点灯！”又对百官说：“今天我举办太平宴会，开始就与大家约定尽欢而散。现在请大家去掉帽缨痛饮，不扯掉帽缨的，不算尽兴。”等到大家都扯掉了帽缨，这才点上灯。这样一来，就不知道是谁扯了许姬的衣袖。

回到后宫，许姬问楚王为什么不追究，庄王就对她说，古时候，君臣会饮，礼法规定不能超过三杯，而且只能在白天喝。今天我让群臣秉烛夜饮，酒后有狂态，是人之常情。如果查出来，虽是表明了你的贞节，却伤了国士之心，又让群臣不能尽兴，这不是我设宴的本意啊。正因为楚王待部下宽厚，所以也才有了后来这名大将冒死相报的故事。

但是“居上要宽”也是有限度的，不能无止境地宽厚。

春秋时，子产在郑国执政20多年，是一个非常有名的宰相，他临死的时候对太叔说：“我死了，你一定会执政。你必须记住下面这句话：‘唯有德者能以宽服民，其次莫如猛。夫火烈，民望而畏之，故鲜死焉。水懦弱，民狎而玩之，则多死焉，故宽难。’”① 子产死后，孔子听到这个消息，流着泪说：“古之遗爱也。”后来孔子又感叹说：“唯仁者能好人，能恶人。”② 子产的话被南朝梁武帝验证了。梁武帝非常聪明，具有文才武略，公元502年称帝。但是他信佛之后，反而变愚钝了。他心地非常善良，常说：“朕以仁心待天下，天下之人不负我。”他的女儿、儿子、大臣们犯了罪，他认为“至可怜悯者众生”，一再宽恕，总是哭着教育一番了事，从不处罚。事事以善为先，为政一味仁慈，动不动就大赦民间，每次处决犯人的时候，他总是“哀矜涕泣”，终日闷闷不乐。一些刁顽之徒，见朝廷一味施行仁政，就越来越猖狂，把法律当儿戏，全无畏惧之心。他真可以说是仁慈之至，但是结果又如何呢？自古拨乱建国的帝王很多，但多数是后代失国，“自我得之，自我失之”的只有梁武帝一人。他被俘之后，忧愤成疾，最后饿死在他一再宽容的干儿子和大臣手里。

四、吾心如水

西汉王朝到了汉哀帝刘欣时，国家已经极度衰弱，刘欣本人又受制于本身不太高明的祖母傅太后，朝中文武大臣几乎没有人敢于犯上直言。

尚书仆射也就是副宰相郑崇是敢于直言的少数大臣之一，他多次劝谏汉哀帝，汉哀帝基本上也都采纳了。郑崇觐见，汉哀帝听到他走路时皮靴发出的声音，就笑着对所有人说：“郑尚书来了，可能又要来进言。”有一次，汉哀帝想封自己的宠臣董贤为侯，但是又怕傅太后责怪，就先封傅太后的从弟（同一个曾祖父，不同父亲）傅商汝昌侯，郑崇知道了，就对汉哀帝说：“傅商无功封侯，这不符合规定，我即使丢掉性命，也不能让你封傅商为侯。”说着说着，就把诏书拿了起来，让汉哀帝无法下诏，然后扬长而去。傅太后知

① 《左传·昭公二十年》。

② 《论语·里仁第四》。

道了这件事后，就气愤地对汉哀帝说：“天下有身为天子，反受一小臣专制的吗？”

郑崇还认为汉哀帝过度宠爱董贤，不能这么做。董贤何许人也？董贤十五、六岁时就与当时还是太子的汉哀帝一起玩，汉哀帝登基后，董贤也一同入宫为官，曾经一个月连升三级，与哀帝“出常骖乘，人常共榻”。有一天，董贤留在皇宫与哀帝一起睡，哀帝睡醒之后想起来，见董贤还在睡，不忍心惊动，可是自己的衣袖被董贤压住，无法取出。哀帝思衣价有限，好梦难寻，竟从床头拔出佩刀，把衣袖割断，悄然离去。等到董贤睡醒了，看见身下压着皇帝衣服的断袖子，越发感到哀帝对自己恩重如山。董贤 22 岁，官至大司马，操纵朝政。他的父亲、弟弟以及老岳父等一起官至公卿，而且建造宅第，营造坟墓，所花费的公款以千万计。郑崇谏诤这样的人物，使哀帝非常讨厌他，常常借公事责怪郑崇。尚书令赵昌素来巧言谄媚，总想陷害郑崇，知道郑崇被皇上疏远后，便趁火打劫，诬奏郑崇与宗族交往，疑有奸谋。哀帝就把郑崇召来责问：“君门如市，人奈何欲禁遏主上？”郑崇慨然对曰：“臣门如市，臣心如水，愿听查究！”

“臣门如市，臣心如水”可视为“立言”之作。世上既有网瘾也有官瘾，什么叫“瘾”，欲罢不能是为瘾。我国历来官本位流行，患官瘾者大有人在。凡是患有官瘾症的人，每天要花不少时间计算权术，而不是用于工作。根据互联网媒体公司 IAC 与中国零点 1+1 调查公司进行的调查显示，受访中官瘾患者有 42%感到做官成瘾不能自拔，相比之下，在美国这个比例是 8%。我国一向有“万般皆下品，唯有读书高”“学而优则仕”的说法，人们大都是想出人头地，有个一官半职的。

人们之所以患上官瘾，是因为做官有特权，在我国历史上，公私界限模糊，一旦为官，门前就“车水马龙”，事事有人操心，无微不至。可是，一旦告老还乡，便“门前冷落”，自然会感到凄凉无限。其实，人生在世，一定要分出“我”和“我的”是不同的，“位子、车子、房子、妻子、儿子等”都是“我的”而不是“我”，当一个人被“我的”所包围时，“我”是出不来的。作为企业高级管理者，红尘百态，一定要反省人生，如果还沉迷于“我的”而不能自拔，对“我的”执迷不悟，那当真是无话可说了。

“翩然一只林中鹤，飞来飞去宰相衙”，当真超脱，难之又难！

参考文献

［1］［德］斐迪南·滕尼斯：《共同体与社会》，林荣远译，商务印书馆 1999 年版。

［2］［法］司汤达：《红与黑》，罗新璋译，中国戏剧出版社 2005 年版。

［3］［加］亨利·明茨伯格、布鲁斯·阿尔斯特兰德、约瑟夫·兰佩尔：《战略历程：纵览战略管理学派 》，刘瑞红、徐佳宾、郭武文译，机械工业出版社 2002 年版。

［4］［美］丹尼尔·A. 雷恩：《管理思想的演变》，李柱流、赵睿、肖津等译，中国社会科学出版社 1997 年版。

［5］［美］亨利·明茨伯格：《管理者而非 MBA》，杨斌译，机械工业出版社 2006 年版。

［6］［美］孔茨、奥唐奈、韦里克：《管理学》，黄砥石等译，中国社会科学出版社 1987 年版。

［7］［美］塞缪尔·亨廷顿：《文明的冲突与世界秩序的重建》，周琪、刘绯、张立平等译，新华出版社 1998 年版。

［8］［日］池田大作等：《展望二十一世纪——汤因比与池田大作对话录》，荀春生等译，国际文化出版公司 1999 年版。

［9］［瑞士］凯特琳·穆夫等：《造福世界的管理教育——商学院变革的愿景》，周祖城、徐淑英译校，北京大学出版社 2014 年版。

［10］［瑞士］荣格：《东洋冥想的心理学——从易经到禅》，杨儒宾译，社会科学文献出版社 2000 年版。

［11］［以色列］尤瓦尔·赫拉利：《人类简史——从动物到上帝》，林俊宏译，中信出版社 2014 年版。

［12］［英］阿·汤因比：《历史研究（下册）》，曹未风译，上海人民出版社 1964 年版。

［13］［美］Shenkar、李炜文：《具有中国特色的管理学研究》，《管理学季刊》2017 年第 6 期。

［14］《大学》。

［15］《道德经》。

［16］《管子》。

[17]《鬼谷子》。
[18]《礼记》。
[19]《陆九渊全集·杂说》。
[20]《陆九渊全集·杂说》。
[21]《论语》。
[22]《孟子》。
[23]《尚书》。
[24]《诗经》。
[25]《史记》
[26]《孙子兵法》。
[27]《太公兵法》。
[28]《荀子》。
[29]《曾国藩家书·与鲍春霆》。
[30]《战国策》。
[31]《郑板桥集·竹石》。
[32]《中庸》。
[33]《周易·彖辞传》。
[34]《周易·文言传》。
[35]《周易·系辞传》。
[36]《周易·象传》。
[37]《周易》。
[38]《朱文公文集》卷十一。
[39]《朱子·论语集注》。
[40]《朱子语类》卷九十三。
[41]《庄子》。
[42]《左传》。
[43] 北京语言大学比较文学研究所：《比较视野下的古典与现代、西方与东方会议手册》，2017 年 10 月 14 日。
[44] 蔡尚思：《中国传统思想总批判》，湖南人民出版社 1981 年版。
[45] 蔡襄：《十三日吉祥院探花》。
[46] 陈继儒：《幽窗小记》。
[47] 陈劲、尹西明：《范式跃迁视角下第四代管理学的兴起、特征与使命》，《管理学报》2019 年第 1 期。
[48] 陈立柱：《西方中心主义的初步反省》，《史学理论研究》2005 年第

2 期。

［49］段俊平：《企业管理中国化的重要性》，《企业家日报》2013 年 7 月 22 日。

［50］方振邦：《抓住建构中国特色管理学的要点》，《人民日报》2018 年 6 月 11 日第 016 版。

［51］冯仑：《野蛮生长》，广东人民出版社 2013 年版。

［52］韩婴：《韩诗外传 · 卷六》。

［53］何钱：《普和看梅云》。

［54］桓宽：《盐铁论 · 贫富》。

［55］纪晓岚：《阅微草堂笔记卷一 · 滦阳消夏录一》。

［56］贾旭东、谭新辉：《经典扎根理论及其精神对中国管理研究的现实价值》，《管理学报》2010 年第 5 期。

［57］江少虞辑：《宋朝事实类苑》。

［58］梁启超：《饮冰室合集》，专集第 2 册。

［59］刘向：《说苑》。

［60］刘昫、赵莹等：《后唐书》。

［61］刘震：《周易导读：纳甲筮法》，上海科学技术文献出版社 2016 年版。

［62］刘知几：《史通 · 史官建置》。

［63］马承钧：《沃尔玛的灵感来自子贡》，《羊城晚报》2009 年 8 月 20 日。

［64］南怀瑾：《历史的经验》，复旦大学出版社 2002 年版。

［65］南怀瑾：《南怀瑾选集第一集 · 论语别裁》，复旦大学出版社 2003 年版。

［66］南怀瑾：《南怀瑾选集第一卷 · 论语别裁》，复旦大学出版社 1996 年版。

［67］南怀瑾：《易经杂说》，复旦大学出版社 1997 年版。

［68］南怀瑾：《原本大学微言》，世界知识出版社 1998 年版。

［69］齐善鸿、白长虹、陈春花等：《出路与展望：直面中国管理实践》，《管理学报》2010 年第 11 期。

［70］钱穆：《国史大纲》，商务印书馆 1991 年版。

［71］钱玄同：《中国今后文字问题》，《新青年》1918 年第 4 卷第 4 号。

［72］上海辞书出版社：《中国成语大辞典》，上海辞书出版社 1987 年版。

［73］宋祁、欧阳修等：《新唐书》。

［74］王弼：《道德经注》。

[75] 王定安：《湘军记》，朱纯点校，岳麓书社 1983 年版。

[76] 王先慎：《韩非子集解》，中华书局 1998 年版。

[77] 文聘元：《西方艺术的故事》，百花文艺出版社 2003 年版。

[78] 翁文波、张清编著：《天干地支纪历与预测》，石油工业出版社 1993 年版。

[79] 翁文波原著，吕牛顿、张清编：《预测学》，石油工业出版社 1996 年版。

[80] 席酉民、韩巍：《中国管理学界的困境和出路：本土化领导研究思考的启示》，《西安交通大学学报》（社会科学版）2010 年第 2 期。

[81] 阎修篆：《皇极经世书今说》，华夏出版社 2006 年版。

[82] 杨恺钧：《〈周易〉管理思想研究》，复旦大学博士学位论文，2004 年。

[83] 张继宏：《中国自信的文化考量：文化自信铸就匠世匠心》，东方出版社 2017 年版。

[84] 张双南：《科学和宗教、伪科学的区别》，《科技日报》2017 年 6 月 23 日。

[85] 章学诚：《文史通义 · 文德》。

[86] 周三多、陈传明：《管理学》，高等教育出版社 2018 年版。

后 记

汤姆·彼得斯说："我们要学会对付一切变化，这样我们才能兴旺发展，这就是今天我们要做的，而且要毫不留情……我们必须超越变化：在这一点上，我们要准备放弃一切传统律令。"[①] 人类目前所面临的变化可谓多矣！

首先，天人合一视域下的中华民族的非线性思维在不确定时代的优势日益突出，中华民族的再次复兴是不以西方反华、排华派的意志为转移的。按照邵雍（康节）先生《皇极经世书》"十二万九千六百元"之历史分期，地球成住坏空的周期为16796160000年。目前，人类正值第八期比卦当令，我们现在所处为午会鼎运之中，距离地球毁灭，虚空粉碎尚有8401320000年[②]。一个冰河期的周期大约为13万年，上一个冰河期的中期为子会，也就是在距今约8万年前，兵雪开始暖化，约7万年前进入丑会，大地渐现生机。下一个冰河期还有1万多年就要来临，万物灭绝。在过去2000年上下的历史长河中，人类四大文化的优劣都展现无遗，让我们清楚地看到了它们的利弊得失，天人合一、知行合一、和而不同的中国传统文化显现出特殊魅力。万年上下的人类文明史只不过是弹指一挥间。当我们将研究历史的视野从近代史中跳出，向前看5500年并向后拉长5000年时，便会生出"远望方知风浪小，凌空乃知海波平"之感，便会发现"五四"以来文化自卑者的短视。

其次，科技创新所带来的变化不是日新月异，而是分分钟钟都在发生变化，这些变化对人类的挑战是前所未有的！2018年11月，一对名为露露和娜娜的基因编辑婴儿的诞生，再一次强烈冲击了人类的大脑神经。第四次工业革命对各行各业所带来的变化，我们是无法预计的，二三十年之后，包括大学教育在内的所有传统做法将一去不复返。

最后，新生代员工对于快乐幸福人生的追求也是前所未有的。人类在工业革命之前的数千年历史中，物质极度贫乏，风调雨顺、国泰民安的日子屈指可数。但是，工业革命之后，人类所创造的物质财富呈几何级数增长。中国改革开放以来，经济建设稳步发展，2010年超过日本，成为仅次于美国的世界第二大经济体，特别是"90后""00后"正在成为市场经济建设的主

---

① 杨凯钧：《〈周易〉管理思想研究》，复旦大学博士学位论文，2004年，第107页。

② 阎修篆：《皇极经世书今说》，华夏出版社2006年版，第41-44页。

体，他们对过去的贫穷时代是没有记忆的，精神追求日益增强，迫使我们以“就业”为目标的教学设计必须改变。

在本土管理研究方面，90%以上的C刊仍然唯美国马首是瞻，仰人鼻息而沾沾自喜，不过可喜的是研究本土管理的学者在日渐增多，几位大家已经崭露头角，但视野还不够开阔，研究还不够深入。我们认为，假以时日，兵家、法家、名家、纵横家、阴阳家等诸子学说也会进入学术大家的研究范围。

荣格认为：“《易经》的精神对某些人，可能明亮如白昼，对另外一些人，则晞微如晨光；对于第三者而言，也许黝黯如黑夜。不喜欢它，最好就不要去用它；对它如有排斥的心理，则大可不必要从中寻求真理。为了能明辨它的意义的人之福祉，且让《易经》走进这世界里来吧。”① 《周易》及其《十翼》对于中国本土管理的作用巨大，我们所能感受到的只不过是“熹微如晨光”。我们愿意把自己的感受写出来，期待能够寻找到“明亮如白昼”的师长。

在即将完稿之际，我们想起了纪晓岚《阅微草堂笔记卷一·滦阳消夏录一》所讲的一个故事：

有个老学究在夜间走路，忽然遇到一位已经去世的朋友。老学究素来为人正直，一点也不畏惧，问道：“你往何处去？”答道：“我在阴曹地府当冥吏，现到南村去，有勾魂的差使在身，正巧与你同路。”于是两人一起行走。

经过一座破屋时，鬼说道：“这是文士住的房屋，不可放肆。”老学究问：“怎么知道？”鬼回答：“凡人在白天，往来奔波，性灵被埋没，只有睡觉时，一念不生，身上的元神明朗清澈，胸中所读的书，字字都吐光芒，从百窍出来。这种光芒缥缈缤纷，灿烂如锦绣。学识如郑玄、孔颖达，文章如屈原、宋玉、班固、司马迁的人，光芒可照亮云霄和天河，与星月争相辉映。差一点的，光芒有数丈，再差一点的，光芒数尺，再下一点的就渐渐降低，最下等的，相当于荧荧小灯，照映房中门窗罢了。这些光芒，人看不见，只有鬼能看到。这间屋上的光芒高七八尺，因此得知里面是个文士。”

老学究问：“我读书一生，睡后的光芒当有多高？”

这鬼吞吞吐吐，好久才说道：“昨天经过你的书塾，见你正在睡觉，你胸中有高头讲章一部，墨卷五六百篇，经文七八十篇，策略三四十篇，字字化为黑烟，笼罩在屋上。学生们诵读的声音，如在浓云密雾之中。实在未见光芒，不敢胡言乱语。”

---

① ［瑞士］荣格：《东洋冥想的心理学——从易经到禅》，杨儒宾译，社会科学文献出版社2000年版，第229页。

老学究听了非常气愤，怒斥这鬼。鬼大笑而去。

由于我们才学疏浅，不！不！不！应该说我们特别无知。所以，我们的见解不仅无光，还深恐所冒为乌烟瘴气。之所以胆敢把心得写出来，主要有三个原因：

一是建构九五之尊管理学体系，任重而道远。深恐拙著贻误读者："我眼本明，因之故瞎"，付梓之际，不禁"绕屋夷犹"，真想付之一炬。只是看了中国人民大学国学院教授郭子今先生在"岳麓书院国学研究与传播中心成立仪式上的发言"，我们受到了勉励："怎样实现对国学研究和国学传播的积极推进，朋友们也许会赞同这样的认识：第一，是尊重和弘扬的态度；第二，是学习和理解的努力；第三，是发展和创新的追求。"①

二是焚香祝祷，通过拙著能够找到我们的老师。"夫随其成心而师之，谁独且无师乎？奚必知代而自取者有之？愚者与有焉！未成乎心而有是非，是今日适越而昔至也。是以无有为有，虽有神禹且不能知，吾独且奈何哉！"②庄子提醒世人："一千个人看'红楼'，有一千个'宝玉'，尤其是那些'专家'更是如此，把自己的见解视为'宝玉'。试问芸芸专家，又有哪位高人没有成见？又有哪位高人不把自己的成见当作天下人的'老师'？他心中的这个'宝玉'天下无双，无与伦比，无可替代。有些人就是这样认为的，包括大批蠢货。还有些人更可笑，连起码的成见都尚未形成，自己的成见来自'砖家'，也居然敢于论断天下是非，说短论长。我十分佩服他们的胆气，不禁联想到'我今日启程到越国去，我昨日平安抵达越国'一类笑话，这些笑话举目皆是，当然包括'居高临下，一呼百诺做雷鸣'的'惠施'者流。对于'无有为有，（无就是有，有就是无；道就是盗，盗就是道；心有挂碍就是心无挂碍，心无挂碍就是心有挂碍）之道，神人大禹尚且不明所以，更不用提凡人的我了。"庄子骂得好啊！余味无穷，令我们一再咀嚼。我们在学习传统文化的过程中，深感力不从心，一直在苦苦寻找我们的老师，希望能够给我们当头棒喝，以放下执迷不悟的"我执"、自以为是的一点"光芒"。可是，"上穷碧落下黄泉，二处茫茫皆不见。忽闻海上有仙山，善哉虚无缥缈间"。茫茫人海，老师又在哪里？

三是以慰学生鼓励之心。郑州升达经贸管理学院 2016 级工商管理专业的李雪梅、吴新豪同学，于 2018 年上学期创立了"华魂管理者协会"，李雪梅、赵明惠、王冰、郭璐瑶、邵玉姣、韩中行、蒋伟洋、张理想、王凤岩、宋提、

① http：//www. guoxue. com/？ p=14926。

② 《庄子·齐物论》。

赵雅倩等会员时而向我们提供国学素材并请益，促进了我们的思考，书中不少观点属于师生之间问学的感悟。在与年轻学子交流的过程中，我们深刻体会到了孔夫子这句话的分量：“后生可畏，焉知来者之不如今也？”①

行文至此，言犹未尽，且以雪窦重显大师的墨宝自嘲：“一兔横身当古路，苍鹰才见便生擒；后来猎犬无灵性，空向枯桩旧处寻。”② 复以袁仓山子的话自勉：“白日不到处，青春恰自来。苔花如米小，亦学牡丹开。”③

① 《论语·子罕第九》。

② 雪窦重显：《雪窦塔铭·一兔横身》。

③ 袁枚：《苔》。